国家林业和草原局普通高等教育"十四五"规划教材

体质健康教育

马平军　万炳军　主编

中国林业出版社
China Forestry Publishing House

内 容 简 介

本教材在总结多年来学生体质健康研究成果的基础上，以体质健康的基本理论与实践方法为核心，基于现行《国家学生体质健康标准》的指标设置和体质健康发展目标，重点揭示体质健康教育的原理、内容与方法，以健康习惯的养成为重点，贯通健康知识、健康行为与日常健康习惯，引导学生经常参加身体活动过程、理解并达到更高层次的体质健康水平、养成良好的健康生活方式和习惯、树立科学的身体发展教育观。

图书在版编目(CIP)数据

体质健康教育／马平军，万炳军主编. -- 北京：中国林业出版社，2023.12
国家林业和草原局普通高等教育"十四五"规划教材
ISBN 978-7-5219-2498-5

Ⅰ.①体… Ⅱ.①马… ②万… Ⅲ.①大学生-身体素质-健康教育-高等学校-教材 Ⅳ.①G807.4

中国国家版本馆 CIP 数据核字(2023)第 254104 号

责任编辑：王奕丹
责任校对：苏　梅
封面设计：五色空间

出版发行：中国林业出版社
　　　　　（100009，北京市西城区刘海胡同7号，电话83223120）
电子邮箱：jiaocaipublic@163.com
网　址：https：//www.cfph.net
印　刷：北京盛通印刷股份有限公司
版　次：2023年12月第1版
印　次：2023年12月第1次印刷
开　本：787mm×1092mm　1/16
印　张：13.875
字　数：346千字
定　价：45.00元

《体质健康教育》编写人员

主　编　马平军　万炳军
副主编　马相华　刘忠举
编　者　(按姓氏拼音排序)
　　　　杜养军(西北农林科技大学)
　　　　冯建强(西安理工大学)
　　　　郝国防(西北农林科技大学)
　　　　贾小萱(河北农业大学)
　　　　李水生(西北农林科技大学)
　　　　李永华(西北农林科技大学)
　　　　刘忠举(西安工程大学)
　　　　马平军(西北农林科技大学)
　　　　马相华(西安体育学院)
　　　　史宏涛(杨凌职业技术学院)
　　　　万炳军(陕西师范大学)
　　　　王　艳(西北农林科技大学)

青少年体质健康是关系国家和民族长盛不衰的战略问题。青少年时期的体质健康问题，不仅影响其身心发展和生活状态，还将对中老年时期的身体健康构成巨大隐患。青少年时期的肥胖、呼吸和心血管系统机能的下降，是导致和诱发中年后糖尿病、冠心病等多种高致命性疾病的原因。近几次国民体质监测数据显示：大学生身体素质继续呈现下降趋势，视力不良检出率仍然居高不下，各年龄段学生肥胖检出率持续上升。

大学生具有较高的知识水平，是未来社会的中坚力量，同时也肩负着传递健康知识、促进健康氛围的社会重任。大学体育需要对过去十多年的学校体育教学经验进行总结与升华、为大学生走向社会做好准备，大学生需要将健康意识与行为融入日常健康生活并能够承担起未来家庭、社会的健康责任。这已经不是单纯的个体健康问题，将是涉及全民健康、亿万家庭幸福的民生大计，关乎国家强弱、民族兴衰的百年大计。

多年来，党和国家一直高度重视青少年的体质健康发展。党的二十大报告指出："青年强，则国家强""人民健康是民族昌盛和国家强盛的重要标志。把保障人民健康放在优先发展的战略位置……深入开展健康中国行动和爱国卫生运动，倡导文明健康生活方式。"教育部专门制定《国家学生体质健康标准》，学生体质健康已经成为教育质量监测的核心指标。学校体育以"健康第一"为指导思想，努力培养健康、有潜力、身体强健、精神活跃的年轻一代。学生体质健康教育是直接以学生体质健康为目标的教育教学内容，是学校体育的重要内容，是体育教育的重要组成部分；是施于体，利于心；效在当时，利在今后；关乎个人，惠及全民的大事。

为帮助大学生体质健康发展，《体质健康教育》以"学生体质健康领域内容"和《国家学生体质健康标准》为主要内容，从指导学生获取健康相关知识、技能和价值，经常参加体育活动等学习过程入手，引导学生理解并达到更高层次的体质健康水平，养成良好身体活动和健康生活方式的习惯，树立"今天的锻炼会有利于明天的健康，今天不锻炼明天身体发展就受限"的科学身体发展教育观，为大学生长远、终身的身体发展和健康奠定基础。

本教材是以教育教学需求为导向，以实现体质健康教育过程为目标。根据大学生的身心特点和体质发展水平，本教材从教育活动需求的角度，深刻总结近年来的相关研究成果，融合健康促进规律、体质发展规律、教育教学规律，力求全面、深度展现大学生体质健康领域的相关理论、内容与方法，以帮助大学生改善认知水平、增强健康意识、掌握健康促进规律、养成良好的身体活动习惯，在提高当前体质健康水平的同时，为当前的健康状态和未来的健康生活提供支持。

本教材由西北农林科技大学主持编写，多所高校体育教师协作完成。全书共10章，马平军编写了第一、第四和第五章，刘忠举编写了第二章，冯建强编写了第三章，马相华、史宏涛编写了第六章，郝国防编写了第七章，李永华编写了第八章，王艳、李水生编写了第九章，杜养军、贾小萱编写了第十章。全书由马平军统稿，万炳军审稿。

本教材是国家林业和草原局普通高等教育"十四五"规划教材，在编写过程中得到了教育部产学合作协同育人项目（项目编号：220902122295749）、陕西本科和高等继续教育教学改革研究项目（项目编号：23BY018）、西北农林科技大学教学改革研究重点项目（项目编号：JY2102016）的大力支持，在此致以诚挚的谢意！

由于编者的理论水平和实践经验有限，不妥之处敬请指正。

马平军

二〇二二年十一月

目 录

前 言

第一章 体质健康教育概述 ································· 001
第一节 体质与健康 ································· 001
第二节 体质健康教育的提出 ························· 006
第三节 体质健康教育的定位 ························· 011
第四节 体质健康教育的目的、意义 ···················· 014

第二章 体质健康教育的目标与实现途径 ·················· 019
第一节 指导思想与功能定位 ························· 019
第二节 学习目标与实现途径 ························· 025

第三章 体质健康教育的主体与环境 ······················ 036
第一节 体质健康教育的主体 ························· 036
第二节 体质健康教育的环境 ························· 045

第四章 体质健康教育的内容 ···························· 056
第一节 体质健康领域内容 ··························· 056
第二节 体质健康内容基准 ··························· 060

第五章 体质健康教育的过程与环节 ······················ 075
第一节 体质健康教育过程 ··························· 075
第二节 体质健康教育环节 ··························· 085

第六章 体质健康促进的原则与方法 ······················ 112
第一节 体质健康促进原则与一般方法 ·················· 112
第二节 改善心血管系统机能水平的方法 ················ 117
第三节 强化骨骼肌肉的方法 ························· 122
第四节 发展柔韧的方法 ····························· 129

第七章 身体活动参与 ·································· 133
第一节 身体活动及其意义 ··························· 133

第二节　身体活动参与要求 …………………………………………… 139

第八章　健康的生活方式与习惯 …………………………………………… 152
  第一节　日常生活方式与体质健康 ………………………………………… 152
  第二节　习惯与体质健康 …………………………………………………… 156
  第三节　体质健康行为的自我管理 ………………………………………… 164

第九章　安全防护与急救常识 ……………………………………………… 173
  第一节　安全防护 …………………………………………………………… 173
  第二节　急救常识与常见运动损伤 ………………………………………… 174

第十章　体质健康测试评估 ………………………………………………… 185
  第一节　《国家学生体质健康标准》功能简介 …………………………… 185
  第二节　《国家学生体质健康标准》测试指标与评分 …………………… 189
  第三节　《国家学生体质健康标准》测试操作方法 ……………………… 197
  第四节　《国家学生体质健康标准》各指标锻炼方法 …………………… 201

参考文献 ……………………………………………………………………… 212

第一章

体质健康教育概述

第一节 体质与健康

一、体质

(一)体质的概念

"体质"最早是在中医理论发展过程中形成的病理生理学概念。东西方关于体质的学说都可以追溯到远古时期。在西方,公元前 400 多年前,希波克拉底按体型与体力特征把人体分为弱型、强型、肥胖型与湿润型。在中国关于人体体质的学说也可以从 2 000 多年前的《黄帝内经》中找到系统的阐述。在中医学领域,体质就是机体因为脏腑、经络、气血、阴阳等的盛衰偏颇而形成的素质特征。

在体育领域,"体质"一词应用较晚。1917 年,毛泽东在《体育之研究》中用"国力茶弱,武风不振,民族之体质,日趋轻细"揭示当时社会甚可忧之现象。1952 年,毛泽东提出"发展体育运动,增强人民体质",高度概括了体育与体质的关系,从此人们对"体质"这一名词有了初步的认识。1979 年,教育部、国家体育运动委员会、卫生部、共青团中央在扬州召开全国学校体育卫生工作经验交流会议,正式提出"以增强体质为主"的体育课程改革。1995 年,颁布的《中华人民共和国体育法》第二章第 11 条对增强体质工作又有了明文规定:"国家推行全民健身计划,实施体育锻炼标准,进行体质监测。"1999 年,全国体育学院教材委员会《体育理论》编写组将"体质"定义为:体质是人体的质量,是人的有机体在遗传变异和后天获得性的基础上所表现出来的机能和形态上相对稳定的特征。

2002 年,教育部、国家体育总局印发《学生体质健康标准(试行方案)》及《学生体质健康标准(试行标准)实施办法》。2007 年,在全国范围内正式实施《国家学生体质健康标准》(2014 年完成修订,以下简称《标准》)并出版了《国家学生体质健康标准解读》。多年多项规定共同发力,逐步界定了体质的概念。

(二)体质的内涵

体质反映着人体的质量,是人体表现出来的形态结构、生理机能和心理因素等方面综合的、相对稳定的特征。其影响因素是多方面的,其中遗传、营养摄入、体育锻炼这 3 个方面起着重要的作用。

体质在其形成和发展过程中,具有明显的个体差异性和个体发展的阶段性。不同人群体质的差异,主要表现在身体形态发育、生理机能、心理状态、身体素质、运动能力以及对环境的适应和抵抗疾病的能力等方面;在水平层次上包括了从最佳功能状态到严重疾病和功能障碍等多种不同的体质水平。同时，人的不同生长发育阶段，如儿童期、青少年期、壮年期、老年期等，体质的状况是不断发展和变化的，既有共同的特征，又有不同年龄阶段的特殊特征。人们可以通过改善物质生活条件，养成健康的生活方式，有目的、有计划、科学合理地锻炼身体，以此来保持良好的体质健康状况。

体质的范畴主要包括以下 5 个方面：

①身体形态发育水平　即体形、姿势、营养状况、体格及身体成分等。

②生理机能水平　即机体新陈代谢水平及各器官、系统的工作能力。

③身体素质和运动能力发展水平　即心肺功能、耐力、柔韧性、肌肉力量、速度、爆发力、平衡、灵敏、协调、反应等素质，以及走、跑、跳、投、攀、爬等身体活动能力。

④心理发育水平　即机体感知能力、个性、意志等。

⑤适应能力　即对内外环境条件的适应能力、应急能力和对疾病的抵抗力。

这 5 个方面相互影响制约，其综合状况的不同状态，就决定了人们有着各自不同的体质水平，并与健康密切相关。其中，身体素质与运动能力仅是体质内容的一个重要方面；身体锻炼作为改善体质水平的一种重要方法，会促使这 5 个方面形成一种动态的平衡状态，从而改善提高个体的体质健康水平。

二、健康

(一) 健康的概念

在《汉语大词典》中，"健康"是指人的一切生理机能正常，没有疾病或缺陷。即我们通常认识的"无疾病即健康"，在过去很长一段时间内，这种认知被广大群众所认可和接受，其中包括医务工作者。由于社会条件所限，这样的认知具有典型的时代特征。就像 20 世纪 60 年代医科大学毕业的医生所说："当时连肚子都吃不饱，还谈什么营养。"

在《辞海》中，健康的概念是："人体各器官系统发育良好、功能正常、体质健壮、精力充沛并具有良好劳动效能的状态。"这种提法是典型的生物医学模式，要比"无疾病即健康"的说法完善些，除了器官发育、功能正常之外，增加了体质和精力，并提出了"劳动效能"这一概念。但仍然是把人作为生物有机体来对待，仍未把人当作社会人来对待。

1946 年，《世界卫生组织宪章》中所提到的健康概念："健康是一种在身体上，心理上和社会上的完满状态，而不仅仅是没有疾病和虚弱的状态。"这一定义，一是把人的健康从生物学的意义，扩展到了精神和社会方面的健康状态，形成身体的、心理的、社会的多维健康观；二是排除了亚健康状态，包含了器官运行良好、体质健壮、精力充沛、心理健康、社会适应性强等积极性的完美状态。

1987 年，《简明不列颠百科全书》中文版对健康的定义是："健康，使个体能长时期地适应环境的身体、情绪、精神及社交方面的能力。"这个概念有几个变化：一是能够长期地适应环境，而非偶尔或短暂的；二是将心理层面的内容进一步区分为情绪与精神；三是突出社会交往；四是强调能力，弱化状态。这一变化最突出的特点是追根溯源，强调健康表现背后个体所具备的内在的、稳定的质的能力，而非外显的、状态的形。

1989 年，世界卫生组织(World Health Organization，WHO)又一次深化了健康的概念，认为健康包括躯体健康(physical health)、心理健康(psychological health)、社会适应良好(good social adaptation)和道德健康(ethical health)。道德健康是指不能损坏他人的利益来满足自己的需要，能按照社会认可的行为道德来约束自己及支配自己的思维和行动，具有辨别真伪、善恶、荣辱的是非观念和能力。新的健康观念尊重人的自然属性，强化人的社会属性，进一步强调人与人、人与社会的道德内容，不再强调状态与能力的同时肯定了健康的整体性和统一性。此外，这些转变，一方面使医学模式从单一的生物医学模式演变为生物—心理—社会医学模式；另一方面也是医学研究进展的结果。医学研究发现，违背社会道德往往导致心情紧张、恐惧等不良心理，很容易发生神经中枢、内分泌系统等失调，免疫系统的防御能力也会下降；相反，为人正直、心地善良、淡泊、坦荡的品质，则能使人保持平衡，有助于身体健康。

（二）健康的内容与准则

现代健康的含义是多元的、广泛的。作为个体的人，身心是统一的，身体和心理是紧密依存的两个方面，心理健康是身体健康的精神支柱，身体健康又是心理健康的物质基础。良好的情绪状态可以使生理功能处于最佳状态，反之则会降低或破坏某种功能而引起疾病。身体状况的改变可能带来相应的心理问题，生理上的缺陷、疾病，特别是痼疾，往往会使人产生烦恼、焦躁、忧虑、抑郁等不良情绪，导致各种不正常的心理状态。

作为社会的人，人与他人、人与社会、人与自然构成了社会存在的统一体，良好的社会适应能力和道德规范能力是人作为社会的基本单元与个体以外的社会和谐相处的基本要求。相反，如果不具备良好的社会适应能力，在融入社会的过程中会对人际关系、社会规则、环境氛围产生不适，难以顺从、同化、融入；尤其在人与他人、人与群体的互动中，社会认可的道德规范是融入、互动的前提，否则就会格格不入，也不利于群体的整体和长远发展。

随着时间的推移，在心理和道德方面内容的拓展和深化，使得健康结构的完整性和健康体现的整体性、统一性越来越明显，远远超出"无病即健康"的局限，健康的内容越来越多元，如躯体健康、心理健康、心灵健康、社会健康、智力健康、道德健康和环境健康等。

世界卫生组织提出维护健康的四大基石为平衡饮食、适量运动、戒烟限酒、心理健康。1999年又提出了"五快""三好"，"五快"指的是食得快、睡得快、便得快、说得快、走得快；"三好"指的是良好的个性、处世能力、人际关系。"五快"能在很大程度上反映一个人大脑、四肢、免疫、消化等功能，"三好"则考查的是心理健康，两者若能达标，则说明身心健康。

世界卫生组织对健康定下的10条准则：

①有充沛的精力，能从容不迫地担负日常和繁重的工作，而且不感到过分紧张和疲劳。

②处事乐观，态度积极，乐于承担责任，事无大小，不挑剔。

③善于休息，睡眠良好。

④应变能力强，能适应外界环境中的各种变化。

⑤能抵御一般性感冒和传染病。

⑥体重适当，身材发育匀称，站立时，头、肩、臂的位置协调。

⑦眼睛明亮，反应敏捷，眼睛不易发炎。

⑧牙齿清洁，无龋齿，不疼痛，牙龈颜色正常，无出血现象。

⑨头发有光泽，无头屑。

⑩肌肉丰满，皮肤有弹性。

三、体质与健康

体质反映着人体的质量,包括身体形态发育水平、生理机能水平、身体素质和运动能力发展水平、心理发育水平、适应能力5个方面的水平与能力。健康包括躯体健康、心理健康、社会适应良好和道德健康4个部分的能力与状态。显然体质与健康并不是同一层级的概念,体质强调的是基础,健康强调的是追求的目标;体质着眼的是个体,健康更具社会性特征。二者的结合注重个体的基础性发展,遵循社会性需求,即促进健康要注重体质基础,体质发展要以健康为目标。

(一)体质是健康的物质性基础

1. 体质是人体健康的基本材质,有优劣之别

体质反映着人体的质量,是健康的基本材质。当我们静态来看人体质量问题,体质就像物体的材质。每一物体都有自身特有的材质,材料的不同是区分不同物体类型的基本特征,质感的不同是区别同一类型物体质地的基本标准。

就体质而言,人体表现出来的形态结构、生理机能和心理因素等方面的内容是大体一致的,材料本身并无区别。但这些综合性特征表现出来的不同质感,这就成为区别人体质量质地优劣的根本所在。以人的躯体为例,物质性的躯体是脑与躯体存在的形式,是人类一切活动赖以存在的基础。就躯体而言,不同的生存环境和过程会导致不同骨骼肌肉特征、躯体形态、生理功能等质感的差别;就物质性的脑而言,它是认知、思维、想象、注意等主观性心理过程实现的物质载体,人与人心理过程的不同既会使脑的质地形态产生差别,也会使心理过程的具体内容体现出差异。这些差别、差异体现的是人体基本材质的优劣程度,是健康最基础的内容。

2. 体质是材质协调适配的能力,有强弱之分

区别于一般物体,人体就像永远动态运行的机器,机器的效率取决于机器的性能,这种性能既需要各零部件都有优良的质地,更需要各零部件分工协作、整体协调运行。

与机器不同,人体在动态运行的过程中,身体骨骼肌肉、各器官、各系统的功能状态与主观能动性一起显示着个体所具备的内在的、稳定的质地和协调运行的能力。当材质一定时,身体体现出来的各种能力也不完全相同,如与活动任务相联系,当安静地休息时,肌肉放松、呼吸减慢、心率降低、代谢减缓;当身体活动强度大时,肌肉收缩、呼吸加快、心率增加、代谢加快。如果骨骼肌肉、身体各器官、各系统长期不能协调适配,那么身体这个机器就会产生问题,即疾病或不健康的表现。

当然,人体的各种零部件既存在协调适配问题,又存在功能补偿问题,还存在相互带动提升的问题。如在生活中,可能会经常发现,盲人因视力缺失,其听力会更加敏锐、肌肉感觉更加灵敏;在运动中,随着肌肉能力的增强,器官功能、身体素质与运动能力也会随之提升。总之,身体作为一个整体,各躯体部位、器官、系统能够统一协调适配就能表现出较好的能力,并有助于整体健康水平。

3. 体质是健康材质的运行状态,有好坏差异

正如世界卫生组织在1946年对健康的定义,健康是一种在身体上、心理上和社会上的完满状态。这种状态是一种完整统一的契合性调适状态,状态的不同体现出不同的健康状况。也因此,近年来出现一个新的词汇——健康状态,即从生理、心理和社会生活3个

方面测定个人功能的尺度,即人的功能状态。这是对个体或人群健康水平的一种衡量,这种衡量既可以是主观的,也可以是客观的。

就身体而言,在身体骨骼肌肉、各器官、各系统动态运行的过程中,它们不是单独存在的,需要骨骼肌肉、眼睛、耳朵、心脏、肺等物质性器官整体协调运行。如在身体与外界的动态接触过程中,即使质地本身是优良的、各零部件的功能是良好的,表现出来的体形、姿势,以及完成工作任务中感受到的疲劳程度、劳动效能状态也会不同。健康需要人体各器官、系统发育良好、功能正常、体质健壮、精力充沛并具有良好劳动效能的状态,如在社会活动中体现出良好的耐力、柔韧性、肌肉力量、速度、爆发力、平衡、灵敏、协调、反应等素质,表现在走、跑、跳、投、攀、爬等较好的身体活动能力。

(二)健康需要宽厚的体质根基

正如人们对健康的认识一样,健康的概念从单一的无躯体性疾病发展到躯体健康、心理健康、社会适应良好和道德良好的四维健康观,健康的内涵也从单一的身体状态深入到多维度的状态与能力。在内容上,生理性的躯体是人存在的基础、是心理发生发展的前提,良好的适应能力是人与自然、人与社会互动的必然要求,良好的道德行为是个体和社会健康发展所必须遵循的约定俗成的规范,它们相互影响、互相制约,缺一不可。在内容层次上,健康不仅仅是即时体现出来的完美状态,这种状态需要身体骨骼肌肉、各器官、系统具备优良的基础质地,也需要它们之间协调适配的运行能力和实际效果。

随着社会进步和科技的发展,影响健康的因素越来越明晰,健康结构的完整性和健康体现的整体性、统一性越来越明确。因此,健康研究的趋势呈现出:健康的内容范围拓展得越来越宽广,健康的纵向形成过程延伸得越来越深远,形成健康的根基要求越来越深厚。与此同时,体质作为健康的物质基础,是健康最基础的内容,与健康的联系越来越紧密,宽广、深厚的体质要求成为促进健康的必然要求。除了在内容上要提升基础材质的优良质地,促进零部件协调适配运行的能力,确保整体协调运行的状态,更要考虑在纵向累积过程中,健康相关能力的培养需要立足于当前、着眼于长远,才能为未来的健康需求奠定扎实的基础;此外,还需要立足于躯体、着眼于主观心理的物质性根基,以及人发展的社会性需求。

(三)增强体质是促进健康的基本手段

这是一个简单而又复杂的问题。如果我们将"体质"局限于个体的躯体性能力或状态,将"健康"也回归于"无病即健康"或躯体性健康,那么增强体质一定会促进健康。

复杂的是,如果维度、角度不同,结果自然不同。如果我们将"体质"局限于个体的躯体性能力或状态,而将"健康"拓展为四维健康观,那么增强体质则和心理与道德方面的健康关系不大,对适应能力只局限于抵抗自然环境的部分功能,这显然又不符合体质的内涵,体质也不能承担起健康根基的重任,更不符合个体存在的完整性和社会存在的统一性要求。

从"健康"概念的发展脉络来看,从单一的躯体性健康发展到身体、心理、社会适应、道德方面的整体健康,是以社会存在的完整性和统一性为前提的。因此,就像我们对"狼孩"的认识,也许其身体是健康的、某些身体能力可能会更强,但他脱离了人的群体,也谈不上人的劳动效能,身体、心理、社会适应、道德方面的发展方向也与社会存在大不相同。因此,我们可能会说他的躯体是健康的,但不会,也不能说这个"人"更健康。

与此同时，一方面，身体是心理的载体，适应首先是身体的适应，道德体现是从身体参与开始的；另一方面，体质是在社会互动过程中形成和发展的，这种互动既是心理发生与发展的过程，也是适应世界的过程，更是道德形成的过程。那么，体质与健康的共性就是人的社会存在和人的完整性与统一性。

建立在这个观点之上，体质的发展就必然涵盖了人的方方面面，既包含我们无可争辩的生理机能水平、身体素质与运动能力，也涵盖我们所处社会认可的健康体形、姿势；既包括我们认可的身体能力可直接发展的感觉、知觉、记忆、想象等能力和意志水平等心理内容，也包括在增强体质的社会互动过程中塑造的个性、道德观念等内容；既包括身体对温度、环境等自然环境等的适应能力，也包括个体对荣辱成败、人际关系、社会氛围等的适应能力。那么，体质就是健康的基础，增强体质就是促进健康的基本手段。只是由于方向不同，体质重于基础和个体性内容，健康更倾向于目标和社会性内容。因此，二者并不等同，增强体质也不等同于促进健康，如高水平运动员在发展身体能力的过程中可能会忽略健康的其他方面，也可能因事故等影响健康。由于健康内容的广泛性和个体的差异性，促进健康的方式方法和健康方向也不尽相同。如因道德问题、社会适应问题导致心理障碍，就需从道德方面、心理方面着手促进健康；如因残疾导致部分身体能力缺失，就需发挥身体的代偿能力予以弥补；如因具体的饮食、睡眠、代谢、抵抗力问题导致健康水平下降，可借助增强体质的途径改善健康水平，但并不代表必然能快速达到健康状态。

正因如此，促进健康的手段是多样的，增强体质只是促进健康的一种途径，但由于增强体质是人体健康的物质性基础性保障，故其成为促进健康最为基本的手段。

第二节　体质健康教育的提出

一、体质健康教育提出的背景

(一)学生体质健康现状

1. 2015年以前学生体质健康状况不容乐观

2008年以来，伴随中国经济社会的快速发展，中国青少年体质健康问题受到广泛关注，学生体质健康下降趋势得到一定程度遏制，但整体上反映出来的指标值仍然令人担忧，特别是在以下指标上，显现的问题十分突出。主要表现为：

①肺功能指标维持低水平。
②超重和肥胖现象严重。
③近视发生率继续增加。
④速度、力量素质增长趋于停滞。
⑤血压调节机能不良比较普遍。

2019年9月，《柳叶刀》发表了一篇关于中国儿童和青少年体质的研究报告。通过分析肺活量等6项主要内容，研究人员发现1985年至2014年中国儿童和青少年的体质健康指数在逐渐下降。

《我国青少年体质健康发展报告(2015)》指出：教育部等部委从1979年开始组织实施"中国学生体质与健康调研"，结果显示，近30年来，总体上，中国学生的形态发育水平不断提高，营养状况得到改善，常见病的患病率持续下降，但是耐力、力量、速度等体能指标有明显下降趋势，肺功能持续降低，视力不良率居高不下，城市超重和肥胖青少年的比例明显增加。

2. 2016年以后学生体质健康状况略有好转

2018年教育部公布的学生体质健康标准抽测复核结果显示，2018年全国学生体质达标测试及格率为91.91%，优良率为30.57%。与2016年对比显示，从2016年到2018年，全国学生体质健康状况总体呈现转好趋势，不及格率由12.0%下降至8.09%；良好率由21.9%上升至24.37%；优秀率由4.6%上升至6.2%。

全国学生体质健康状况抽测复核不及格率逐渐下降，良好率、优秀率逐渐上升，形态发育水平继续提高，肺活量指标、力量素质、耐力素质也稳中向好，由此可以看出我国学生体质健康水平逐步提升，也体现了学生体质的增强、运动技能的提高、人格塑造的日趋健全，但上升的趋势能否保持，还需要时间的检验，如近十几年来清华学生3 000米长跑的数据，虽然在个别年份会有波动，但总体上呈现下降的趋势，引体向上等其他项目成绩也只是基本稳定。

各项数据表明，近年来中小学生肥胖率增长减速了，但是近视率提升了。2018年5月国家卫生健康委员会发布的《近视防治指南》中数据披露，我国青少年近视率高达53.6%，全国近视患者已超过4.5亿人，居世界首位。国家卫生健康委员会的调查显示，我国儿童、青少年总体近视发病形势仍然严峻，低年龄段近视问题比较突出。在小学和初中阶段，近视率随着年级的升高而快速增长，小学阶段从一年级的15.7%增长到六年级的59.0%，初中阶段从初一年级的64.9%增长到初三年级的77.0%。此外，高三年级学生中高度近视的，也就是近视度数高于600度的，在近视总人数中占比达到21.9%，而高度近视是致盲性眼病之一，容易引发一系列严重的并发症，应该引起高度重视。

这一时期，随着人们的健康意识增强，主要有以下观点：

①应掌握更多的运动技能和健康常识。

②应动员家庭、学校和社会共同关注。

③培养学生运动与健康习惯是当务之急。

④政策引导与社会环境支持相当重要。

(二) 全民健康意识不断增强

随着近几十年我国社会经济的快速发展，人们的经济水平快速增长，健康意识也随之不断增强，不仅表现在"绿水青山就是金山银山"的环保理念，还表现在提高生命质量、享受生活的珍爱生命观。近年来的消费数据显示，国民健康意识的提高推进了健康消费的增长，医疗保健等消费支出在人均各项支出中增速较快。人们越来越意识到世上没有灵丹妙药，只有关爱自己的健康，平时建立良好的生活方式，才能在生病时依靠自身免疫能力和自愈能力康复，这才是最好的"特效药"。

随着我国教育水平的提高和科学技术的快速发展，人们的知识储备、认识水平、分析能力、自我管理等方面都明显提升，能够快速接受大量的健康知识信息，及时规划、调整自己的生活方式。人们对健康的认识不但更加深刻，而且更加全面、具体，如更多的人能够将健康意识具体到科学的运动健身、健康的营养饮食、明智的健康消费等行为领域。他们会结合塑身减肥、提高心肺耐力、发展骨骼肌肉、改善情绪等不同的需求和自己的运动兴趣选择不同的锻炼类型，并关注相应类型的锻炼时间、频率、强度、次数等细化指标；

他们会识别食品的营养成分,分析摄入与消耗是否均衡,控制糖、脂肪、盐的每日摄入量,参照《中国居民膳食指南》选择食物,根据自己的健康需求调整营养摄入;他们会转变过去"牺牲健康,储蓄金钱"的观念,以促进健康生活为目标,选择有益于健康的消费行为,明智地选择健康产品,做出"储蓄"健康的消费行为。

当然,从"以健康换金钱"的认识转变到"以金钱换健康"的认识较容易,真正能够将健康意识及时转变为行为,形成健康的整体社会氛围和习惯性的群体传统还有很长的路要走。尤其在改变个人不良习惯、慢慢养成健康的生活方式的过程中,更需要教育跟进,把健康的生活方式和观念深入到社会、家庭和每一个人的内心深处,积极营造健康的环境氛围、引导健康的个体行为。

(三)教育发展的时代需求

1."核心素养"应运而生

全球化与信息化时代改变了传统的经济模式、职业模式和生活方式,进而对未来人才的培养提出了新的要求。为成功地适应未来社会,满足个人自我实现的同时推动社会发展,21世纪的学生应该具备哪些核心的知识、能力和情感态度,已成为世界各国发展与规划未来教育无法规避的首要问题。21世纪的社会更加复杂、变化更快、不确定性更大,要求劳动力有更强的适应变化的能力,有更强的解决复杂问题的能力,有更强的交流与合作的能力,有更强的使用现代信息技术的素养。核心素养就是在这种背景下提出来的。

我国学者林崇德在研究"中国学生发展核心素养"体系时指出:随着时代的变迁和社会的发展,"德、智、体、美全面发展"的内涵也在逐渐发生变化。为此,迫切需要立足国情,结合时代特点,根据学生的成长规律和社会对人才的需求,把对学生德、智、体、美全面发展总体要求和社会主义核心价值观的有关内容具体化、细化,建构学生发展核心素养体系,明确学生应具备的适应终身发展和社会发展需要的必备品格和关键能力,以深入回答教育要"培养什么样的人、怎样培养人"的问题。

2016年9月13日,北京师范大学学生素养课题组发布研究成果《中国学生发展核心素养》,指出核心素养以培养"全面发展的人"为核心,分为文化基础、自主发展、社会参与3个方面,综合表现为人文底蕴、科学精神、学会学习、健康生活、责任担当、实践创新六大素养,具体细化为人文积淀、人文情怀、审美情趣、理性思维、批判质疑、勇于探究、乐学善学、勤于反思、信息意识、珍爱生命、健全人格、自我管理、社会责任、国家认同、国际理解、劳动意识、问题解决和技术运用等18个基本要点。

随后,基于不同学科对学生核心素养的形成有着不同的独特贡献,各学科均应提出核心素养构成要素,将学生核心素养的培养,落点在学科核心素养的培育上。各学科领域,都有学者提出各自学科的核心素养构成要素。目前,我国体育学科核心素养体系研究刚刚起步,部分学者从不同的角度提出了相应的核心素养体系,高中课标组专家也从体育品德、运动技能、健康行为3个维度建构体育学科核心素养体系。

总之,在核心素养的推动下,各学科都将目标定位于学生未来的社会性发展需要,这为体质健康教育提供了较好的思路,与体质的基础性特征、健康的目的性特征不谋而合。

2."学生体质健康教育"是大势所趋

与"学生核心素养"要解决"培养什么样的人"的教育问题一样,"学生体质健康教育"领域也同样面临要从人的全面发展角度出发,体现"促进人的全面发展、适应社会需要"这一要求,规定必须拥有的基本素养和能力,解决"怎样培养健康的人"的问题。这种素养和能力的特征类似于梅腾斯(Mertens)对"关键能力"的描述:"设想存在这样的能力,它对人生历程的各个方面如职业生涯、个性发展和社会存在起着关键性的作用。它是那些与一定的专业实际技能不直接相关的知识、能力和技能,它是人在各种不同场合和职责情况下做出正确判断选择的能力;胜任人生生涯中不可预见各种变化的能力;由于其普遍适用性而不易因科学技术进步而过时或淘汰。"

可以看出,能够适应未来社会的核心素养不是专业的知识技能,而是从各个学科抽象出来的、凌驾于各学科之上、适应社会所必备的"关键能力"。为此,我国著名教育学家顾明远先生提出,为了发展学生的核心素养,基础教育学校在课程改革方面要进行三方面的努力:第一,将身心健康放在课程目标的首位;第二,课程教学要培养学生终身学习的能力;第三,课程内容及实施要为学生打下走向社会的基础。

而在所有的学科体系中,"学生体质健康教育"在"人的未来发展"中占据着重要的地位,其相关内容更是关系着"人的全面发展",具有知识、技术、技能、意识、情感、态度、精神、营养、消费等多种内容。在核心素养中,体质健康教育的内容直接关系着健康生活、珍爱生命、健全人格、劳动意识;教育过程需要的是学会学习、勇于探究、乐学善学、问题解决、信息意识、实践创新;个体学习的方法需要的是理性思维、批判质疑、勤于反思、自我管理、技术运用;教育结果关系着人文积淀、审美情趣、人文底蕴、科学精神;团体参与中塑造的是责任担当、社会责任、国家认同、人文情怀、国际理解。因此,对学生适应未来社会的发展具有重要的教育意义。

在学生体质健康水平不容乐观的时代,人们呼唤"健康社会"的意识不断提升,《"健康中国 2030"规划纲要》已经明确提出优秀率达到 25% 的目标,以及教育前瞻性的特征要培养出能够适应未来社会需求的"全面发展的人"。人们的健康需求与社会压力同时存在,《标准》的实施已经不能流于形式,必须深化、细化,通过学生体质健康教育过程实现教育目标,满足社会需求,是大势所趋、势在必行。

二、体质健康教育的提出

(一)体质健康教育的由来

随着对健康认识的普遍接受和提高,体质的基础作用得以加强,与健康密切联系。在 1948 年世界卫生组织宣告成立之后,其宪章对健康的定义得到充分宣传和普遍认可。1950 年,毛泽东在给当时教育部部长的书信中首先作出"各学校注意健康第一、学习第二"的重要指示。1951 年,教育部在第一次全国中等教育会议上提出贯彻"健康第一"的教育方针。随后为摆脱苏联《准备劳动与卫国体育制度》的影响,1979 年,扬州会议正式提出"以增强体质为主"的体育课程改革。1999 年,中共中央、国务院《关于深化教育改革全面推进素质教育的决定》在学校领域正式全面确立"健康第一"的指导思想。自此,体质成为体育领域必不可少的基本概念,进一步明确体育与体质密不可分,强化"增强体质"是体育的本质功能。

1979 年,在全国学校体育、卫生工作经验交流会上,徐英超提出:"体育是在学校里设置课程,由教师运用教材和教法对于学生进行体质教育,进行体质健康的教育,使学生成为身体和精神都健康的人。"这被认为是体质健康教育思想的先河。2007 年,《国家学生体质健康标准》在全国范围全面实施,大批专家、学者开始关注,并开展了大量相关模式、内容、方法的研究，体质健康教育受到普遍重视并趋于成形。

(二)体质健康教育的提出

如前所述，学生体质与健康的发展在"人的未来发展"中占据着重要的地位，关系着"人的全面发展"。那么，首先是培养体质健康的人，其次是如何培养体质健康的人。

对于培养体质健康的人，第一个面临的问题是怎样才算体质健康的人，而且是能够适应未来社会需求的体质健康的人。那么就自然包括两个方面，一是现在，二是未来。尽管体质的特性是"弱可以变强，强可能变弱"，但不可否认的是现在是未来的基础。因为青少年身心素质发展具有"关键期"的特性，决定了体质、骨骼肌肉、器官功能水平等能否在关键时期到达可能的高度，而这个高度决定了个人体质可能到达的最高水平。同时，青少年时期的不健康因素也可能为成人以后的健康水平带来灾难性后果，如青少年时期的肥胖就会为成人以后的糖尿病、心血管疾病埋下隐患。此外，生活规律和健康习惯(包括健康相关的知识、技术等)大多是青少年时期就形成的，如果成人以后再去改变习惯是一件很困难的事。因此，青少年体质健康应该是"现在大于未来"，发展的方向应该是"当前兼顾长远"。

既然如此，我们就从"当前兼顾长远"的角度来看怎样才算体质健康的人。如果基于体适能的概念，那么显然不适合青少年身体快速新陈代谢的现状，青少年新陈代谢的规律和无大体力活动的特征决定了他们具有适应当前学习和生活的身体能力，并不会觉得体质水平很差、不健康；体适能也不适于兼顾长远的体质健康需求，由于"适能"强调的是能够适应生活所需适当的身体能力，这既存在着专业分工的差别，也忽略了现在的体质健康状况预示着骨骼肌肉、器官功能的最高水平，是未来的基础。

我们再从健康的角度来看，其一是整体性，其二是比较性。整体性是指健康是身体的、心理的、社会的整体良好状态，也就必然包含着具体健康成分的整体组合，如骨骼密度、肌肉力量、心肺功能、柔韧协调等的整体协调适配状态，而非单一的某一或某些健康成分的发展提高，如单一地发展某一肌群或部位的肌肉力量；比较性预示着健康没有统一的标准，通常是与健康常模比较的结果，即与大部分人相互比较的结果，具有明显的个体主观感受性。既然存在比较性，那么同一群体中的人体质之间一定存在好与不好之分；既然有个体的主观感受性，那么像体适能一样，一定存在个体体质健康状况能否满足所从事的工作需要或所处的环境氛围，以及习惯影响的自我感受状态。如一个脑力劳动者，在自己的群体中体质水平较高，自我感受也较好，然而当突然进入体力劳动者的群体，首先表现出来的就是体质水平较差，感受也会随之变化。

因此，基于青少年学生的身体发展要整体考虑当前并兼顾长远，便于学生进行比较，我国建立了《标准》，从身体形态、生理机能、身体素质与运动能力等方面建立了整体的指标体系和评分标准，以便参照，并且根据学生身心发展特点，在小学、中学、大学等不同时期提出了不同测试指标和评分标准，鼓励学生达标争优。这就解决了不同时期对体质健康的培养目标和标准的问题。

然而，对于如何培养体质健康的人，越来越多的证据显示：健康不是一时冲动的饮食克制或偶尔的锻炼行为就能成就的，需要通过良好的生活方式和习惯长期、逐步累积。那么，如何将《标准》明确的方向具体到不同的学习阶段，使学生在日常生活中逐渐养成健康的生活方式和习惯，就是"如何培养体质健康的人"的关键所在。健康需要行为保证，习惯是日常行为的体现，因此，学生体质健康的发展首先要以行为指引和规范为重点。然而，行为本身涉及相应的知识、技术，行为驱动需要动机、态度、观念等内在的驱动力，以及个体责任、社会氛围等环境要素。故而，体质健康教育首先需要将《标准》的健康指向形成完整的知识体系，其次要将应知应会内容具体分解到学生不同阶段的日常行为中去。

第三节　体质健康教育的定位

一、体质健康教育的概念

从体质健康教育的发展来看，体质健康教育的提出较早，但被社会所真正接受并不断完善是伴随着《学生体质健康（试行方案）标准》的出台，其目的是贯彻落实"健康第一"的指导思想，切实加强学校体育工作，促进学生积极参加体育锻炼，养成良好的锻炼习惯，提高体质健康水平。其功能定位是国家学校教育工作的基础性指导文件和教育质量基本标准，是评价学生综合素质、评估学校工作和衡量各地教育发展的重要依据，是《国家体育锻炼标准》在学校的具体实施。其适用对象是全日制普通小学、初中、普通高中、中等职业学校、普通高等学校的学生。

《学生体质健康（试行方案案）》既是学生体质健康的发展目标，也是目标内容的具体标准。从目标的角度来看，具有导向作用，也符合事物发展的基本规律，当我们认为某种事物需要达到什么样的程度时，则会采取相应的方式方法来达到目标，学生体质健康教育就应运而生。同时，由于体质的内涵和健康的内容、层次都有着复杂的体系，二者也非同一维度的概念，使得体质健康也随之呈现出多内容、多层次、多体系的特征，学生体质健康水平的提高需要系统化教育过程。

正因如此，体质健康教育是一个熟悉而新生的现象，在这个领域，是先有标准，其后才有教育现象和过程，即体质健康教育是针对《标准》的目标和内容而形成的具体教育教学目标体系，并且是随着《标准》的颁布，学生体质健康水平依旧难以彻底改善，在教育工作者不断实践过程中发现问题、解决问题和长期经验积累的结果。

根据学生体质健康的发展目标和内容标准，人们认为体质健康教育是与健康相关的身体教育。体质健康教育主要是帮助学生获得体质健康的知识和更高层次地理解与健康有关的体质，以及养成良好身体活动和健康生活方式的习惯（过程），从而获得良好的体质健康水平、健康和幸福（结果）。

二、体质健康教育的思路

体质健康教育的总体思路是在教育过程中掌握体质与健康的相关知识、技术等应知应会内容，通过日常身体行为提高身体质量，以体质提升促进健康水平。

①教育过程是实现体质健康的重要途径　体质健康庞大的知识体系和阶段性的过程，只有在教育过程中，才能实现认知和行为的改善，具体落实健康生活方式和习惯培养的问题。

②健康知识体系是增强体质的重要依据　健康知识体系包括要提高什么样的体质成分、如何提高的问题，既涉及知识也包含技术和相关要素，是引导健康行为、增强体质的重要依据。

③体质引领是提升健康水平的重要手段　在健康相关的领域中，心理性和社会性部分

较为模糊、难以测量,同时体质内容既是健康的基础内容,又与心理性和社会性部分密切相关,较为显性、易于测量。因此,需要以增强体质为引领促进学生全面健康发展。

三、体质健康教育的价值取向

体质健康教育的目标群体是我国青少年学生,目标是为了培养适应未来社会需求的人。学生个体需要从学习知识、掌握技术、提高能力、内化观念、强化责任、形成习惯、融入社会等方面打好身心发展的阶段性基础,为成功适应未来社会做好准备。如此一来,庞大的健康知识体系在具体的教育过程中落实时,就要涉及实施重点或着眼点问题,这就是体质健康教育的价值取向。

(一)从体质入手,着眼于全面身心发展

体质包含了身体形态发育水平、生理机能水平、身体素质和运动能力发展水平、心理发育水平和适应能力等众多的范畴,是健康最为核心的部分,实现健康必须以体质为重;同时体质发展易于突破,从身体形态、器官功能、骨骼肌肉等物质性生理躯体入手,易于实现行为举止、身体素质、运动能力等能力与表现的提升和心理发育水平的提高,并且其实现的过程就是融入社会、适应社会的过程。因此,具有实现身体、心理、社会的全方位健康独有的可靠性和可操作性,具有其他方式不可比拟的优越性。

(二)从当前出发,着眼于长远健康根基

从健康的特性来看,良好的健康状态描述的是当前的即时性,发展体质的身体活动过程有助于健康状态的实现;但在纵向的时间范围,健康的形成不是一蹴而就的,与前期的行为积累存在着必然的因果关系。从适应未来社会需求来看,目标指向的是未来,但当前的知识、技术、观念等的学习过程和结果,才是终身受益的基础。从身心发展的特征来看,具有明显的阶段性和关键期,如果在该发展的时期不能得到充分的发展,则再也不可能得到应有的高度。因此,青少年体质健康的发展一定要立足于当前、着眼于未来。

(三)从教育开始,着眼于社会健康氛围

体质健康教育是青少年学生学习健康知识、培养健康行为、树立健康观念必不可少的重要环节。但教育不是万能的,教育的效果需要在家庭和社会中去发展和巩固。当家庭、社区、学校等学生日常生活环境不能巩固教育结果时,就可能出现不良生活方式、不良饮食习惯等,这已经成为损害我国学生体质健康的重要因素。尤其在"以健康换取成绩"的社会氛围中,学生的锻炼习惯更是难以形成和巩固,学校教育的效果必然会化为乌有。因此,"教育先行,学校、家庭、社会联动协作,齐抓共管"是实现学生体质健康的基本途径。

(四)以潜能为重,着眼于身体质地提升

潜能就是潜在的能量,指人类原本具有却没有被开发的能力,在某个环境或条件刺激下,身体的潜能就会发挥出来,而如果这种环境或条件刺激没有出现,或是不能在关键期得到及时开发,则会不能显现或永远失去。与教育为了最大限度地发挥和提高人的身心能力相一致,在体育教育领域,动作教育(movement education)模式的指导思想就是:"发现或探索学生可发展的一切潜力。"如果单就健康的状态表现而言,似乎与身心潜能关系不大,但结合心理学、体育学的"关键期"效应,哲学"身心一体",脑科学"身体是大脑神经最基本的物质基础",病理学"生活方式疾病都是发病于成年,形成于青少年"等观点,就不难发现健康首先需要优良的身体质地,其次需要更早、更好地发展身体质地,才能使现

在与将来的身体健康达到更高的水平。

(五)从行为引导,着眼于健康习惯培养

习惯,是经久养成的生活方式。习惯的养成是一个复杂的过程,既是教育者"培养"出来的,也是个体自我"修炼"而成的,还是外部环境"熏陶"出来的。习惯培养既涉及众多的因素,也包括认知习惯、行为习惯等不同的内容。对于体质健康而言,除了感知、思维等认知习惯之外,更多依赖的是学习健康知识、运用健身技术、参与身体活动、合理健康饮食,以及体质健康评估和建立目标→规划设计→自我管理→调整改变→达到目标等健康行为过程。只有如此,才能长期保持良好的生活习惯,有目的、有计划地通过日常行为促进健康水平的提高。

(六)立足于个体,着眼于社会发展需求

我国《国家学生体质健康标准》、美国"总统青少年体适能项目"等都是以个体参照的形式为主,指导学生个体达到标准要求,并通过连续的阶段性要求,引导学生体质健康持续发展,最终满足国家、社会需求。从这一点来说,更多体现为国家意志,国家需要培养能够满足未来社会需求,能够为社会作出更大贡献,健康、有活力的年轻一代。但健康首先是个体的健康,只有个体实现健康才能满足国家的需求。同时,个体也需要提高体质健康水平以满足个人未来的事业发展,减少衰弱、疾病等的干扰,有利于家庭幸福,且有更大的社会发展空间。因此,二者除了出发角度不同,价值取向是一致的,都是发挥更大的价值。为了促进个体健康发展,满足社会需求,在以提高体质健康水平为目标的行为过程中,个人需要借助融入运动团体、互帮互助、沟通协作、服务于群体等形式。

四、体质健康教育与相关教育现象的关系

(一)体质健康教育与体育教育

体育是一种复杂的社会文化现象,它以身体与智力活动为基本手段,根据人体生长发育、技能形成和机能提高等规律,达到促进全面发育、提高身体素质与全面教育水平、增强体质与提高运动能力、改善生活方式与提高生活质量的一种有意识、有目的、有组织的社会活动。

体育是对身体的教育;体质健康教育是与健康相关的身体教育。从二者的概念可以看出,体质健康教育是整个体育教育中的一部分。尽管身体的基本质地即体质是二者共同的重要内容,是体质健康教育的全部,是体育教育的部分,但由于健康与身体是不同属性的概念,健康必然包含着身体的内容,体育教育更不能完全脱离健康的约束。同时,体质健康教育的目标是健康,又不能脱离体育教育的知识、技术等单独实现,体育教育强体塑形、娱乐身心、锤炼意志等功能又是体质健康教育的目标。因此,二者难以完全区别,只是体质健康教育的健康目标更为突出。

(二)体质健康教育与体适能教育

体适能指在应付日常工作之余,身体既不会感到过度疲劳,又还有余力去享受休闲及应对突发事件的能力。体适能教育就是为了能够适应生活、运动、环境等因素,而对身体进行的有目的、有计划的教育。

可以看出,体适能教育与体质健康教育都是整个体育教育中的一部分。二者的区别在于:体适能教育强调能够适应日常生活的身体适能,体质健康教育遵循健康的观念,立足

于当前，着眼于未来的长远健康；体适能教育着眼于生活环境的身体适能，从概念上未突出教育时期，体质健康教育立足于青少年学生，兼顾当前与未来，并不忘身心发展的关键期，注重身心潜能的开发，提升身心基本质地的发展。

(三)体质健康教育与健康教育

健康教育是有计划、有组织、有系统的社会教育活动，使人们自觉地采纳有益于健康的行为和生活方式，减轻或消除影响健康的危险因素，预防疾病，促进健康，提高生活质量，并对教育效果作出评价。健康教育的核心是教育人们树立健康意识，促使人们改变不健康的行为生活方式，养成良好的行为生活方式，以减少或消除影响健康的危险因素。通过健康教育，能帮助人们了解哪些行为是影响健康的，并能自觉地选择有益于健康的行为生活方式。

二者具有共同的目标。相比之下，健康教育更注重健康的生活方式，学生体质健康教育注重与健康相关的身体教育。学生体质健康教育是健康教育的一部分，更注重身体质地的改善和提升；身体活动和健康的生活方式是提高体质健康水平的主要形式。

第四节　体质健康教育的目的、意义

学生体质健康教育是在学校领域贯彻落实"健康第一"指导思想，促进实施《标准》，引导学生建立健康价值观念、指导科学健身行为、培养良好的健身和健康习惯、提高体质健康水平、实现学生体质健康的相关教育过程。学生体质健康教育作为健康教育和体育教育深化发展的结果和领域内容不断细化、分工的体现，是一种相对较新的教育活动，其首先要回答"培养什么样的人"的问题，即学生体质健康教育活动的目的或要达到的目标和结果。其次，不同于健康教育、体育教育，学生体质健康教育有自身独特教育指导思想、人才培养目标、领域内容体系、基本实现途径和方法等，它在回答"怎样培养人"的同时，也体现出自身独特的社会作用与价值，即学生体质健康教育的意义。

一、体质健康教育的目的

学生体质健康教育的目的是体质健康教育活动所要达到预期结果，是人们对受教育者达成状态的期望，即人们期望受教育者通过教育在身心诸方面发生什么样的变化，或者产生怎样的结果。它是整个体质健康教育工作的核心，是教育活动的出发点和归宿，一方面必须满足未来国家与社会的发展需求，培养国家、社会需要的人，为学生长远健康发展打好根基；另一方面也是确定课程与教学目标，选择教育内容与方法，评价教育效果的根本依据。

具体而言，体质健康教育以学生体质发展为目标，着重培养体质健康的知识、技能、方法和技巧，通过学习健康知识、掌握健身技能、参与身体活动，激发引导学生承担社会健康责任、规划个人健康生活、实现体质健康发展、促进社会整体健康氛围，使学生具有良好的健康行为方向、目标、标准和判断思考能力。体质健康教育目的主要有以下几点。

(一)提高学生体质健康水平

如前所述，学生体质健康包含众多的内容，身体形态和姿势等是个体和社会形象的重要体现，生理机能水平是个体健康存在的前提，身体素质和运动能力是躯体自由发展的重要标志，机体感知能力、个性、意志等心理发育水平有关个体的成长空间，个体对内、外环境条件的适应能力、应急能力和对疾病的抵抗力是健康的重要保障。其每一项内容都是个体存在和社会体现的重要组成部分，青少年学生的体质健康水平更是国家综合实力的体现，是国家未来竞争力的基础。党和国家高度重视青少年学生的体质健康问题，强调培养体质健康、意志坚强、充满活力的年轻一代。

由于体质是健康最为基础的内容，体质的成分是健康最为核心的成分，体质的功能是身体能力展现的前提，体质的材质是心理发展的物质基础。可以说，体质是健康的核心和基础，是身心发展的物质前提。如果没有健康的体质，健康难以实现，身心发展也会受限。因此，提升学生体质健康水平是体质健康教育的核心任务。

（二）培养学生健康的生活方式和习惯

毫无疑问，生活方式与习惯是体质健康的重要保障，良好的生活方式与习惯会促进健康、增强体质，如吃动平衡、作息规律、经常参与身体活动、科学健身等；不良的生活方式会有损健康，如暴饮暴食、睡眠不足、久坐不动及不科学健身等。

生活方式一旦建立就成为一种习惯，表现为持久、定型的认知方式、行为方式及固有的思维习惯，且难以改变。例如，走路时一旦形成低头含胸、缩肩弓背、重心下沉、拖沓沉重等不良姿态习惯，如果想要变成抬头挺胸、提臀收腹、提踵展胸、扩肩摆臂，那就要花费大量时间，且稍不留神就会回到从前，甚至一辈子都变不过来，成为一生的标志姿势，更别说在自然流畅的良好形态基础上展现轻盈灵活、稳重大气、朝气蓬勃的精神风貌。此外，行为背后的认知方式和思维习惯，不同人的标准差异较大，一个经常参与身体活动的人与不常运动的人，可能在一周参与次数及每次运动时长、运动量方面的认知差异较大；一个要求较高的人与要求较低的人，在参与身体活动过程中对动作的要求互不相同，如同时减肥的甲、乙二人，每天都是一个小时的锻炼时间，即使运动形式、练习密度相同，甚至动作标准相同，其投入程度、主观积极性不同，也可能导致躯体部位的参与效果不同、能量消耗不同，从而导致减肥效果产生较大差异。因此，科学认知、理性思维和持久性的健康行为方式，即健康的生活方式与习惯就成为健康促进最为重要的保障。

（三）形成良好的社会健康氛围

氛围是整个社会的文化风气、行为准则、人与人或人与事之间的习惯、看法、态度、观点等，影响着个体的认知和行为。正如教育问题越来越凸显出需要学校、社会、家庭一起形成教育合力一样，学生体质健康的发展更需要学生生活环境的整体效应。对于健康习惯的培养，不仅需要学校教育建立科学的框架体系，引导健康观念，传授知识、技能，还需要在家庭、社会中去巩固、强化，如果家庭教育、社会环境与学校教育相契合，则会转变为持久的健康生活方式与习惯。反之，如果家庭观念、看法、态度，以及社会的主流氛围条件与学校教育内容相悖，则对学生的思维方式、行为方式起到阻碍作用。例如，学校教育鼓励学生经常参加体育锻炼，而一些家庭教育认为是浪费时间，怕孩子累着、伤着，以少动、多休息为准则；学校教育强调健康的身体形态，而一些家庭教育认为胖点就是营养保障或瘦点体现的是骨感美；学校教育注重健康知识、健身技能、价值观念等长远健康根基，社会舆论却要求立竿见影的效果；学校教育注重社会融入、体现个体责任与社会价值，社会环境却鼓励个体成就、忽略社会参与。那么不言而喻，学校教育的效果一定会大打折扣。因此，良好的社会健康氛围是健康促进、全民健身、健康中国的重要条件。

党和国家高度重视人民群众的健康问题，及时出台《全民健身计划》《体育强国建设纲要》《"健康中国2030"规划纲要》等政策文件，涌现出一批优秀的全面健身先进单位。各地区、社区、街道以及众多热衷于健康的集体和个人，及时宣传健康理念、引领健康行为，调动社会各方积极性，采取多种形式组织、发动人民群众参与健身活动，形成浓厚的全民健身氛围，形成一批积极向上的健康新城区、新社区，各类运动场馆灯火通明，健身氛围空前高涨，健身人数明显增多。

二、体质健康教育的意义

（一）促进青少年健康成长

青少年学生是国家未来的建设者，是中国特色社会主义事业的接班人，代表着中华民族整体素质和发展希望，关系着国家和民族的命运。近30年来，学生体质健康研究成果显示：1985年至2005年，中国青少年学生在身体形态发育、生理功能和身体素质的多个指标上呈现出不同程度水平的下降现象，部分指标的下降呈加速趋势；2008年以来，学生体质健康下降趋势得到一定程度遏制，但整体上反映出来的指标值仍然令人担忧。总体表现为，随着社会的发展和生活环境的改变，运动刺激的负荷和强度都在减少，青少年学生在最重要的关键时期没有得到足够的运动刺激，就会导致相应的运动中枢神经的退化，生长发育逐渐失去物质基础，表现出体质健康水平的下降。与此同时，如果儿童时期大脑因运动刺激不够，相应的神经系统机能就得不到自然成长，身体机能也会错过最佳的生长发育机会，永远得不到充分发展。

根据教育部2021年统计数据，我国各级各类学历教育在校生2.91亿人，占全国人口1/5。青少年健康成长是全民健康的根基，是"健康中国"的重要组成部分，是国家与民族发展的基本前提，也是综合国力的根本体现。青少年时期是人一生中接受能力最强、可塑性最强的时期，也是习惯培养的重要时期。抓住青少年生长发育这一重要时期，学生的身体发育、心理发展、个性塑造、习惯培养就能得到充分保障，实现这一人才培养目标，学生个体身心发展得以完善，个人未来发展具有基本保障，国家与社会发展就具有可靠保证。

（二）提升国民健康形象

自1840年鸦片战争以来，我国签订了一系列不平等条约，遭受列强凌辱，吸鸦片的人增多，导致身体瘦弱，遭外国人轻视。1896年，一名英国人在《字林西报》登载了一篇文章，称中国人为"东方病夫"；1936年，德国柏林第11届奥运会，中华民国代表团69人全军覆没，在运动员回国途经新加坡时，当地的报刊上发表了一幅外国人讽刺、嘲笑中国人的漫画，题为"东亚病夫"。从那时开始，"东亚病夫"就成了外国人对中华民族的蔑称，明讽中国人身衰体弱，暗刺中国人思想沉疴难起、封闭落后。

100多年来，梁启超、康有为、陈独秀、毛泽东、鲁迅、郭沫若等一大批仁人志士，为中华民族的强盛和人民体质强健作出巨大贡献。1908年，一本名为《天津青年》的杂志给所有炎黄子孙提出了3个问题：一是，中国何时才能派出一位选手参加奥运会；二是，中国何时才能派一支代表队参加奥运会；三是，中国何时才能举办奥运会。1932年，美国洛杉矶第10届奥运会，刘长春成为第一位参加奥运会的中国选手；1952年，芬兰赫尔辛基第15届奥运会，中国奥林匹克委员会首次应邀参加，五星红旗第一次升起在奥林匹克体育场;1984年,美国洛杉矶第23届奥运会,实现了中国在奥运会金牌榜上"零"的突破,五星红旗第一次飘扬在奥运会领奖台上空;2008年,第29届奥运会在北京举行,中国队获金牌51枚,银牌20枚,铜牌28枚,位居世界第一。

2008年4月,纽约唐人街12位德高望重的华人社区领袖,为了避开奥运会高峰,决定提前来北京奥运村,当他们走进鸟巢国家体育场时,有些人哭了,因为骄傲,因为欢乐,也因为震惊,震惊中国所发生的翻天覆地的变化。

在新的历史时期,实现中华民族伟大复兴是中华儿女的共同奋斗目标,除了强健的体魄,中华民族更体现了"富强、民主、文明、和谐,自由、平等、公正、法治,爱国、敬业、诚信、友善"的精神面貌。我们不再身衰体弱、贫穷落后,不再闭关锁国,而是积极援助需要帮助的国家和地区,倡导共建"一带一路",在国际事务中发出中国声音,展现中华民族的强盛和伟大!

(三)减少社会医疗支出

2016年,全国财政医疗卫生支出(含计划生育)13 154亿元,占财政支出的比例提高到7%,尽管与发达国家仍有一定差距,但对普通民众而言,国家加大投入,一方面体现国家对人民健康生活的重视,另一方面也会减轻个人医疗支出的负担。尽管国家不断加大医疗卫生事业改革(到2022年,个人卫生支出占卫生总费用27%,达到历史上最低水平),但国民个人体质健康状况越差,用于医疗卫生的支出就会越大;一个国家、家庭、个人用于医疗支出的费用越多,用于教育等其他方面支出的费用就会越少。这些是谁都不愿意看到的结果。

当前,我国医疗卫生支出重点解决两方面的问题:一个是重点人群,老年人、妇女、儿童、慢性病患者、残疾人;二是重点病种,高血压、糖尿病、肿瘤、心血管疾病。而这些与体质健康都存在密切的关系,尤其青少年时期的肥胖问题是中老年时期糖尿病、心血管疾病的最大隐患。相反,多种疾病都是可以通过增强体质健康水平而提前预防或降低危害。

据统计,在经济合作与发展组织国家中,治疗因超重引起的疾病的费用占卫生总支出的8.4%,其中加拿大占11%,美国占14%。近年来,我国青少年学生的体质健康水平有所好转,但近视、肥胖比例仍处于持续增加的状态,如果持续增加的状态能够提前得到遏制,对今后减少社会医疗卫生支出将会作出较大的贡献。

(四)提高社会劳动效率

劳动效率是劳动者在单位时间内创造的价值和使用价值或完成的工作量,或者劳动者创造一定使用价值和价值或完成一定工作量需要的时间。提高劳动效率是国家、企业的主要经济发展目标之一,是增加社会财富的重要保证,是发展生产的重要途径,是降低生产成本和提高经济效益的重要方法,是改善物质文化生活的重要条件。

学习要提高学习效率、工作要提高工作效率,只有提高劳动效率,人民生活质量才能稳步提高。正如2018年国家统计局的调查数据显示,在过去的10年间,居民劳动效率提高,个人有酬劳动时间减少,与家人相伴时间增加,个人休闲健身时间增多,生理必需活动时间增加,居民生活方式更加健康。

显然,一个体弱多病的民族何以谈及社会劳动效率,等待的唯有民不聊生、百病成灾,难以实现物质与精神的享受。毋庸置疑,这样的结果与国家经济发展、政治稳定、实现"全民健康"背道而驰。

在人力资源开发中，其客体和内容包含体力、智力、知识和技能4个方面，体力是从事各种活动的物质基础，是智力发展、知识增进和技能提高的基础。学生体质健康水平更是代表着"全民健康"的未来发展方向和可到达的水平高度，是社会主义劳动效率最为基本的基础保障。

(五)提高人的生存能力

追求人的自由发展是马克思主义的价值支撑和最终归宿，个人的自由是马克思主义全部理论的最高价值目的。马克思列宁主义从理论上为人类社会指明了追求目标和发展方向，科学、客观地分析了人类的需要，以及人与自然、人与社会的统一辩证关系。在人类社会发展的历程中，人与环境相互适应、融合是永恒的主题，必然和自由是一对相互矛盾的范畴，它们之间是对立统一的关系。人类在对世界的改造过程中，通过对必然规律的深刻认识，学会对必然规律的掌握和运用，不断从必然走向自由。

在中国古代"庖丁解牛"的故事中，庖丁只有正确认识和掌握了牛的生理结构，才能在解牛时"游刃有余"。在科技飞速发展的今天，人类只有掌握了运动规律和宇宙结构，才能自由地翱翔于太空，才能"可上九天揽月"。这些都是人类在改造自然、求得生存过程中实现更大自由的集中体现。

尽管，科技飞速发展的今天，我们再也不需要像原始社会一样依赖单纯的体力劳动打鱼、捕猎，但人赖以存在的身体永远是人与自然、人与人、人与动物相互联动的中间媒介。那么，在人类社会存在与发展的过程中，无论何时，只有了解人体、运用人体才能实现人在自然界、在社会中获得更大的自由，才能实现以人体为物质基础的智力发展、知识增进和技能提高；只有了解并运用人与自然、人与社会互动过程中人，以及人体的基本规律，才能提高人适应环境的能力，提高人的存在价值和生存能力。因此，人与人体就是人类社会一个永恒的主题，我们渴求实现人生价值、提高生活质量进而提高生命质量的物质基础就是体质的健康发展。

第二章 体质健康教育的目标与实现途径

第一节 指导思想与功能定位

一、指导思想

为推进"全民健康""健康中国"战略,全面贯彻党的教育方针,认真落实《国家学生体质健康标准》,努力推进《"健康中国2030"规划纲要》,学生体质健康教育要坚持以学生为中心的发展思想,牢固树立和贯彻落实新的发展理念,坚持正确的学生健康工作方针,以提高学生体质健康水平为核心,普及健康生活、提升锻炼意识、促进锻炼行为,全方位、全过程引导健康行为,大幅提高学生体质健康水平,为培养活力四射、精神饱满的新时代青年人才而努力。

在促进学生体质健康发展的过程中,主要遵循以下原则。

①健康第一 坚持以"健康第一""健康固本"为导向,将健康摆在优先发展的战略地位,普及健康知识、提升健康素养、促进健康教育,让健康知识、行为和技能成为青少年学生普遍具备的素质和能力,实现锻炼知识人人懂、健身行为处处有、健康技能人人会。激发学生热爱健康、追求健康的热情,养成符合自身特点的健康生活方式,合理膳食、科学运动,为今后的工作生活打造良好的健康身体基础,养成健康的生活方式和习惯。实现健康观念时时随、健康氛围处处在、健康素养人人有。倡导每个人是自己健康的第一责任人,是全校健身氛围不可或缺的重要组成部分,承担着全民健康、健康中国的责任和义务。

②吃动平衡 能量代谢是人体的基本生命特征,饮食与运动是影响能量代谢的主要因素。良好的饮食习惯是保持健康的一个重要方式,可使身体健康地生长、发育;不良的饮食习惯则会导致人体正常的生理功能紊乱而感染疾病。糖、脂肪等易于产生热量,形成脂肪堆积,引起肥胖,从而引发心血管疾病等众多慢性疾病。科学、合理的身体运动能够调节机体代谢,增进心肺功能,改善血压、血糖和血脂状况,降低心血管疾病、2型糖尿病、结肠癌等慢性病的发病风险。《中国居民膳食指南》指出各年龄段人群都应天天运动、保持健康体重;食不过量,控制总能量摄入,保持能量平衡;管住嘴、迈开腿,二者殊途同归、互为补充、缺一不可。

③学动科学 身体是人脑思维或心理活动的物质基础,这种基础性作用不仅体现在健康的身体是学习工作的前提,还体现在脑是身体的一部分,与躯体同具有物质性。脑力劳动首先基于优质、高性能的原始物理加工器具,才可能有高水准的脑活动工艺过程,产生优质的产品或学习结果。尤其在儿童少年时代,身体活动可促进或激发高质量的神经性心

理活动,从而提高神经反应速度,促进感知觉、注意集中能力发展,提升空间记忆、思维能力,调节情绪情感,培养团结协作、顽强拼搏的个性品质。只要把握好学习与运动的度,科学健身、高效学习,健身活动将有助于提升学习效率,并为当前与今后的工作学习打下良好的物质性身体基础,促进人的社会化发展。

④习惯良好 学生体质健康概念中的"健康"是一个复杂的社会化概念,它高于活着的生命存在,是一个因社会比较而存在的相对高质量的生活状态,少生病仅是基础和前提。正因如此,身体活动仅是促进健康的一种重要形式,还需要全方位的健康知识、健身技能、意识观念、社会责任、健康饮食;体育锻炼也仅是身体活动的重要表现,日常家务、社会活动也是促进能量消耗,提升心肺耐力、身体素质、活动能力、促进代谢的重要内容;全方位的日常生活是健康促进的重要内容,不仅要防止不良习惯、过度锻炼等造成的危害,还需要逐步提升,并对今后的身心状态产生积极影响。因此,它不是一时冲动的行为结果,而是全方位生活方式的持续养成过程,需要从身边的日常生活做起,从意识观念、举手投足间养成良好的习惯。

⑤螺旋增进 健康是身心协调适配的一种良好平衡状态,在不同的健康水平,身体各器官、心理各种成分,以及身心之间的所有"零部件"都处于某一相对的平衡状态。如果要使原有的各种身心"零部件"达到较优一级的协调适配状态,首先就要从"零部件"的基本材质和协调运行入手;其次是身心各种"零部件"具有典型的适应特征,即由于一些或一部分"零部件"性能的提高或下降,其他部分的性能也会产生适应,表现出提高或下降。因此,优一级的体质健康水平首先需要打破原有的平衡,从某些部分或某些方面入手,促进形成新的平衡状态,并通过螺旋上升不断达到更高一级的良好状态。在这个过程中,体育锻炼具有独特的优势,既能提升骨骼肌肉、器官功能等材质质量,又能改善各身体部位、器官之间,以及身心之间运行调适的状态,且可实现不断地螺旋增进。

二、战略目标

学生体质健康教育的目的是让学生的健康知识多起来、让学生的身体忙起来、让学校的运动氛围活起来、让参与锻炼的效果实起来,增加学生群体活动的参与性、增强身体活动的实践性、增多快乐释放的体验性、提升肢体活力的表现性,在实现学生体质健康水平提升和运动能力改善的同时,引导学生参与更多积极探索、互动交流、帮助他人、团结协作的锻炼机会,使躯体强健与心理完善同向同行。

①学生健康意识全面改善 通过全方位、深层级地指导健康知识,教授健康技能,引导锻炼行为,提升关于锻炼、饮食、社会责任、消费等方面的健康素养,倡导形成健康的生活方式和生活环境,减少因久坐不动、肥胖等可能给青少年学生带来的危害,全面提升学生对健康的认识水平,增强学生自身健康意识和社会健康责任感。

②学校锻炼氛围全面提升 通过提升学生健康意识、引导日常健身行为,让学生"把心静下来、让身动起来",积极参与到多种形式的健身活动中去,强健体魄、释放活力、完善人格,充分展现青少年学生该有的精神面貌,推动校园体育文化,活跃家庭快乐气息,带动社会健身与健康氛围。

③学生健身技能不断提高 通过教育引领、锻炼指导,使学生掌握科学的健身技术,在日常锻炼中增强目的性和主动性,在制订计划、改善方法的过程中,不断完善并积极探索更多的健身技能和技巧,尤其是在改善心血管系统适能水平、发展肌肉力量和耐力、发

展柔韧和安全防护等方面的能力和方法不断提高。

④学生健康水平大幅提升　通过连续贯通的体质健康教育过程，使学生全面掌握体质健康相关知识与技术，科学、有效地参与健身实践，全方位促进体质健康，形成良好的青少年健康氛围，争取在2030年之前提前完成《"健康中国2030"规划纲要》中要求优秀率达到25%的目标。

⑤教师指导水平逐年改善　在当前教师指导学生测试和锻炼的基础上，通过加强培训、交流学习、落实责任、鼓励钻研等多种形式，使教师在指导学生发展身体成分、心肺功能、肌肉力量、柔韧等具体体质成分方面，以及锻炼类型、时间、强度、次数和预防运动损伤等方面，都能更为科学有效。

三、功能定位

(一)基本定位

体质健康教育是教育的组成部分，像健康第一、全面发展、满足社会需求、实现个体发展等都是其必须遵循的基本准则。由于体质具有基础性的特征，像生命教育、幸福教育、尊重教育、交往教育等，从宗旨到形式都是体质健康教育要遵循的基本理念。此外，其特性又必须坚持夯实身体基础、培养健康习惯、提高社会适应、追求身体自由等目标理念，还必须承担着塑造良好个性、促进健康氛围等社会使命。

从学生体质健康教育的概念来看，它与体育教育、健康教育存在着千丝万缕的联系。其与体育教育的对象相同都是青少年学生，与健康教育的目标相同都是实现健康，但是与体育教育相比，饮食、睡眠、日常健身活动等健康的生活方式是关乎学生体质健康的主要内容，而体育教育则是保障身体发展的下一层次相关内容。例如，体育竞技同是二者需要借助的形式，体育教育的目标更注重在竞争中获得教育，而学生体质健康教育则注重通过竞技的形式实现体质的健康；体育教育更注重运动形式(如篮球、排球、足球等各种竞技体育形式)过程本身的教育，而学生体质健康教育则既可以借助竞技运动形式和过程，又更注重日常身体活动的能量消耗(如步行、避免久坐不动、参与其他日常活动等)。再如，体育教育注重运动参与本身，而学生体质健康教育更注重学生养成参与身体活动的习惯。

与健康教育相比，健康教育的对象包括全体社会人群，学生体质健康教育的对象仅局限于青少年学生，教育阶段定位于学生阶段；健康教育的内容包括戒烟限酒、控制药物依赖、戒毒等负面效应的消除，学生体质健康教育更注重身体质地的正向增长；健康教育在预防疾病、促进健康、提高生活质量方面的范围更为广泛，学生体质健康教育在打好健康根基方面更为深远；健康教育注重减轻或消除影响健康的危险因素、促进良好的状态，学生体质健康教育强调身心发展的基础更为宽厚；健康教育注重身体功能状态的良好运行，学生体质健康教育重在基础能力提升或身体质地发展等更大的潜能；健康教育可借助的形式之一是身体活动，但身体活动却是开发学生身体质地的主要内容。

相比之下，学生体质健康教育的特点比较明显，基本定位如下。

①学生体质健康教育是体育教育的一部分，重在提升学生体质健康水平。
②学生体质健康教育是健康教育的一种形式，重在增强基础性的身体质地。
③学生体质健康教育遵循教育的基本规律，重在促进学生身心健康发展。

(二)基本功能

为了实现学生体质健康教育的目标，帮助学生获得体质健康的知识和更高层次地理解健康有关的体质(结果),以及养成良好身体活动和健康生活方式的习惯(过程),从而达到良好的体质健康水平,学生体质健康教育的功能主要有以下几点。

1. 引导健康观念

从通俗意义上来理解,观念就是人们在长期的生活和生产实践当中形成的对事物的总体的综合的认识。通常而言,具备什么样的思想,就会有什么样的观念;有什么样的观念,就会有什么样的行为。日本医师冈本裕曾在他的《观念决定生命与健康》一书中指出:"当个'聪明'患者,比当个医生眼中的'好'患者,你得到痊愈的概率更高。"

我们都知道,健康是每个人的权利,拥有健康是最大的幸福和快乐,但是,健康不是每个人的专利,意识并不能直接体现为行为,需要转化为与行为相联系的观念,这种观念是具有主观性、实践性、历史性、发展性等特点的健康观念体系,引导着健康决策、计划、实践活动。

世界卫生组织在《维多利亚宣言》中甚至提出"现代人不是死于疾病,而是死于无知"的观点,并专门提出五大健康观念:健康≠财富,没病≠健康,吃得好≠营养均衡,食疗>药疗,预防>治疗。

对于体质健康而言,由体质的强弱到健康的状态,是非直接、线性的必然结果。体质表现为根基性、宽广性、长远性,而非当前的即时性。尤其在青少年阶段,新陈代谢水平和生长规律决定了较少的疾病干扰。青年人群也会较快获得锻炼效果,因体质增强而感到精力充沛、神清气爽、精神愉悦。而中老年人,由于体质下滑较快,会明显地感到由此带来的身体不适。因此,体质健康的隐性特征就更为明显,健康观念的明晰性、系统性、主观性、实践性要求就更高,否则难以驱动行为,难以有较好的效果。

2. 传播健康知识

知识是符合文明方向的,人类对物质世界及精神世界探索的结果总和,是推动人类社会进步的源泉,是引导人生前进的明灯。我们从小就对知识有着强烈的渴望,在"知识改变命运""知识就是力量"的推动下求学、求知。

健康是一个体系庞大、领域广泛的概念,包含了身体、心理、社会等个体生活的整体和吃、住、行等日常生活的全部;对个体而言,又是一个与健康常模、个体认识及感觉相对比较的概念。因此,健康难以有精确且绝对的标准,相对比较模糊,也会有因人而异的理解。而与体质相结合时,又是一个全新的领域,体"质"是比健康能力、状态更深层次的结构,"质"的基础性又必然包含着更为广泛的内容。此外,健康的概念一直在与时俱进,体质的内涵也在不断深入发展,使得体质健康的内涵更为深邃和扑朔迷离。

正因为如此,在健康领域,知识被认为是"健康最好的钥匙"。同样,体质健康是能力与状态的体现,是追求的结果,由体质到健康有更复杂的体系和多层次内容,它是由知到行并达到良好结果的状态。在促进体质健康的过程中,如果掌握不了多层次的知识体系,则会表现为:"无知而行是妄行。"同时,如果不能将知识转化为行为,则又会表现为:"知而不行是空知。"而这些现象在我们身边无处不在,就像我们身边所有的人都想健康,然而掌握通向健康的知识的人却少了很多,掌握知识并能够引导健康决策、计划、实践活动的人就更少了。

显然,这些不是我们想要看到的结果。一方面,"健康中国""全民健康"等国家战略迫切需要将体质健康领域被验证过的、正确的知识,及时总结、归纳,形成科学的体质健康知识体系,并快速传播、普及;另一方面,学生体质健康现状需要更多的青少年学生能够通过学习，掌握系统、完整的体质健康知识内容，并转变为观念、行为。就像习近平总书记对知行合一的论述："知是基础、是前提，行是重点、是关键。必须做到以知促行，以行促知，做到知行合一。"这是促进体质健康必须经历的基本过程和必须遵循的基本原则。

3. 传授健身技术

广义的健身技术是指以健身为目的的体育动作方法或日常增加体力支出的动作方法，是健身技能水平的重要标志。与体育运动中的动作技能相同，都是通过练习巩固下来的、自动化的、完善的动作活动方式。与运动技术不同的是，健身技术目的不是为了在竞技体育中获得竞技成绩，而是为了获得健康，采取的动作技术可能是竞技体育动作技术，也可能是日常生活中走、跑、跳、投、骑行、攀爬等动作方式，还可能通过做家务、做园艺等活动避免久坐不动，增加体力支出。

狭义的健身技术就是体育运动中的动作技术，是各体育项目技术动作的总称，指符合人体运动科学原理，能充分发挥身体潜在能力，有目的地完成动作的合理方法。

健身活动和体育运动的各种项目都有一系列技术动作的合理方法，如篮球项目中的传球、接球、运球、投篮，技巧项目中的短翻、倒立、手翻、空翻等。不同的技术动作有不同的完成方法，对身体的影响和要求也不同。技术的合理、有效，既是相对的，又是必需的。随着体育设施器材的改进、运动员身体素质的提高，可能促进形成新技术，部分旧技术就会被淘汰，如跳高项目中背越式的产生和剪式、滚式技术的被淘汰等。再如，体质健康促进活动中，随着健身者对运动量的适应，骨骼肌肉、器官功能等的发展就会到达相应的瓶颈，如果要开发进一步的能力，就要调整动作方法或运动量；随着柔韧对心血管功能改善的科学发现越来越明确，柔韧练习的目的从提升身体素质直接过渡到改善心血管功能，练习时间、方法、技术细节都有更高或更具体的要求。

体质健康促进的最大特点是运用身体发展身体，即在运用躯体的过程中发展身体。因而，只有掌握规范的动作技术，才能遵循躯体特征、动作规律要求，防止意外损伤，达到较好健身效果，如在改善心血管系统适能水平的技术中，目标心率是核心指标，强调在实现中等至剧烈强度身体活动过程中，运用适当的形式(如快走、跑步、骑自行车等)，实现主观感觉与运动形式的客观速度、力量、幅度之间的协调统一，达到良好的身体协调和控制能力，这是有效改善心血管适能水平的基本条件。

4. 督促参与身体活动

身体活动是指通过骨骼肌收缩使能量消耗高于安静状态能量消耗的任何身体移动。人体在进行身体活动时，会出现心跳加快、呼吸加快、循环血量增加、代谢和产热加速等生理反应，这些反应是身体活动产生健康效益的生理基础。

身体活动对健康的影响取决于它的方式、强度、时间、频度和总量。现有的证据显示：

①平常缺乏身体活动的人，如果能够经常(如每周3次以上)参加中等强度的身体活动，其健康状况和生活质量都可以得到改善。

②强度较小的身体活动也有促进健康的作用，但产生的效益相对有限。

③适度增加身体活动量(时间、频度、强度)可以获得更大的健康效益。

④不同的身体活动形式、时间、强度、频度和总量促进健康的作用不同。

身体活动的类型很多，按能量代谢方式、活动强度、活动目的与形式等可分为不同的身体活动类型，如按照能量代谢方式不同可分为有氧运动、无氧运动，日常身体活动可分为娱乐性、社交性、交通性、家务性及其他个人意义的身体活动等。

在此，参与身体活动主要指经常参加提高体质健康水平的身体活动，包括参加身体活动（如有氧运动，有关肌肉力量和耐力、骨骼力量、柔韧性的活动），制订个性化的身体活动计划和自我监控坚持身体活动计划等。这是实现并持续提高体质健康水平的关键所在，主要涉及参与身体活动的形式、时间、强度等标准，以及持续参与身体活动的策略与方法，以便最终养成一种积极的身体活动生活方式。

在参与身体活动中，明确身体活动的形式多样，并非只有狭义的体育锻炼，包括与同学、朋友一起参加有体力支出的社会活动，还有日常家务、平时步行、走楼梯、骑自行车、做园艺等日常能量消耗形式。对于学生而言，这些活动是每个人日常的生活行为方式，易于在平时生活中实现，也常常被大多数人忽视。因此，引导学生注重在日常生活与社会交往中实现个人锻炼、社会交往的双丰收，并鼓励对各种形式、情境下的身体活动进行监测，了解能量消耗与支出、掌握身体活动规律，有目的、有计划地监控实施健康目标，会获取更多健康收益和社会效益。

5. 培养健康的生活方式与习惯

习惯是指积久养成的生活方式。生活方式指人们一切生活活动的典型方式和特征的总和。生活方式有健康、不健康之分，健康的生活方式有利于促进健康的形成，如多喝水，多吃水果、蔬菜、豆类产品，少盐、少糖，保证更多体力支出，保持足够睡眠；不健康的生活方式会影响健康，如饮食多盐、多糖、多脂，抽烟，酗酒，久坐不动，睡眠不足等。

越来越多的研究显示：生活方式是影响健康最为重要的因素。世界卫生组织对影响健康的因素总结为：

健康＝60%生活方式+15%遗传因素+10%社会因素+8%医疗因素+7%气候因素

通常而言，社会生产方式和群体的生活习惯等决定了个人及家庭的日常生活的活动方式，包括衣、食、住、行及闲暇时间的利用等。例如，纵向时间发展中的生产方式决定了我们出行方式是步行、骑行或乘车等，劳作方式是机械还是人工，阅读方式是电子屏幕还是纸质书籍，书写方式是电脑、钢笔或毛笔；或同一时间的不同区域范围有饮食材料、烹饪方式、穿戴习惯、交通出行等的不同。这些日常生活中具体活动方式就构成了我们的日常生活方式，而且会在不知不觉、潜移默化的过程中成为我们主流的自然而然的生活习惯。也正因为如此，会使人们忽视健康生活方式的养成问题。

但是随着社会的发展，一方面物质生活逐渐丰富，可选择的生活方式越来越多；另一方面随着经验积累、科研证据增多，发现不同生活方式内容的选择和搭配会导致不同的健康水平。这就涉及健康生活方式和习惯的培养问题，尤其对于习惯的建立，一是健康习惯的形成不易，需要有相关的知识、技能，树立正确的价值观念，较高的认知水平，合乎逻辑的思维方式和科学合理的行为方式；二是不健康习惯一旦形成则难以改变，不但个体自身习惯性的生活方式难以改变，而且个体的习惯既脱离不了群体，也会推动群体的习俗，形成整体的健康氛围，最终影响个人的认知水平、思维方式、行为习惯。

如我们对盐、糖的饮食观念，以及对久坐不动现象的认识，就易受到传统的影响。对于盐，从春秋时期的"官山海"政策，齐国就实行专卖。此后宋、元、明、清这千余年间，盐课收入成为朝廷仅次于田赋的第二大财政来源，以至于盐成为财富的象征。对于糖，尽管早在战国时代，楚国就开始对甘蔗进行加工提取蔗浆，至唐宋年间，已形成了颇具规模的作坊式制糖业，但与盐不同，糖并非生活必需品，而是更接近生活中的奢侈品。在物质丰富的今天，盐、糖已不再匮乏，所以随着近几十年来才有的快速普遍流通，高盐、高糖的饮食习惯也随之形成。

久坐不动现象的影响，更是根深蒂固、难以撼动。一是几千年的农耕文明都是以身体劳作为主，不动、少动是身份的象征，是高贵的体现；二是坐着的工作方式已趋于群体认同，且其量与度及对健康的影响难以像糖、盐一样精确地描述，同时因个人主观体验、体力活动水平互不相同，对健康的影响也会因人而异。这些在科学的认知道路上严重影响着我们的思维观念、行为方式，并且远远难于对盐、糖的控制。

第二节 学习目标与实现途径

一、体质健康教育的主要内容

（一）主要内容

体质健康教育的目标是学生个体在当前与未来，在不同的活动任务中都能表现出良好的体质健康水平。首先，体质健康教育要从促成学生健康的行为习惯开始，才可能确保增进健康，这就是行为要素；其次，个体实施健身行为的前提是拥有体质健康的相关知识，否则目标难以达成，还可能造成损伤，有损健康，这就是知识要素；最后，是在学习健康知识、参与健身活动的行为过程中，个体需要内化态度、观念，教育需要培养学生的素质与能力，这是更为隐性且更为持久的内容，即素质与能力要素。以下3部分内容就是学生体质健康教育的主要内容。

1. 行为内容

行为内容是提高体质健康水平的核心，狭义而言就是参加身体活动。然而，参加身体活动需要技术保证、营养保证，还需要有目标地进行锻炼、有良好的健康氛围等。故而，学生体质健康教育的行为内容包括个体行为和社会行为两部分，个体行为包括学习健康知识与健身技术、参与身体活动、参加《标准》测试评估、合理饮食、明智消费等；社会行为包括在个体行为中应该承担的个体健康责任和倡导健康氛围等内容。

2. 知识内容

根据体质健康的内容和体质健康教育所要达到的目标，以及参与体质健康行为之前必须了解和具备的知识要求，总体上学生需要掌握健康相关的体质成分、运动常识、生理与解剖学知识、训练原则与锻炼要素、安全防护知识、营养饮食知识、身体活动的生理反应、身体活动的好处和缺乏活动的危险、影响身体活动选择的因素等内容。

3. 素质与能力内容

素质是指人在先天生理的基础上，通过后期环境影响和教育训练所获得的内在的、相对稳定的、长期发挥作用的身心特征及其基本品质结构，又称为素养。能力，在心理学上是指能够顺利完成某些活动所必须具备的个性心理特征，在社会学中则是与活动任务相联系的个体身心特征或综合素质。

素质与能力培养是教育的一个重要特征，即教育必须在传授知识的同时进行素质与能力的培养。对学生而言，知识积累的过程是学习的过程，不是简单的知识叠加，而是在学习知识的过程中掌握获得知识的方法和运用知识的方法。这种获得与运用知识的方法通过教育成为个性身心特征的一部分，就是素质，当与活动任务相联系时，即体现为能力。

具体到体质健康教育中，主要有3个层次。一是与健康密切相关的心肺功能、肌肉力量与耐力、柔韧等的质地、性能，一般称之为生理性器官功能；二是与身体表现密切相关的力量、速度、耐力、柔韧、灵敏等的素质与能力，一般称之为身体素质与运动能力；三是与参与活动或获得、运用知识相关的思维方式、技巧方法、情绪意志等个性身心特征及其在活动中的表现，这是传统意义上的素质与能力（这个层次上可实现对多种核心素养的培养）。

(二) 内容间关系与目标层次

由于体质健康促进只能通过改变行为来实现，因而行为内容是体质健康教育的核心内容；但是，要保证行为的正确方向和科学的方式、方法及其需要遵循的规律，就必须先提高认知水平，因为知识内容是体质健康教育的前提内容；而以身体素质、运动能力为代表的素质与能力内容，只有在行为过程中才能得到发展，因此是结果内容。

由于健康的形成基于健康的生活方式与习惯，而教育活动又必须首先开始于外显活动，才能够达到内化意识、塑造个性等目的，那么体质健康教育在过程目标上就会体现为：①通过教授知识与技术，引导参与身体活动等外显活动；②内化意识，累积各种素质与能力；③促进形成正向的个性与习惯，以培养健康的人。其总体上体现为显性、隐性与持久性3个层次，并具体表现出由"知识与技术→素质与能力→个性与习惯"的体质健康促进逻辑。反过来，从个体的角度来看，有什么样的个性与习惯，就会有什么样的外显行为，也一定会有什么样的素质与能力。

二、体质健康教育的具体作用

体质健康教育是通过教育的方式，利用身体活动的形式，促进学生体质健康发展，为个人能够成功适应未来社会需求打好身心发展基础，提升身心发展水平、适应能力和耐受空间。

体质健康教育是整个体育教育的一部分，以体育锻炼为主要形式。体育锻炼具有广泛的功能，其健身、健美作用已毋庸赘述，其促进健康的作用主要是通过调节、改善人体生理功能而实现的。其对生理功能的作用主要体现在强健骨骼肌肉、发展器官功能、促进系统循环、提高活动能力、优美身体姿态等几个方面，其中前3个方面主要是躯体生理性功能的改善，犹如器物的材质；后两个方面主要是身体能力表现，犹如器物的器型与做工。材质、器型做工都不可或缺，材质是否优良，器型是否完美，做工是否精良，都决定着成品器物的最终价值。显然，这仅是静态的观点，而人体多是动态存在的，并且随着职业、环境等的不同，任务也是复杂多变，那么就需要在不同任务中，让身体有"优良的材质、完美的器型、精良的工艺"，这就是良好体质健康水平的表现，具体作用如下。

(一) 提升生理功能

躯体的生理功能是人健康身体的基础质地，所有外在手段对健康的促进作用都是通过调节、改善人体生理功能而实现的，主要体现在强健骨骼肌肉、发展器官功能、促进系统循环等。通俗地讲，就是让我们身体的所有物质性器官从质地、性能、功能都更加强大，如外显的口、鼻、眼、耳、皮肤，支撑的骨骼框架，联结的肌肉、韧带，内部的心、肺、脾、胃，传导的神经通路，思维的脑等都能更加卓越。这些器官功能的改善可以使我们拥有更为突出的能力，如让我们听、视、触觉等更为灵敏，让我们的消化、吸收、代谢更为通畅，让我们的肌肉能力更强、神经反应更快、器官配合更顺畅。

通常情况下，骨骼肌肉的外显特征较为明显，人们最易理解，也是最为基础的健身目标；而身体器官及其运行系统藏于体内，难以直接感受，需要借助仪器才能更好地感受和了解，但外显状态是以内在器官机能为基础的，且它们相互调适的稳定状态是身体存在的基本状态，从较低水平的状态进入另一较高水平的状态就是促进健康的本质所在，如通过改善神经系统、心血管系统、呼吸系统、消化系统等影响人体的生理机能，从而增强体质、增强免疫力、提升对外界病毒、细菌等的抵抗能力和自身系统的修复能力，提高机体的适应能力和身体的生长发育水平。

基于当前的研究结果，目前认为与健康密切相关的体质成分主要有以下几类。

1. 身体成分

身体成分指体内各种成分的含量（如肌肉、骨骼、脂肪、水和矿物质等），常用体内各种物质的组成和比例表示，是反映人体内部结构比例特征的指标。其测量的方法主要有水下称重法、电抗阻法、超声波法和皮褶厚度法。目前，普遍采用身体质量指数（Body Mass Index，BMI）简易判断人体肥胖程度，BMI＝体重/身高的平方（国际单位 kg/m^2）。

2. 心肺功能

心肺功能是人体心脏泵血及肺部吸入氧气的能力。两者的能力又直接影响全身器官及肌肉的活动能力，能够反映身体主要机能的健康运作情况，甚至可推断出患慢性疾病如心血管病、内分泌系统疾病、呼吸系统疾病的概率。通常二者单独测试，方法较多。目前，针对青少年普遍采用肺活量来评估肺功能，采用 800 米/1 000 米跑评估心血管机能。

3. 骨骼肌肉

骨骼肌肉是人体支持和运动系统。强化骨骼主要指增强骨骼的强度、韧度，常用骨密度测试仪测试，与之相反的是骨质疏松；增强肌肉力量主要指增强肌肉的收缩能力，常用测量方法就是力量测试。在我国《标准》测试中，没有单列骨骼测试，用立定跳远、50 米跑等速度灵巧项目综合性测试运动能力；肌肉力量测试，男生选用引体向上测试上肢力量，女生选用仰卧起坐测试腰腹力量。

4. 柔韧

柔韧主要指柔韧素质，即肌肉、肌腱、韧带等软组织的伸展能力及弹性，它在一定程度上决定了关节活动的范围和动作可能达到的幅度。通常用身体某一部位活动可达到的范围或距离来测量，如转肩、下腰、体前屈、横叉、纵叉等。在《标准》测试中，统一用坐位体前屈来测量髋关节的活动范围，以及相关肌群的伸展能力。

(二) 完善外在表现

躯体的外在表现是生理性躯体外显的表现形态和效果，是最为直观的部分。完善外在表现主要指提升躯体的外在表现形态和效果，如提高身体活动能力、优美举止形态。在提高身体活动能力方面，表现最为明显的是以竞技体育为主的运动竞赛，主要通过发展身体的力量、速度、柔韧、耐力、灵敏等身体素质，以及协调、反应等身体能力，促进运动系统发展，提高竞赛水平。对于健康而言，主要是在提高各种身体素质和能力的基础上，在日常生活中表现出较好的走、跑、跳、投、攀、爬等的基本活动能力。这些能力的提升，不仅有助于完成活动任务,还可增大身体对外界环境的耐受空间,如在时间、强度方面完成更艰难的身体任务,并可以表现出游刃有余、轻松自如。

在优美身体姿态方面,首先体现的是静态的身体形态、姿势、营养状况、体格及身体成分等,表现为身体的匀称程度和脂肪等身体成分的构成比例是否协调完美;其次体现在体育锻炼或日常行为举止中动作时间与空间的完美表现,既有单一动作轻松、灵活、平衡、舒展、稳定、顺畅的状态,也有连续动作的时机以及动作间衔接、过渡的协调、顺畅表现;最后还体现在人体内外环境交换过程中,可改善肤色,形成健康毛发。

1. 身体形态

身体形态是身体的外部形状和特征,一般由长度、围度、量度及其相互关系来表现,通常用 BMI、克托莱指数(克托莱指数=体重/身高×1 000)评价身体形态的发展状况。如果进一步详细区分,它涵盖了胸围、臀围、臂围、腿围、肩宽、骨盆宽、臂长、腿长以及皮褶厚度等一系列指标。与身体成分相比,身体形态重在外部表现,身体成分重在内部构成。《标准》测试中,统一用 BMI 评价身体的匀称程度,判断营养状况和身体发育水平。

2. 动作姿态

动作姿态是身体动作表现出来的神态、样子、风格、气度等特征,通常由动作的路线、幅度、节奏、力量、速度等要素,以及整体的平衡、舒展、协调、顺畅等表现构成。其区分既涉及文化因素、美学因素,又涉及是否符合动作本身的规律,如力学规律,生理学、解剖学规律等。由于动作是符合目的的操作,通常情况下,能够符合目的的规范性操作,其内在规律与外显的美会合二为一。这一点,除了站、坐、行、跑、跳、投等日常行为要求之外,主要依靠体育动作技术、《标准》测试项目的动作技术来引导、规范。

3. 身体能力

身体能力是身体活动中表现出来的能力,是有关平衡、协调、适应等一系列能力的合成体,主要与活动任务的效果相联系,是力量、速度、耐力等身体素质的具体体现。从活动内容看,包含了能够适应、满足日常工作与生活需求的各种基本活动能力;从活动效果看,包括了高效完成活动任务及快速恢复能力;从活动部位来看,包括身体各个部位完成活动的能力及身体部位之间的协调配合能力。这一点在所有测试过程中都会有所体现,我国《标准》专门设置立定跳远、50 米跑测试青少年学生的爆发力和速度、灵巧能力。

(三)开发身心潜能

自由是人发展的终极目标,而身心发展则是最为直接的需要。抛开时代、物质等其他条件要求,任何发现外部规律、借助外界物体的探索,都要借助于身心而完成,都是建立在身心发展的基础之上。同时,任何的原地踏步或倒退都不能称为发展,只有超越自我才能称之为发展。显然,超越成为发展的内涵。对于物质性的人体而言,超越预示着身体能力和心理能力的不断开发并实现提升,即身心潜能开发。

1. 身心一体性

不管哲学上对于精神、肉体如何争论,不管生理性躯体与心理有着怎样的不同内容与结构,作为身心一体的人,首先有意义的身体与产生意识的精神都存在于生理性的躯体。离开了躯体,精神则无寄存的载体;离开了精神,躯体则无社会性的价值与意义。我们即使不看物质决定意识的哲学高论,仅从身体与心理的简单对应来看。当你尝过某种味道时,你才有相应味道的概念;当你看到过某种物体时,你才可能有该物体的心理表象;当你有过某种肌肉感觉或器官感受时，你的心理才可能有相似的内容；当你的肌肉运动有了更快速度、更精确的准度体验时，你的神经反应、注意状态、心理过程及相应的心理内容才可能在时间、空间方面有相应的体验、感受和理解。因此，列昂捷夫（Leontyev）、皮亚杰（Piaget）等众多心理学家，认为动作是心理或智力发展的源泉。

此外，以身体活动为主的体育游戏、体育锻炼符合人尤其少年儿童原始本能的快乐需求，具有对行为较好的原始驱动力。这使得在身体活动中，身体与心理都能在不知不觉中得到改善和发展。

2. 身体潜能开发

身体潜能是指躯体自身拥有的潜在能力，在某个环境或条件刺激下，身体的潜能就会发挥出来。身体潜能开发就是用有效的方式开发自身的内在潜力，将深藏在意识中，原本具有却被遗忘了的身体能力释放出来。

在此，基于健康的限定或健康需求，主要指"用有效的方式开发躯体潜在的能力，提高人体的外在表现能力和健康水平，并为今后长远的躯体表现和健康奠定基础"。其一是基于健康需求，一方面防止和排除一味追求潜能而忽略健康，追求当下而忽略长远等现象；另一方面提示健康是一个复杂的体系，包含身体、心理、道德、社会等多重内容，防止以身体代替健康的全部。其二是身体潜能也有极其丰富的内容成分，不排除一切有利于健康的内容，但基于当前研究成果，与健康关系密切的内容主要指以心肺功能为代表的生理机能，以骨骼肌肉为代表的骨骼肌肉能力，以柔韧为代表的肌肉、韧带等伸展能力和动作活动范围能力，以运动能力为代表的身体素质及其展现能力。

3. 心理潜能开发

心理潜能开发主要指通过促进体质健康的手段，最大限度地提高或开发人的心理成分，使之能达到更高的水平。体育锻炼等身体活动对心理品质的培养，主要基于以下原理：一是身心一体，心理指导行为，行为反映心理；二是身心都具有可塑性，这是身心教育存在的逻辑前提；三是迁移的广泛性，即心理因素的改善具有普遍的根基意义，从体育运动中得到提高的心理成分也会迁移到社会其他各个领域。正因为行为与心理具有相互制约、相互影响的关系，同时身心的可塑性决定了它们都可得到改善和发展，那么二者就共同决定了体育运动中身体因素的改善同样可使心理因素得到发展。此外，迁移的广泛性使人在体育运动中发展的心理内容能够迁移到社会其他各个领域，也为在体育运动中培养"德、智、体、美、劳"全面发展人才的道路上注入了更加深远的意义。

随着现代科学的发展，心理的暗箱被一步步地揭开，越来越多的证据显示，体育锻炼在促智力、调情感、强意志、塑个性方面具有明显的作用。

①促智力　其中智力因素主要指感觉、知觉、记忆、思维、想象，以及与其密切相关的注意等。这一功能的基本原理是，体育运动可以增加大脑氧气和营养物质供应，及时排泄代谢产物，提高大脑抗缺氧的能力，改善大脑神经活动的强度、平衡性、灵活性，从而利于脑认知活动的进行；此外，体育"更快、更强、更高"的特征提供了足够的挑战空间，"快乐原则"、快速活动变化的特征、竞争的特点都有利于调动更多的心智能量运用到快速准确感知和记忆、促进积极思维、运用空间想象等认知过程，以及提升注意能力。

②调情感　在调节情绪情感方面，认知行为假说认为锻炼可诱发积极的思维和情绪体验；社会交互假说认为体育锻炼中与人交往是令人快乐的；分散注意假说认为体育锻炼可分散对挫折和忧伤的注意；胺假说和内啡肽假说认为体育锻炼可促使体内神经递质的变

化,产生欣快感。无论机理如何,一个不争的事实是众多的研究证明:体育运动可缓解压力,产生良好的心境效应、运动愉快感,增强主观幸福感,有助于产生积极情绪、抵抗消极情绪、增强心理健康。

③强意志 意志在体育运动中通常表现为"顽强""坚持"等,是意识的能动作用,是人为了一定的目的,自觉地组织自己的行为,并与克服困难相联系的心理过程。体育运动中,一方面由于主动意识、快乐、竞争、规则限制等原因的驱使,参与者在高强度的体育运动过程中自觉地拼搏、坚持,并较少感觉到或能主动克服疲劳、痛苦的存在,能最大限度地挑战身心极限,如在严寒与烈日下,即使活动前会产生痛苦的畏惧,活动过程中也会将所有的艰难抛之脑后,玩得津津有味;另一方面也会对意志力形成良好的认识,即坚持就是胜利,顶住压力就可获得成功,并自觉克服困难组织自己的行为坚持到底,如在长跑中感受极限过后的第二次呼吸,体会到坚持之后的收获和愉悦,或是在其他项目中体会到大汗淋漓后"苦尽甘来"的愉悦与舒适。久而久之,这种面对困难的心理过程就会成为一种习惯性的常态,从而成为个人的精神品质。

④塑个性 个性通常是指一个人的精神面貌,它是人在适应或改变现实环境的活动中形成的各种意识倾向和心理特性所构成的内部动力系统。个性是个人心理综合性的体现,具有核心意义的便是性格。一是不同的体育项目能培养不同个性品质,例如,棋类可培养学生的冷静沉着,体操可培养学生的灵巧、勇敢、严谨、稳定,球类可培养学生的机智果断,长跑可锻炼学生克服困难的意志,对抗性项目可培养机智、勇敢、果断等;二是个性中其他成分的特点在不同的活动中也可得到发展,如理智成分、情绪(感)成分、意志成分、气质(活泼型、安静型、勇敢型)等在体育运动中都可得到充分的发展。

(四)增强适应能力

适应是生物体进化过程中的基本能力。人的适应能力是一个人综合素质的反映,主要表现在对自然环境和社会环境变化的承受能力和自我调节能力上。与个人的体力、智力、能力等密切相关。从类别来看,有对自然的适应和对社会的适应,有生理性适应和社会性适应,有身体适应和心理适应等不同的分类方法。其内容包括对新地理环境的融入能力,对默认文化的理解和接受能力,遇到逆境时的自救能力,对大好环境的把握能力,疲劳时期的自我调节能力等。具体而言,一个适应能力较强的人能够很快适应新的环境,在生理上,各个系统能够很快地进行调节,使感知觉、器官功能、身体耐受能力等都能适应任务或环境需求;在社会事务中,即使在比较困难的情况下,也能够改变不利因素为有利因素,取得事业上的成功。

1. 生理性适应

生理性适应是生理系统本能的反应。比如,当运动强度发生变化时,身体会本能地通过排汗,调节通气量、血流量,启动身体防护机制等适应运动需求;当周围的光、声、气味等发生变化时,感觉器官会随着刺激强度与时间的变化而调整,出现"久入芝兰之室而不闻其香,久入鲍鱼之肆而不闻其臭"的现象;当生活环境发生变化时,对所处的地区气候、饮食习惯等会慢慢地适应。

生理性适应主要包括两个方面,一方面是生理上各层次结构(分子、细胞、组织、器官)等都与功能相适应;另一方面是这种结构与功能(包括行为、习性)适合于在一定条件下的生存与延续。其表现可能包括生理适应、行为适应、感觉适应等多方面的内容。其中有些是可逆的,有些是不可逆的,如感觉适应、气候适应等可能会随着环境的改变而再次调节适应。而对于早期发育,可能因已经发育成型,其器官的形状、结构等已经定型,而无法逆转;对于学习过程,因会在高级神经系统中留下永久的痕迹而难以抹除,但可以通过再学习而改变其行为。

由于体质主要指生理性的功能,因而体质的强弱实际上就是生理性功能的优劣。从人与环境来看,人的生活与环境息息相关,自然环境的变化直接或间接地影响人类的生存活动,人类只有顺应自然环境的变化进行自我调节,才能维持身体健康,保持机体正常的生理功能。从个体生活来看,增强体质就预示着生理功能的强大,能够对不同环境中的热、冷及其他条件快速产生适应,保持正常生活状态。

2. 社会适应

(1) 社会适应能力

社会性适应是指人为了在社会更好生存而进行的心理上、生理上及行为上的各种适应性的改变,与社会达到和谐状态的一种适应能力。与生理性适应相比,生理性适应是社会存在与发展的基础,社会性适应是在生理性适应基础上对在社会环境需求的认同、顺从与内化。

一般认为社会适应能力包括以下方面:个人生活自理能力、基本劳动能力、选择并从事某种职业的能力、社会交往能力、用道德规范约束自己的能力。如果要进一步细分,那就包括了我们社会性存在的方方面面,如交往能力、管理能力、表达能力、动手能力、创新能力、竞争能力、决策能力、沟通能力、协作能力等。

社会适应能力是反映一个人综合素质能力高低的间接表现,是个体融入社会,接纳社会能力的表现。当个体在遇到新情境时,一般有3种基本的适应方式:①问题解决,改变环境使之适合个体自身的需要;②接受情境,包括个体改变自己的态度、价值观,接受和遵从新情境的社会规范和准则,主动地做出与社会相符的行为;③心理防御,个体采用心理防御机制掩盖由新情境的要求和个体需要的矛盾产生的压力和焦虑。

其中,情景是社会适应最为重要的环境因素。在特定情境中,个体与情境中的环境因素会连续不断地相互作用,最终以心理与行为的变化而取得和谐的关系。这个过程中,人际关系是个体社会适应过程中最为重要部分,它会以社会存在的基础性条件影响其他能力的实现;改变是社会适应的中心环节,不仅包括个体改变自己以适应环境,而且也包括个体改变环境使之适合自己的需要。

(2) 个体社会化

人的社会性在心理学上称为个体社会化,指个体接受社会经验、规范,形成与社会一致且有自己特色的态度、情感、意志、品格并取得社会成员资格的成长过程。大体而言,包括学习社会经验,理解与掌握社会规范,形成价值观念与相应的道德品质及评价体系,处理人际关系,形成个性特点。这些不是独立的过程,而是共同发展完善的过程。在个体社会化过程中,个体不断地被社会同化成为社会共同体的一部分,更多地表现出社会性特征,如思维模式、行为作风、评价体系等,但在共性发展、同化的过程中,个性特点也不断地完善、发展,如自己独特的个性风格。

以体育锻炼为主体的身体活动,除了前面提到的许多优势特征之外,还具有明确的规则要求、明显的分工、需要个体间高效的合作交流等特征。尤其对青少年学生而言,能通过参与体育活动促进对社会规范的理解与掌握,培养道德品质,形成正确的价值观念和目标体系;培养身体自尊,形成自我意识与正确的角色定位,摆脱自我中心,建立自信;提高人们进行沟通、交流、合作的能力,培养信任感和人际交往的能力;培养积极的情感体验和情绪状态,形成健康的心理素质;能够更好地体验在竞争中合作、在合作中竞争,在共性中发展个性、个性需要遵从共性等社会规范及其哲学含义。因而,在增强体质的过程中,不但能提高生理性适应水平,更能在身体活动中不断促进个体对社会的理解,形成并不断完善自己的个性特点,提高个体社会化程度。

三、体质健康教育的学习目标

"全民健康"是国家的目标,是民族富强的重要内容。党和国家尤其重视青少年学生的体质健康问题,要求把促进学生健康成长作为学校一切工作的出发点和落脚点。因而,从国家与民族大局来看,青少年学生的学习目标已经不是某个具体知识点的问题,从教育与健康的终极目标来看,也不是某项体育运动或某种身体素质的问题,而是关乎着"少年强则国强",关乎全民族精神面貌的头等大事。当代青少年需要肩负传承文化、开拓未来的责任,需要从现在做起、从自身做起,承担起"全民健康"的重任。

(一) 学习知识技能(见本节"一、体质健康教育的主要内容")

(二) 内化健康观念

健康是一个复杂的综合性概念,非传统的"无病即健康",是个体在身体、心理、社会等方面的良好状态。同时,健康又是一个社会化的、与大众常模相比较的概念,而青少年学生的代谢水平和生长规律决定了,即使体质较差,也很少会有疾病的干扰,也不会影响日常生活学习,更不会主观地觉得自己"体质不健康"。一方面,不易于明确地感受和理解,难以形成积极的内在动力和客观的绝对标准;另一方面,体质健康的提升又是身心各方面的螺旋递进、动态平衡发展的体现,难以用医学仪器测量出立竿见影的结果。

体质健康兼顾了学生身心发展的各个方面,既强调当前的良好状态,又需要一步步扎实地连续推进才能够实现;既注重过程的心理内部愉悦体验,又强调身体的外部规范表现;既注重个体的内在需求,又需要教育的习得与改造;既注重当前身体平衡状态健康,又要为未来的身体发展打好根基。因此,体质健康是一个全面、深刻且长远的学生身心发展健康观,对于学生个体而言,首先需要学习大量的健康知识,对体质健康有科学、全面、深入的认识和理解,才能建立起牢固的健康知识体系、形成正确的健康观念,并驱使日常行为、建立良好的健康生活习惯。

(三) 担当健康责任

中国教育科学研究院在《中国青少年体质健康发展报告》中指出:"青少年时期的体质健康问题,将对中老年以后的身体健康构成巨大隐患。青少年时期的肥胖、呼吸和心血管系统机能的下降,是导致和诱发中年后糖尿病、冠心病等多种高致命性疾病的原因。因此,如果青少年体质健康状况不能得到有效改善,步入中老年后,将大大降低他们的生活质量。从社会经济发展的角度看,还将增加医疗和养老经费的支出。"

在个人层面上,从当前看,健康是个人身心状态的体现,是体质水平发展的标志,是行为举止规范的程度,是时空反应、感知记忆、注意转移与集中、情绪状态、意志品质等个体心理品质优劣程度的体现,是个人学业的根本保证;从长远看,今天的健康水平会影响今后的生活状态,是个人未来事业成功的基础和家庭幸福的重要内容。从国家层面看,青少年学生的健康问题，是中华民族伟大复兴的希望，是中国人民精神面貌的重要内容，是我国教育水平和成果的重要体现，关系着医疗支出、社会氛围、文化传承等国家大业。因而，青少年的健康问题，不是单独的个人问题，是家庭问题、社会问题、国家问题的具体体现。国家需要培养出健康、有活力的、能够为社会减轻负担并作出巨大贡献的、有潜力的年轻人。学生体质健康是关乎个人，惠及全民的大事。当代大学生作为我国青少年的优秀代表，更应该勇担责任，扛起"全民健康"的重任。

（四）养成健身习惯

体育锻炼是改善体质、提升健康水平最为有效的一种方式。然而，生理性躯体和心理性意识是整体共存的，体育锻炼最为本质的直接作用主要是通过促进身体骨骼肌肉、循环代谢、器官功能等整体或部分生理功能的提升，实现新的、高一层级的躯体性生理平衡状态，从而进入高一层级体质水平。而且从低水平到较高水平的体质状况不是跨越式发展的，是通过身体器官间不断地适应、协调逐级提升的，通常是先由单一或部分生理功能的提升开始，最后达到新一轮身心功能平衡的健康状态。这个过程依赖的是健身行为，而健身行为首先需要规范，即科学合理，否则就会造成运动伤害；其次是长时、定期的健身行为，即习惯，成为习惯的健身动作本身会形成一定的神经、肌肉通路，健身行为的相关因素（如身体素质基础、参加身体活动的性格习惯等）也会相互协调一致，这就会减少运动伤害。

通常而言，较小或短暂的健身行为难以实现整体健康水平的提升，但由长期久坐不动或从运动量较小突然增大运动时，通常会产生身体的不适，运动量过大时则会给身体带来新的伤害。如果有良好的健身习惯，在循序渐进地增大运动量或提升动作效果时，只要适度改变运动时间、次数等强度就可实现更高的健身目的，反之则会有损健康。即使单就运动减肥时的锻炼时间而言，在运动强度不大的情况下，持续时间较短时人们更易接受，但难以消耗脂肪；时间再长一些就会消耗脂肪，但往往也会伴随着进食量增大，以至结果毫无变化；时间更长一些脂肪消耗才会显著，减肥效果才能明显，但锻炼过程中的疲劳感会增强，锻炼者往往会因难以坚持或运动量突增而出现身体不适等副作用，从而停止锻炼，导致减肥失败。因此，科学规范的动作技术、良好的健身习惯是实现健康的主要行为要素。

（五）融入生活方式

健康不是一蹴而就的，不是偶尔的锻炼和几次合理的饮食就能成就的。以体质健康中的 BMI 指标为例，大体而言，运动、节食可以消脂、减重，但它们仅是一种方法，随着行为的消失，体重就会反弹，身体形态就又会回到从前。当依靠运动减肥时，动则瘦、停则胖；当我们依赖节食瘦身时，会发现节食时有效果，偶尔放纵进食后，前期所有的努力都将是白费功夫。

健康要远比单一的减肥复杂得多，需要有正确的健康观念、强烈的健身欲望、丰富的健康知识、熟练的健身技能、科学的营养饮食、持久的健身行为，并避免久坐不动、暴饮暴食及其他不良的生活方式，积极创建健康氛围，确保作息规律、能量平衡。除此之外，更重要的是要将这些内容持续贯穿到日常生活中去，转变成为持久、连续的日常行为。如营养饮食问题，一旦对高脂、高糖、高盐或某种食物形成的饮食习惯，突然说"不"是一件很困难的事情；如能量消耗问题，体育运动仅是能量消耗的一种方式，日常举手投足、行立坐卧、集体活动、家务劳动、步行交通等都可消耗能量,然而如果要对自己习惯性行为方式的"量与度"做出调整却往往很艰难。这些行为习惯是长时间重复强化形成的,依赖于认知水平和社会氛围、生活传统等,是日常生活方式的具体体现。如果要达到更高水平的健康状态,不仅仅是参加锻炼的问题,更需要将健康观念融入生活,变为日常行为习惯,才能建立起健康的生活方式,真正促进健康。

(六)促进健康氛围

在中华民族发展的历史进程中,自宋朝以来,"重文轻武"思想一直占据社会主流,"以脑力劳动为荣,以体力劳动为耻"依然影响着当前大多中国少年儿童;在中国发展的特定历史阶段,曾经存在并依然存在"以食大鱼大肉为荣,以食粗茶淡饭为耻"的"面子现象"。若这些成为主流思想,大多数个体将难以"洁身自好",也会"随波逐流",最后被淹没在社会的大潮中,终将成为我们"全民健康"道路上最大的绊脚石。

随着社会的发展,"以人为本""健康第一"等思想受到普遍重视,身体的物质性基础得到大众认同,越来越多的证据揭示了"科学锻炼""健康饮食"的规律,这为我们形成科学的健康氛围奠定了认识基础,但是要形成健康的人文环境和全民健身的氛围,还需要更多的人参与,才能形成庞大的群体、强大的力量。年轻人是社会的中流砥柱,代表着未来的社会发展方向,只要我们每一个人树立科学的健康观念,付出行动,就一定能够成就一代新的、富有活力的中国"全民健身"楷模,并引领、号召、感染全体大众,建立起全民族良好的社会健康氛围。

四、体质健康教育的实现途径

关于我国学生体质健康工作,一方面是《标准》本身弱化了生活方式和习惯养成的过程,致使不良生活方式、不良饮食习惯等成为损害学生体质健康的重要因素;另一方面是家庭、社区、学校等学生日常生活环境,不仅明显影响体育锻炼习惯形成,也一起构成了我国当前学生体质健康下降的社会学问题。

因此,我国要通过实施《标准》促进学生体质健康发展到一个新的高度,还需要做到:①将学生体质健康工作的指向转变为培养学生养成良好的身体活动习惯和健康的生活方式,形成通过日常生活对健康教育成果持续施加影响,促进健康内容巩固、提高和健康行为方式保持、定型的思路;②注重在日常生活中培养健康习惯,通过明确学生在家庭、社区、学校等环境中的具体行为指向,使不同环境中培养习惯的指引导向相一致,并能充分发挥不同环境的独特作用且协同配合;③重视形成全方位的监督、引导氛围,充分运用家庭、社区、学校环境中的健康指向和行为要求,明确家庭和学校的责任,形成家庭、社区、学校共同参与培养健康习惯的过程和氛围,落实学校教育和家庭言传身教的"培养"过程,强化学校的教育结果,并保障健康行为习惯的养成。

(一)学校教育是学习知识技能的主体阵地

一是理解和提高健康相关的体质成分需要掌握大量的基础知识,如运动常识、生理学和解剖学知识、锻炼原则与方法、营养摄入与消耗、安全防护等,需要根据学生身心发展规律持续、不间断地教育或培养;二是参与身体活动需要掌握基本的运动技术,如热身、锻炼与放松,掌握核心稳定性,学会肌肉拉伸,发展心血管耐力、肌肉力量和柔韧的技术等,需要逐级、多次地重复练习巩固;三是掌握知识、技术,形成观念、技能的过程也是培养个体精神和社会性内容的最好时机，如意志品质、个性特点、自我管理、个体责任、尊重与理解他人、交流与合作、帮助他人或群体等，需要不断地意识、行为强化。这些内容必须要在学校教育的主阵地中完成，否则无法系统地实现体质健康教育的目标。

（二）家庭教育是建立行为习惯的重要场所

健康依赖于良好的生活方式和习惯，不像学校教育中的其他文化知识，学生一旦接受，即使不能在家庭中得以巩固，起码不会被干扰或不易于泛化，如数学定理、英语单词、古文词句、历史事件、地理分布、生物特征等，一旦接受即会定型。而体质健康的内容则大不相同，在大的内容方面，如参加身体活动、做家务，营养摄入与消耗，糖、脂肪、盐的摄入等，会明显地受家长意愿、家庭氛围的影响；在具体的运动技术方面，我们撇开基础能力、动作时机、核心控制性等因素，即使一个单一的微小动作，它也涉及动作路线、力量、速度、幅度、节奏等众多内容，记住动作表象（记忆动作是否完美我们暂且不去讨论）仅是学习动作的起点，多次重复练习才能进一步掌握，可如果在家庭练习中出现错误动作则会影响正确动作的形成，如果错误动作得以巩固，想要重新改正则如同改变习惯一样艰难。此外，还涉及饮食习惯、健康观念、行为方式等众多因素，其中很多与家庭教育密不可分，如果家庭教育能够巩固强化学校教育的结果，则能很快形成健康的生活方式和习惯，否则，学生在学校教育中建立正确的价值观念和行为准则，会在家庭教育中遭到破坏。

（三）社会氛围是巩固教育成果的必要因素

氛围是整个社会的文化风气、行为准则、人与人或人与事之间的习惯、看法、态度、观点等，影响着个体的认识和行为。尤其与健康相关的身体活动、日常行为方式等又极易受社会氛围的影响，如健身行为的方式、内容、标准等会有群体性的特征，胖瘦的审美会有时代性的特点。而健康的形成有自身的规律，不会因我们个体或群体的倾向而改变。再如，在当前应试教育的大环境下，整个社会中的群体、家庭和个人都会首先以成绩的优劣作为衡量学生的标准和要求学生的行为准则。这显然与健康社会的大局不吻合，尤其与体育动作的掌握规律和健康习惯建立规律难以契合。其一，与家庭对学生健康行为习惯的影响一样，如果社会氛围有利于促进学校体质健康教育成果，则易于形成和巩固，否则会起到阻碍作用；其二，家庭是社会的一部分，社会氛围不仅影响着学生个体，还影响着家庭的观念、看法、态度等，最后决定着学校体质健康教育成果的好坏。因此，社会健康氛围既影响着我们每个人的行为和观念，也需要所有人共同努力，才能营造出良好的、有利于遵循科学规律的健康氛围。

第三章 体质健康教育的主体与环境

第一节 体质健康教育的主体

一、主体教育与教育主体

(一) 主体教育思想

教育是一种有目的、有计划、有组织地培养人的社会实践活动。在这个社会实践活动中，传统的教育学观点认为"教师是教育的主体、学生是客体"，这一观点片面强调教师的权威性和教学过程学生被动的接受性，忽略了体质健康促进过程中身体活动的主动参与，也不能满足学生兴趣爱好、个性发展的需求。第二种是"以学生为中心"的教育模式认为"学生是教育的主体"，这一观点强调学生的学习主动性，但由于笼统，必然会削弱教师的启发、引导作用，易于使学生陷入一种自发、盲目性的探索过程，从而忽视对人类长期经验积累的学习。第三种是"以学生为主体，以教师为主导"的观点，这一观点既充分发挥学生的主观能动性，同时又充分发挥教师的启发引导作用，然而，在教育过程中，易于出现使教师的"主导"作用凌驾于学生的"主体"地位之上，以及教师时时处处都成为"主导"等现象。因而，也并非真正尊重学生的主体地位。

在主体教育思想的推动下，围绕如何看待学生在教育过程中的地位、作用和发展目标，形成了第四种"双主体论"观点，认为：教师是教育行为的主体，而学生则是自身生活、学习和发展的主体。

主体教育思想基于哲学思考，主体和客体是认识论的一对基本范畴。主体指在社会实践中认识和改造世界的人或实践活动和认识活动的承担者；客体是与主体相对应的客观事物、外部世界，是主体认识和改造的一切对象。在实践活动中，人作为主体的根据和条件是人作为主体所具有的性质，即主体性。主体性是指人在实践过程中表现出来的能力、作用、个人看法及地位，即人的自主、主动、能动、自由、有目的地活动的地位和特性。如海德格尔所说，主体性建构了主体。

基于人的主体性需要，教育的过程必须把受教育者当作主体，唤起受教育者的主体意向，激发受教育者主体的自主性、能动性和创造性，使教育成为主体的内在需要，成为主体自主建构的实践活动。其主要观点有：

①学生是自身生活、学习和发展的主体。
②现代教育过程应该是教师与学生双主体协同活动的过程。
③现代教育应把发挥和培养学生的主体性作为一项核心标准。
④现代学校教育中应建立平等民主、相互尊重的新型师生关系。

(二)教育主体

主体教育认为:"人是教育的出发点,人的价值是教育的最高价值;培育和完善人的主体性,使之成为时代需要的社会历史活动的主体,是教育的根本目的;主体教育的过程必须把受教育者当作主体,唤起受教育者的主体意向,激发受教育者主体的自主性、能动性和创造性,使教育成为主体的内在需要,成为主体自主建构的实践活动。"在这一思想的推动下,在教育活动过程中实现了教师启发引导、学生实质参与、师生平等互动。

同时,为避免"主导"凌驾于"主体"之上和教师处处都要"主导"等现象,主体教育思想认为:只有承认教师与学生分别是教育过程中不同方面活动的主体,才能既明确教育的责任,又把教师和学生放在真正平等的地位上,使双方的积极性都能得到发挥。

主体教育的最高目标是使人们能够达到自我实现和担负责任的生活。与此相一致,体质健康教育的出发点是打造人最为基础的物质性身体质地,实现身体更大的自由。其目的是培养能够满足社会性需求的健康体质,为学生当前学习或未来从事其他专业领域打好健康基础。其过程更依赖于学生自主发展,内在需求更能激发学生规划设计、监控调整等自主性、能动性和创造性。总体而言,体质健康促进的过程生活性目的更明确,学生自主实践的特点更明显、自主构建发展的特性更突出,这种自主性、能动性和创造性的实践效果也能够得到快速检验并时刻与社会性需求相一致,即学生的主体性更为突出。

二、体质健康教育的主体

(一)教师

《中华人民共和国教师法》规定:"教师是履行教学职责的专业人员,承担教书育人、培养社会主义事业建设者和接班人、提高民族素质的使命。"

教师是课堂教学的组织者,是教育的实施者。教为主导,学为主体,教学是师生间的双边活动。这是对教师和教学活动的基本定位。在教学活动中,教师对整个教育活动起领导组织作用。教师是教育目的的实现者、系统知识的传授者、教育活动的组织者和学生学习活动的引导者,表现为帮助学生明确学习目的、方向,规定教育、教学要求和内容,对教材进行加工,选择运用恰当的教与学的方法,培养学生自主学习精神和自我教育能力等。

1. 教师主导作用的一般体现

2019年,北京师范大学资深教授、中国教育学会名誉会长顾明远发表了《学生是教育的主体》的主旨演讲。他表示当今是互联网时代,是人工智能时代,互联网正在改变着世界,也在改变着教育。教师已经不再是知识的唯一载体,知识的权威。学生已经不是只依靠课堂上教师的知识传授,而是可以通过各种媒体获得信息和知识。教师主要是要为学生的学习营造适合的环境;指导学生正确获取信息、处理信息的策略和方法;为学生设计个性化学习计划;帮助学生解决一些疑难问题。

显然,随着时代的发展,一方面,教师"传道、授业、解惑"的内容和形式正在发生重大的转变,如教师专注的领域范围越来越具体,"传道、授业、解惑"的分工越来越精细;教师传授知识经验的比重在减少,指导学生获取信息的策略和方法越来越重要。另一方面,教师的地位和作用也在积极地发生着变化,如从绝对传授知识的地位变为指导、引导、唤醒、激发学习。在这个知识爆炸的时代,教师需要与学生共同应对许多新的问题,从"授业"变为合作、促进、帮助、支持。

在这种变化的趋势下,教师在教学活动中的主体作用越来越小,主导作用越来越明显,并且教师的主导作用发挥得越充分,学生的主体作用越突出,越有利于引导学生积极思考,激发学生的学习兴趣,提高学习效果。由于教学活动包含教与学的全部过程,因而教师的主导作用也体现在教学过程的方方面面。例如:

①树立良好榜样,做学生思想行为的感召者。
②传授知识技能,做学生获取经验的指导者。
③开拓知识眼界,做学生思维方法的引导者。
④创建教学情景,做学生主体意识的激发者。
⑤运用方法手段,做学生学习兴趣的调动者。
⑥共同面对问题,做学生克服困难的支持者。
⑦平等互动交流,做学生解决问题的合作者。
⑧创设问题情境,做学生创造想象的唤醒者。
⑨鼓励实践锻炼,做学生能力发展的促进者。
⑩把握环境氛围,做学生情绪状态的调控者。
⑪反馈学习效果,做学生学习成效的评价者。
⑫尊重个性特点,做学生个性发展的引领者。

2. 教师主导作用的具体内容

(1)引导健康价值观念

价值观是基于人的一定的思维感官而产生的认知、理解、判断或抉择,也就是人认定事物、辨别是非的一种思维或价值取向。人们行为的动机受价值观的支配和制约,价值观对动机模式有重要影响,在同样的客观条件下,具有不同价值观的人,其动机模式不同,产生的行为也不相同,动机的目的方向受价值观的支配,只有那些经过价值判断被认为是可取的,才能转换为行为的动机,并以此为目标引导人们的行为。

在生活中,人们常把健康比作"1","1"后面有车子、房子等,如果"1"倒下,对自己来讲后面的一切都等于"0"。

同样,体质是健康最为基础的物质根基,没有体质的健康是无源之水、是无本之木。健康的体质关乎着身体、神经、脑的发育,关乎着身体形态、姿态、身体能力和社会适应,甚至预示着实现身体最大的自由。只有树立正确的价值观念,我们在日常生活中才能作出正确的权衡与取舍,对行为的选择提供科学的依据,对社会现象和行为的努力程度作出正确的判断,达到明是非、辨善恶、知荣辱,最大限度地增强体质健康水平,为健康的社会生活打好物质基础。

(2)传授健康相关知识

知识是符合文明方向的,是人类对物质世界及精神世界探索的结果总和。柏拉图对知识有一个经典的定义:"一条陈述能称得上是知识必须满足3个条件,它一定是被验证过的、正确的,而且是被人们相信的,这也是科学与非科学的区分标准。"

我们熟知知识就是力量,知识就是生产力,但在健康领域,健康知识被赋予了更为重要的意义。其一,健康知识是我们对健康规律的理性知识,是我们实现健康的前提,是我们在健康促进过程中必须要把握的准则,没有它、缺乏它,我们在实现健康的道路上一定会走弯路或是不能达到更高的健康水平。其二,健康的重要性决定了我们在时间上耽误不起，在内容、方式上也尝试不起。尤其在少年儿童身心快速发展的重要时期，如果不能把握好身心发展的阶段就可能错过最佳的发展机会，也限制了未来可能达到的发展高度，如心、肺等器官机能；同时，身体的健康也不能去轻易尝试，如神经、软组织及器官等的运动损伤是难以修复的，可能会给身体带来一辈子的不良影响。其三，健康具有很多隐性的特征和多层次性的特点，极易产生偏差。健康表述的是结果，是身心能力呈现出来的状态，其来源在行为。这一点使我们易于忘记知识对行为规范的重要性，就像《未来简史》中所说："知识如果不能改变行为，就没有用处；但是知识一旦改变了行为，知识本身就立刻失去意义。"

此外，健康包含身、心、社会等多内容体系，促进过程涉及吃、住、行等日常生活的方方面面，并受习惯和传统等多方面制约。一方面，在健康促进过程中，少量的知识显得微不足道；另一方面，只有掌握大量、系统的健康知识，才能有效地指导健康行为、提升健康水平。总之，这些都说明健康相关知识的重要性，并且需要系统地学习、精深地掌握、熟练地运用。

(3) 教授健身相关技能

健身技能是以健身为目的的人体动作技能或运动技能。运动技能又称动作技能，指人体运动中掌握和有效地完成专门动作的一种能力。首先，其作为技能代表动作技术的行为或操作水平，表现出能力；其次，这种能力与活动任务相联系，并与知识密不可分，是在认知活动中总结出来、被实践证明能够有效完成活动任务的正确动作方式，表现出技巧；最后，这种技能是通过练习巩固下来的、自动化的、完善的动作活动方式，表现出熟练。

广义的运动技能包括日常生活方面的写字、行走、骑自行车，体育运动方面的游泳、体操、打球，生产劳动方面的锯、刨、车等活动方式。狭义的运动技能是指人体在运动中有效完成专门动作的一种能力，如走、跑、跳、投等各种体育运动中动作方式所表现出来的能力。在此，健身技能是以健身为目的人体动作技能，包括体育运动中有利于健康的运动技能，如参加篮球、排球、足球、乒乓球、羽毛球、网球等各种运动的动作技能，以及跑、跳、投、广播操、柔韧等各种素质和热身练习的技能；也包括日常生活中行走、家务劳动等能够促进能量消耗的行为方式所表现出来的技能，如在日常行走时通过抬头、挺胸、提臀、收腹完善形态，通过调整步幅、步频增加能量消耗，通过落地后脚掌滚动减小膝盖损伤等。

通常情况下，大量的日常动作方式未与健身相联系时，仅是一般行为或动作，或是其他动作技能。只有当这些动作以健身为目的、遵循健康规律要求时，才具备健身的技巧；只有经过练习巩固后，才能从最初不协调的、笨拙的表现，转变为熟练、自动化的动作方式，在健身活动中表现出健身技能。

(4) 科普饮食、睡眠规律

由于饮食与睡眠受习惯传统等环境因素影响较大，改变较难；同时，对习惯偶尔或较小的调整，难以产生立竿见影的健康效应，因此，难以引起大家的重视。但是，在极端条件下或有目的地改变时则效果不同，如长时间饮食不合理、睡眠不足就一定会对健康造成较大影响；如需要减肥时，从饮水次数、每次饮水量、食品营养成分、热量、饮食方式、食物分量等有目的地改变，就显得尤为重要。

对于少年儿童来讲，尽管很少会因饮食、睡眠问题导致身体出现这个零件有故障、那个组织亮红灯的现象，但是头发、鼻子、心脏、肝脏、胆囊、肾脏等这些身体的重要组成部分要陪伴我们一辈子，它们的质地与性能是当前与今后工作状况的重要保障。其中，有些规律已经得到科学验证，有些可能还尚不明了或难以在日常饮食中实现，如杏仁被美国健康协会推荐为有益于心血管的食物之一，但一个人的饮食总量是相对恒定的，吃过多的杏仁，定会减少其他营养成分的摄入，如身体缺乏维生素 A 会导致夜盲症、角膜干燥症、皮肤干燥、脱屑，缺乏维生素 B1 可能会出现神经炎、脚气病、食欲不振、消化不良、生长迟缓，缺乏维生素 B2 会导致口腔溃疡、皮炎、口角炎、舌炎、唇裂症、角膜炎等；补充维生素可预防、治疗相关疾病，但摄入过多的维生素也会导致中毒。

在健康饮食方面，《中国居民膳食指南》建议：
①食物多样、谷类为主。
②多吃蔬菜、水果和薯类。
③常吃奶类、豆类或其制品。
④经常吃适量鱼、禽、蛋、瘦肉，少吃肥肉和荤油。
⑤食量与体力活动要平衡，保持适宜体重。
⑥吃清淡少盐的膳食。
⑦如饮酒，应限量。
⑧吃清洁卫生、不变质的食物。

在科学睡眠方面，遵循以下 4 个要素：
①良好的睡眠姿势　最好的睡眠姿势是右侧卧，将身体弯曲呈弓状，全身自然放松。
②按时睡眠　按时作息，定时上床，定时起床非常重要（23 点至次日 5 点处于深度睡眠为宜）。
③睡午觉　注意午饭后不要立即上床睡觉，最好休息 10 分钟后再睡。
④养成良好的睡前习惯　睡前不饱食，不喝浓茶、咖啡等，不剧烈运动，睡前刷牙、梳洗。

（5）传递健康消费理念

在此，健康消费是指普通消费者合乎理性的消费，是以追求健康为目的，在消费能力允许的条件下，按照健康效用最大化原则进行的消费。与通常的消费相类似，健康消费也存在不舍得消费、盲目消费、过度消费等现象。这就需要青少年消费者根据自己的健康需求和丰富的健康知识经验，合理评估健身器械与器材等的用途与功效，食品、保健品等的营养价值，并判断真假健身产品，做出明智的消费决定。

相比之下，随着国民生活质量空前提高，人们的健康意识在不断增强，健康消费快速增长，2020 年中国经济网发表文章《健康消费已成年轻人"刚需"》。同年，中国平安发布的《青年大健康消费报告》指出：①近七成青年愿意为了自己吃得更健康、身材体态更好、睡得更香而消费；②在饮食上，96.7% 的青年关注着饮食健康；③76.6% 的青年购买过运动科技产品，78.4% 的青年消费者表示会在日常生活中穿搭健身服饰，但去健身房健身还需要更多结伴出行的勇气；④青年人除了关注饮食和运动，也开始使用在线医疗，参与体检和购买保险等方式来预防疾病及规避因生病而造成的风险。

不可否认，在从温饱型向健康型过渡的过程中，健康、健身产品的消费会带来身体的强健、心理的愉悦、减少医疗消费支出、降低疾病风险的好处。健康消费会促进青少年成为自己健康的第一责任人，实施"健康管理"，甚至实现"带着父母一起养生"的美好景象。然而，健康、健身产品消费的目的是促进实现健康生活，代替不了日常健康饮食、充足睡眠、体育锻炼等健康的生活方式和习惯。因此，有必要引导学生建立并养成区分有效健康产品和做出明智决定的意识和能力,内容主要包括识别食品的营养成分与实效,明辨健身产品的可能的效果,有调查分析健身产品和做出明智决定的能力,并积极为家人、学校、社区及更多的人提供帮助。

（6）指导学生自主发展

在社会快速发展的时代,当前学习的具体知识可能很快更新换代,如物品加工的过程可能被仪器替代,加工的流程可能被"一键"替代,加工的材质也可能发生变化,物体的形式可能会展现出不同的形态。教师再也不是理论知识的"传声筒",学生再也不是被动接受知识经验的学习者。每门学科都有学科本身的规律,都有最为核心的关键要点,如与衣、食、住、行相关的各种不同学科,在材料、加工方法、工艺流程等方面一定会随着科技的发展而表现出不同的形态。但无论如何,每门学科的终极目标很少会发生变化。在新的理论诞生之前,其知识理论体系很少发生变化,即使出现新的颠覆性理论,学科固有的思维方式和学生的学习方法也较为固定。这就要求学生必须首先牢固掌握学科最为本质的规律、结构、方式方法。

更为重要的是,为保证迎接社会快速发展所带来的挑战,跟上时代发展的潮流,学生需要有解决不断变化着的纷繁复杂问题的能力。而能力的形成一定是基于学生个体自身发展的结果,学生首先需要掌握相对基础的学科基本规律和要点;其次,需要具有将新事物融入已有知识体系的意识和能力;再次,需要不断学习、完善、创新,进一步形成新的知识体系。这个过程是学生掌握了基础、能够融入新事物、形成了新的知识体系、具备了解决问题的能力,实现了自我发展的过程。

相比之下,体质健康的促进有很强的实践性,一是身体生长发育规律、锻炼的原则与方法、健身技能等,需要教师帮助学生在独立思考、运用中实现自主学习,掌握基本的健身、健康规律;二是教师要指导学生在设定健康目标、规划健康生活、自主参与锻炼、评定发展水平等行为中实现自主实施,主动实现健康生活;三是教师要引导学生有更高的目标追求、主动接受新事物实现创新发展,如发掘自身潜力、有效应对复杂多变的环境,如根据近年来有关糖对健康的影响、柔韧对心血管的好处等研究成果,在增进健康的过程中主动减少糖的摄入、增加柔韧练习。

（7）督促参与身体活动

身体活动与人体健康密切相关,《世界卫生组织关于身体活动和久坐行为的指南》指出:"定期进行身体活动是预防和管理非传染性疾病的关键保护因素,如心血管疾病、2型糖尿病和部分癌症。身体活动还有利于心理健康,包括预防认知功能降低和抑郁焦虑的症状;并有助于维持健康体重和总体幸福感。据估计,全球 27.5% 的成年人和 81% 的青少年没有达到 2010 年世界卫生组织建议的身体活动水平。并且在过去十年中,几乎没有任何改善。另外,不平等现象也很明显,数据显示:大多数国家女童和妇女不如男童和男子活跃,经济水平较高和较低的群体之间及国家和区域之间个体的身体活动水平差异较大。在全球范围内,这种情况造成 540 亿美元的直接卫生保健费用和 140 亿美元的生产力损失。如果全球人口更爱活动,每年可避免多达 500 万人死亡。

参与身体活动时主要涉及参与身体活动的形式、时间、强度等标准,以及持续参与身体活动的策略与方法。其中一些明确的因素,我们一看便知,如身体活动的持续时间问题。世界卫生组织发布《身体活动和久坐行为指南》时指出"青少年儿童每天活动时间应达到 60 分钟";在《关于开展全国亿万学生阳光体育运动的通知》中要求"每天锻炼一小时"。

但对于参与身体活动的形式、技巧及养成一种积极的身体活动生活方式等问题，要么晦涩难懂，要么需要在实践中去巩固、完善及建立个性化的标准。

为此，教师要通过多种形式经常督促学生参与身体活动。一是要在学校范围设计合理的身体活动，引导学生运用已学知识经验，巩固健身技能形成；二是要在督促的过程中强化锻炼过程标准，促进学生养成良好的健身习惯，纠正不良的行为习惯；三是引导学生经常参加有氧运动和有关肌肉力量和耐力、骨骼强化、柔韧性及出于娱乐、社交或个人意义等有利于健康的多种形式的身体活动，同时也要引导学生明确身体活动并非只有狭义的体育锻炼，应该包括与同学、朋友一起参加有体力支出的或有身心、社会意义的社会活动，以及日常家务、平时步行、走楼梯、骑自行车、做园艺等能够增加日常能量消耗的多种形式的身体活动。

(8) 评价健身实施效果

在此，对学生健身实施效果的评价，是一种广义的教育评价，是在"健康第一"理念的指导下，依据体质健康教育目标，通过使用一定的技术和方法，对所实施的教育活动、教育过程和教育结果进行科学判定的过程。

体质健康教育涉及知识、技术等多内容体系和观念、行为、状态、效果等多层次体系，它们相互渗透、相互影响，甚至互为前提、因果交替。科学的评价决定了能否对学生体质健康促进发挥正确的导向、监督功能，对教育过程发挥积极的鉴定、管理功能，对教育效果发挥有效的诊断、激励功能。

健身活动是体质健康教育过程中特殊的身体活动，学生的健身效果体现了学生的综合实践水平，对学生健身效果的评定不仅体现为对学生体质健康水平的导向、激励和监督功能，更是下一步教学过程的开始，是教学目标、策略与方法制订的基本依据。同时，既是引导学生掌握科学测量方法、正确认识工具的过程，也是学生正确认识自我、进行自我评价的基础，还是引导学生进行正确归因的开始。

学生的健身效果具有比一般教育效果更为复杂的因素，一是从理论到实践的过程复杂，实践性更强；二是实践过程受个性、状态等内外因素影响较多，学生自主性更强；三是受学生原有体质水平制约，绝对与相对评价相互穿插，归因难度更大。因此，教师在这个评价活动中体现了更大的价值和更为重要的意义，对体质健康教育过程和学生体质健康水平的提高有更为重要的影响。

(二) 学生

学生是在学校接受教育的青少年儿童的统称，是人一生中身心发展最快，知识接受、能力培养、素质提高可塑性最强的一个阶段，他们是社会的希望、国家的未来，代表着未来社会发展基本方向。在教育活动中，他们既是教育的对象，也是学习的主体。

1. 学生主体作用的一般体现

学生主体作用是指学生作为学习活动能动的实践者、承担者所发挥的作用。学生主体作用的发挥主要由学生自我发展的主体地位决定：①学生是学习活动的主体，是主动的发现者、探索者，是主体得以确立的内在依据；②学生是个体身心发展的主体，是个性社会化的主体，具有自主性、能动性、创造性、独特性、整体性等主体性品质；③学生在教学过程中是主体化的客体，是由教到不教、由教育走向自我教育的主体。

在体质健康教育活动中，学生主体性主要表现在：学习动机中的主体意识充分觉醒；

在学习活动中，主体能动性、主动性和创造性得到充分发挥；在学习成果评价中，主体价值得到充分尊重，潜能得到充分开发，个性得到和谐发展。而且，学生的主体作用越突出，能动性越强，学习效果越好。例如：

①自我激励动机水平。
②自主学习健康知识。
③自主提高健身技能。
④自主参与身体活动。
⑤自主探索健康规律。
⑥自主规划健康生活。
⑦自我监控实施过程。
⑧自我调节内容强度。
⑨自主观察社会现象。
⑩自主总结成败经验。

2. 学生主体作用的具体内容

(1) 认识体质健康水平

认识个体体质健康水平状况是学生主动认识自我，探索、发现健康规律，实现自主健康促进的前提。对于体质健康水平的认识，不像我们认识一般物体那么直接。一是需要全面地认识，清楚体质健康是身体成分、心肺功能、肌肉力量与耐力、柔韧、运动能力等的整体反映，各体质健康成分有各自的具体内容、意义和指标体现；二是需要系统地认识，由于这些与健康相关的体质成分不能独立于人体之外，因此需要系统地了解基本的人体解剖学和生理学基础知识，了解器官的运行规律和身体的活动规律及其意义；三是需要掌握科学的认识方法，这涉及各体质健康指标的测量和各指标的部分与整体关系问题，即清楚各指标的权重指数，明确锻炼过程中的生理反应和主观感受；四是需要认识体质健康水平的成因和影响因素，如应采取的锻炼方法，与营养、睡眠、身体活动之间的关系。

只有科学、系统地认识体质健康水平的现状、成因和影响因素，才能遵循个体的能动意志，通过改变或施加相关因素使体质健康水平朝着需要的方向发展。

(2) 规划个体健康生活

体质健康水平的提高不仅仅是体育锻炼的问题，也涉及饮食、睡眠、身体活动等生活的方方面面；没有立竿见影的效果，它源于"昨天"，并影响着"明天"；它是一个长期积累的过程，依赖于良好的生活方式和健康的行为习惯。

规划个体健康生活就是提前规划、建立有益于健康的习惯化的行为方式，以便在持久的行为过程中养成良好的健康生活习惯。这需要从健康的营养饮食、充足的睡眠、定期参与身体活动等多方面进行科学规划；需要从日常生活中的行为方式选择、时间分配等具体行为点滴做起，并时刻保持。

由于健康行为涉及范围较广、细节较多，在日常生活中我们可能常因刷牙、洗澡、睡眠、家务劳动等事情较小而忽视，也可能因锻炼过程中的累、难、枯燥而放弃。这就导致一种常见的现象，即规划者多、半途而废者也多。正因如此，科学规划既要现实可行，又要强化动机水平，还要注意运用方法策略。尤其当因习惯改变而感到不适时，更要调整动机水平，甚至通过改善环境条件、有意强化训练等矫正不良行为使之变成健康的自觉行为；当因枯燥难以坚持时，需要增强信心、强化意志、运用方法，不断激励自己持续保持。

(3) 自主参与身体活动

自主参与身体活动对学生体质健康发展具有重要的意义。一是学生体质健康促进最为重要的保障；二是学生主动运用健康知识、技能和建立健康习惯的重要开端；三是独立面对纷繁复杂问题，不断思考、总结、学习、完善已有知识体系的重要过程。

在这个过程中，首先，学生根据个人兴趣爱好参与喜好的身体活动，能够充分展现自我、享受快乐、完善个性；其次，根据已有知识经验，认识自我身体能力或体质健康水平，设定目标、制订改善计划，自我监测并调整计划，提高体质健康成分，实现自我认识和自我监控；最后，在与家人、同学、朋友一起参加有体力支出的身体活动时，就是参与社会互动，实现个人社会化成长的过程。

(4) 促进社会健康氛围

健康氛围是健康意识观念、生活态度、行为习惯、文化传统等形成的整体气氛。它是青少年健康成长的重要环境因素，会潜移默化青少年学生的健康行为倾向，思维方式与境界，和可到达的状态水平。

对于青少年学生而言，一是身体各项能力都朝着好的方向发展，而现代生活方式缺乏大的体力支出，因此很难意识到体质水平差距或需要提高的问题；二是更进一步的健康与健身问题非必要性的生存问题，也非必要的发展性技能，易于被忽略；三是青少年处于相对缺乏自制力和判断力的阶段，思想态度、行为方式易于被社会氛围感染和带动。

因此，青少年的健康成长需要健康的社会氛围，如果社会、家庭等大环境对健康的"三观"不正，那么青少年的行为方式就难以得到必要的引导和监管，良好的健康行为不能得到强化，不良行为方式会越来越多，离健康的方向就会越走越远。同时，青少年既是社会成员的一部分，又是社会未来的主体，如果不良行为方式形成习惯，就很难再改变，并会长期影响个体健康问题。拥有这样观念和行为的人多了就会形成群体性观念和氛围，并会一代一代传递下去，使更多的人身处其中而不自知。

正因如此，青少年学生一定要承担起个体的健康责任，从自身做起、从身边做起，坚持良好的行为习惯、抵制不良的生活方式，共同创造良好的氛围条件，带动和影响周围的人。

(5) 帮助他人或团体

乐于助人是中华民族的传统美德，是公民道德建设和社会主义精神文明建设的重要内容。从社会存在来看，个人是群体的一部分，只有关心、帮助他人，群体才能更为和睦地相处，社会才能更和谐地发展，帮助他人或团体是个体应有的社会性价值观念、行为准则的一部分，是青少年必须具备的个性特点。从个体发展来看，"统一价值论"认为，任何一个社会里，人与人之间必然存在着一定程度的利益相关性，即他人的利益关系一旦发生变化必然会或多或少使自己的利益关系发生变化，一个人在帮助他人的同时，就会间接地帮助自己，利他行为是一种间接的利己行为，是一种更为长远、更为隐性的利己行为。

青少年学生掌握了大量的健康知识，懂得更多的健身技术、技能，要以"达则兼济天下"的胸怀参与社会互动、帮助他人。从大处着手，可以在学校、小区、家庭等环境中设计活动形式、指导健身方法、组织健身活动、充当裁判或助理；从小处着手，可以维护场地环境卫生、公共秩序或是通过鼓掌喝彩增添氛围。从知识着手，可以帮助他人制订健康规划，运用能量消耗知识帮助他人瘦身减肥，运用安全防护知识避免运动损伤；从技术着手,可以帮助他人改进动作技术,运用科技手段帮助家人、朋友监测心率、分析能量代谢等。

总之,在"赠人玫瑰"的过程中一定会"手留余香",既可巩固健身健康知识技能,也可参与社会实现互动交流;既可充分展现自我、体现自我价值,更可普及体质健康知识、促进社会整体健康氛围。

(6)争当健身与健康榜样

榜样是激励大家学习的人或事,具有示范、表率、引领作用,是社会的典范,是为大家提供模仿的原型,是追赶、超越的目标和行事方向与标准。

党的十八大以来,以习近平同志为核心的党中央高度重视、殷切关注人民群众的身体健康,将全民健身作为全面建成小康社会的重要内涵,上升到国家战略的新高度。"全民健身"是全面提高国民体质和健康水平的重大策略,是指全国人民,不分男女老少,增强身体素质,提高运动能力,促进身体健康。

在这个关键的时期,我们更需要榜样的力量。青少年学生是国家未来的希望,需要担起社会的健康责任,坚定理想信念、树立高远目标、坚持不懈努力,养成健康文明的生活方式,引导群众积极健身。以身作则,树立榜样,号召、引领、激励大家砥砺前行,成为引领社会风尚的强大动力,带动民族健康水平实现伟大进步。

健康源于日常生活,健康源于微不足道的点点滴滴,源于脚踏实地的日积月累,是从饮食、睡眠、健身、步行、劳作等日常行为做起的,是生活中最为平凡的事情。但对于个人长远发展、未来事业是伟大的,离开了健康将一切归零。对中华民族的复兴是伟大的,既是民族形象的重要内容,更是党和国家事业发展的重要保障。青少年学生要在平凡事中,争当家庭的榜样、班级的榜样、学校的榜样、社会的榜样,成为群体中的灯塔,为大家指引方向、树立楷模。

第二节 体质健康教育的环境

一、体质健康教育的范围特征

显然,以学生为主体、双主体论都是基于一般的教学活动范围。如果放在生命教育的过程中,内容、任务、主体等范围都将超出课堂教育的范畴。体质健康教育是典型的生命教育、生活教育、终身教育,其生命内容的基础性、终生意义的长远性、涉及领域的宽广性是一般性学科无法企及的。尤其教育内容多样性决定了教育任务的多重性,任务的多重性又决定了教育主体的复杂性,它们又共同决定了体质健康教育范围的宽广性。

(一)内容的多样性

与传统意义上的知识教育相比较,传统学科教育仅强调相对单一的知识内容,而体质健康教育的内容则更为广泛,如身体的生理结构、器官运行规律等,是生理学、解剖学的内容;动作技能形成、身体部位运行规律等,是生物力学或人体运动学的内容;群体活动的参与、组织、运行规律等,是社会学或体育社会学的内容;人与人的合作竞争、人与器械的配合、人与自然环境的融合等,是哲学或体育哲学的内容;体育锻炼中的心理过程或情绪状态、意志表现等,是体育锻炼心理学的内容;食品的营养构成与食品选择等,是食品营养学的内容。

与传统意义上的体育教育相比较，体育教育强调技能的掌握与运用，而体质健康教育的内容与过程则更为复杂。如围绕篮球、排球、足球、乒乓球、羽毛球、网球、壁球、垒球、棒球等球类项目，或是田径、游泳、武术、健美操、瑜伽、飞盘等其他项目进行技术、战术、素质、能力的教学，可能是某个项目的全部，但其仅是体质健康教育所依赖的部分手段，或借助的部分形式。体质健康促进的过程中可以借鉴、运用不同的运动形式，也需要掌握相应的部分运动技能。但其目的不在技能、项目本身，而在基础性、综合性的体质，在于有利于健康生活的身体质地，在于有利于健康生活的方式方法。

体质健康教育有体质独特的内容，包含所有人身体的物质性部分，重点在有利于健康的心肺功能，肌肉力量与耐力，柔韧性和骨骼强化等内容。首先，体质健康教育是一种综合性、应用性教育体系，包含众多的学科内容。从知识传授的角度来讲需借助生理学、解剖学、营养学等基础知识，从技能形成的角度来讲需要借助体育学、心理学、教育学等技能形成规律，从习惯培养、社会参与的角度来讲需要遵循社会学、哲学等基本原理。其次，健康相关知识、技能只是促进体质健康的条件，与健康或体质健康的形成过程没有必然的关系，更重要的是参与身体活动的过程，并且与日常生活中的饮食、睡眠等内容密切相关。此外，参与身体活动的过程受环境氛围、个性特点、兴趣爱好等影响较大，健康生活方式与习惯的养成更是与家庭、社会的齐抓共管密不可分。

(二)任务的多重性

体质健康教育着眼于人体的优良质地，就像材料科学提升材料的性能与质地，质地优良才有可能加工出优质的产品，否则就可能是"朽木不可雕"。当我们不去细致比较的时候，这一材料加工出来的产品可能都叫产品。当社会竞争过大，不断淘汰并挑选优质产品的时候，不同工艺品一定会因质地不同而产生优劣之分。与教育体系的其他学科相比，其他专业学科的功能注重在用不同加工方法或工艺进行雕琢，当材料质地相当时则会展现出不同的形态和用途。而作为教育所要培养的完整的人，即使同一形态和用途也会因质地不同而产生优劣之分。庆幸的是，人身体的这种基础材质不是固定不变的，而是"强可以变弱、弱可以变强"。正因如此，体质健康教育的目的就是提升身体基础材质的质地与性能，体质健康水平就像心理学的智商或智力水平一样，具有基础性的价值意义。

体质健康教育不像传统意义上的教育，知识即知识、技术即技术，学会了知识、技术就完成了学习目标，教育内容与结果是相对的线性相关；而体质健康教育，健康知识与技能的掌握只是参与身体活动的前提，只是促进体质健康的条件，即在促进体质健康的过程中，"知"只是"行"的前提，由知到行、由行再到状态与结果的达成才是体质健康所要达到的目标。同时，这一目标只有更好、没有最好，只有起点、没有终点，是一个将要永远持续的螺旋增进过程。

在这个过程中，有多内容的知识需要掌握，如动作技术的力学知识，身体的生理与解剖学知识，锻炼的体育学知识，学习过程的教育学知识等；行为包含了日常生活的全部，如饮食热量、睡眠时间、能量消耗；范围涵盖了个体生活空间的大多群体，如家庭成员互动、与他人一起参加活动、帮助与支持他人、发现与探索健康规律、争当健身与健康榜样、促进社会氛围。

在这个过程中，有多种行为需要实践。如从体质健康成分来看，体质成分、心肺功能等任何单一的方面都非体质健康的全部，需要提高每一重要的成分才能提高整体体质健康水平；从健康的实现方式来看，良好的生活方式与习惯是促进健康水平的重要保障，需要确保学生参与身体活动、形成健康的生活方式与习惯；从体质健康实现的层次来看，每一层次的健康水平都是身体器官、结构功能的整体表现，需要从肌肉能力、器官功能甚至部分肌群、骨骼、器官等个别入手，才能逐级、逐步提升整体水平；从参与身体活动的影响因素来看，环境氛围等条件因素虽不能直接促进体质健康水平，但却是个人参与身体活动的重要原因，每个个体承担相应的个体责任和社会责任，这既是整体健康氛围形成的必然要求，也是个体体现社会价值的重要方面，更是体质健康教育培养学生个性特点和社会交往的重要内容。

(三) 主体的复杂性

1. 教学活动中主体地位的变化

尽管"双主体"已经定位了学生的主体地位，教学活动是教师与学生协同活动的过程。但在教学活动中，主体的性质会因任务不同而发生变化。如果将教育活动仅抽象地看作一种社会实践活动，那么这种活动的主体就是教师；如果仅考虑教育活动的目的是学生通过实践获得成长，那么实现教育的主体一定是学生；如果教学活动必须以学生为中心，那么教师只能是主导作用；如果把教学活动看成"教"与"学"的双边活动，那么必须有"双主体"才能得以完成。此外，由于视角不同，各自的侧重点也会有所变化，如对于传授已有的知识经验，教师有更为重要的主体意义；对于学生自我探索与发展，学生的主动性的地位则更为突出；对于目的方向明确的发展提高内容，教师的主导尤为关键；对于需要进行有效的双向互动实践内容，二者缺一不可。

2. 教育活动中主体性质的变化

显然，"双主体"依旧没有摆脱学校的教学活动范围。而对于体质健康教育而言，课堂教学不足以使学生达成良好生活方式和习惯的目标。因而，必须从更高的哲学角度考虑教育活动的出发点、目的和过程，才能全面地把握教育的社会意义和价值，符合体质健康教育必须要延伸到学生日常生活全部的内在要求。对于此，以下两种教育理论可以参考。

一是主体间性理论。该理论认为，教育的实质是人的生存方式，是主体间的交往活动、对话活动、理解活动；主体间性是现代教育的本质所在，主体间性活动过程是现代教育的关键所在。主体间性即交互主体性，基于主体间的存在关系，不把自我看成独立的个体性主体，肯定活动的主体与主体之间具有相关性、统一性，主体间具有交互、共存的关系。主体间性活动是自我主体与对象主体间的交互活动。显然，主体间性教育超越了普通意义上的教育，从更深层次剖析教育本质和教育过程，从一味强调主体过渡到活动的交互关系，使教育主体从孤立的个体性主体变为交互主体。

二是活动教育理论。活动教育理论认为教育活动是一种特殊的培养人的活动。人的心理发展首要的是人的活动、意识形成的过程，其核心是活动的形成过程，人的意识发展正是随着活动的变化而发展的。强调学生的一般发展唯有通过学生的主体活动才能实现，活动是学生一般发展的现实基础，以观察能力、思维能力和动手操作能力的培养和训练为核心。任何一种活动，都是适合于主体一定需要，具有一定动机，为一定目的所组成，而实现目的动作又由客观对象条件所决定的操作来完成。其中，学习结构有需要、动机、任务、动作、操作五个要素，强调教学内容的理论性、教学方式的活动性、思维形成的抽象概括性。

可以看出，尽管二者侧重不同，但是核心都是教育活动过程本身，这与体质健康重在促进过程的逻辑基本一致。其次,二者在肯定主体之外,分别从活动中的主体间关系、从活动任务或动作目的,考虑意识发展或教育活动效果。这使得体质健康教育不局限于教学,能够拓展至学生日常生活的全部,如在家庭、学校、社会等不同环境及其不同类型的活动中,能够依据任务的不同,全面、深入地考虑相关主体的关系,即责任、义务。

3. 体质健康教育主体的多面性

即使出于常识考虑,也能发现日常的锻炼、饮食、睡眠及走、坐、站、躺等行为方式是影响体质健康的重要因素,而这些远远超出教学活动的范围。对于学生体质健康教育而言,课堂教学活动仅能涉及的是如何科学锻炼、健康饮食、充足睡眠和相对合理的走跑跳投、坐卧站躺等行为方式,其时间和内容也仅是日常生活极其微小的一部分。至于这些科学的行为方式能否成为持久的健康习惯,更多地取决于教学活动以外的日常生活。当日常生活中的环境氛围有利于这些良好行为方式的巩固强化时,就有可能成为持久性的健康习惯;相反,当日常生活环境对良好行为方式的形成和巩固不能起到强化作用甚至相悖时,课堂教学的行为内容就可能泛化或毫无意义,坏的行为方式就会成为持久的不良健康习惯。

正因为学生体质健康的发展涉及生活的方方面面,学校中课堂教育的内容所占比例太少,教学活动无法独立、完全解决学生的行为习惯问题,即学生体质健康问题,所以近年来教育界对建立"家庭、学校、社会齐抓共管的联动机制"的呼声越来越高。这一呼声既体现了学生体质健康教育的本质所在,也说明了教育所应涵盖的环境范围包含日常生活的方方面面,也必然决定了教育主体超越了一般意义上教育主体的范围,不仅仅是学生和教师的问题,还包括家庭、学校、社会等在不同层面教育主体。

同时,主体的意义也不局限于主体本身的地位问题。其一是因活动的环境、类型、任务不同,主体的性质及主体间的关系不同;其二是因活动需要,不同主体承担的义务会不同;其三是不同动作目的承担教育活动效果的任务、要求不同。

二、体质健康教育的环境

无论是基于改造客观世界的主观要求,还是基于活动理论的效果要求,有目的的任务将改造任务、活动任务相联系,是所有客观实践活动的核心。基于此,体质健康教育任务所涉及的活动范围,就是体质健康教育所包括的基本环境。体质健康教育的任务范围决定了教师、学生、家庭、学校等相关的人或群体、机构都要承担一定的权利义务,并且随着内容范围的变化,表现出一定的主体性地位和特征。这些主体是体质健康教育活动权利义务的承担者,是完成目标、任务的实施者,关系着教育活动的实施效果。

与一般意义上的教育相同,课堂教育或学校教育通过对影响健康的日常锻炼、饮食、睡眠及走、坐、躺等行为方式进行归纳总结、抽象分类,将系统化的知识体系安排于教学之中,培养学生树立正确的健康观念,掌握相应的健康知识和健身技能,规划个体健康发展方向,并为学生设计相应的健身环境和健康导向,引导学生参与身体活动,承担个体和社会健康责任。在这个层面上,学校是环境主体,教师是导向主体,学生是个体学习和发展的主体。

但学校教育仅是引导价值观念、学习健康知识、掌握健身技能、设计特殊的参与活动情景等部分内容,这些观念、原理、技能能否真正强化、巩固、应用还要看家庭、社会等其他影响习惯建立的环境要素及其他主体要素。就本质而言,学生是接受教育内容的主体、是实现教育目标的主体、是实现自我发展的主体,永远是体质健康教育的主体。但因其涉及的目标、内容、过程、范围更为复杂,学生以外的其他环境及主体也尤为重要。如在国家、社会、学校、家庭不同环境中,不同层面对学生良好生活方式和习惯的培养都有不可推卸的责任,各个层级与环境机会出现新的"主导"及新的"主体",并且在不同环境氛围中可能从学的"主体"变为实施的"主体"及形成良好氛围的"主导"。

(一)学校

学校教育,特别是学校体育直接肩负着"增强学生体质"和"促进学生健康"的使命。学校更是学生体质健康教育的主阵地,承担着将"健康第一"的指导思想落到实处,具体落实、推进学生体质健康工作的重任。

1. 传授健康相关的知识经验(见本章 第一节,教师主导作用的具体内容)

2. 监控学生体质健康发展趋势

学校是科普健康知识,教授健身技能,组织健身活动,督促自主锻炼,引导健康方向的主体阵地,也是提高学生体质健康水平的重要场所。教育部要求学校每年要对所有在校学生进行《标准》测试,各级各类学校的校长是学生体质健康工作的第一责任人,各地区、学校每年要对测试结果实行统一公告制度。可以看出,测试的目的不仅仅是按照教育部要求上报测试结果,更重要的是检验上一年度学校体育的开展效果并为下一年度的学校体育工作提供依据。

《标准》测试结果包含了学生性别、年龄、生源地、年级、班级等基本信息特征,包含了测试教师、测试方法等过程特征,包含了体质健康的测试指标和等级评定。因此,学校需要从多角度进行统计分析,监控测试过程、测试结果,对比体育课堂的教学效果、课外体育的开展效果、学生课余自我锻炼效果,有效诊断学校体育的开展效果并为体育教学工作提供基础依据,切实提高学生体质健康水平。

3. 制订健康促进制度措施

目前我国学生体质健康促进工作的总体形势是以学校为依托,遵循政府主导、部门协作、家庭支持、社会参与的原则。一般学校通常的做法是通过早操、体育课和课外体育活动等形式,保证学生在校期间每天校园体育活动时间不少于1小时。

学校围绕提高学生体质健康水平的目标,涉及教授健康知识、传授健身技术、培养运动技能、引导参与身体活动、督促自主锻炼、培养健康习惯等内容,需要通过早操、课间操、体育课和课外体育活动等环节和开展知识讲座、运动会、健康体检等形式去具体落实,需要在学分设定、学业评定、评优评奖、升学就业等评价导向中去激励、引导学生,需要组织人员、协调分工、在提供场地设施及预防运动损伤等方面保障学生健康成长。显然,提高学生体质健康水平的重任需要具体落实到各种学校活动过程中去,如果没有全面、系统的规章制度,难以落实、保障有效的实施过程;没有科学、合理的措施,难以激励、调动各方主体的积极性。

4. 改善体育场地设施条件

体育场馆设施和器材设备是保证体育教学,课外体育活动和课余训练,竞赛正常进行所必不可少的物质条件,是落实"健康第一"指导思想的具体措施,是学校基本教学条件建设的有机组成部分,也是检查、督导、评估、规范学校办学工作的重要内容之一。为此,教育部专门印发了《小学体育器材设施配备目录》《中学体育器材设施配备目录》《普通高等学校体育场馆设施、器材配备目录》，以确保体育场馆设施器材的建设和配备。截至 2019 年年底，全国人均体育场地面积 2.08 平方米，比 2003 年的 1.03 平方米、2013 年的 1.46 平方米有大幅提高，但与美国的 16 平方米、日本的 19 平方米依旧有很大差距。其中，第六次全国体育场地普查数据公报显示，教育系统体育场地占 38.98%，与日本学校体育设施数量占全国 70% 的比例还相差甚远。

如果把教育看成是一种向学生提供"服务"的过程，那么学校就是要为学生提供不断改进的、健康良好的、动态适宜的条件和环境，教育活动就是在服务中帮助学生生成和发展各方面素质的活动和过程。尤其与学生体质健康促进相关的活动，更是以体育实践活动为主，高度依赖于丰富、优质的体育场地设施条件，学校对体育场地设施的硬件建设、软件配套就显得尤为重要。

5. 组织丰富的校园健身活动

体质健康促进及体育运动的特殊性在实践参与性。尽管，体质健康促进不像竞技体育对专项技术、能力要求那么苛刻，但是在健康的方向上，自主参与是前提条件，参与类型、参与过程的量与度是实现健康目标的关键。在过去很长的一段时间里，我国学校体育陷入了一个技术教学的死循环，小学在教篮球、排球、足球，大学还在教篮球、排球、足球。在这种情况下，学生自主参与锻炼的时间不多，参与竞赛、活动的过程不多，身心能量的调动变化不大，生理、心理机能难以得到充分发展。

顾明远先生说："教书育人在细微处，学生成长在活动中。"2020 年，教育部要求学校体育必须做到"教会、勤练、常赛"，尤其将比赛置于一个突出的位置。这就预示着各级各类学校要重视学生参加各种体育竞赛活动，经常组织各种体育竞赛或健身活动，如不同规模、不同级别、不同项目、不同形式的竞赛活动，充分发挥在竞赛过程中促状态、显意志、用策略、调控情绪变化、感受成败得失、促进团结协作、激发拼搏精神等作用，实现体育的育人功能和促进健康的目的。

6. 创建良好的校园健康氛围

良好的校园文化氛围是青少年健康成长的关键。为传播正确的健康知识和行为，加快全社会形成健康生活方式，2021 年 6 月国家卫生健康委员会等 4 个部门印发《营养与健康学校建设指南》，以中小学校为突破口，关注少年儿童生命全周期、健康全过程，从食品安全、合理膳食、科学运动、口腔健康、视力保护和心理健康等多个维度提出规范化要求，以全面促进学生健康成长。教育部明确表示，前期营养与健康学校类似的建设主要侧重健康环境营造等方面，足以显示国家对青少年成长环境氛围的重视。

学校在体质健康促进过程中要善于运用环境的育人功能，利用环境建设、理念倡导、组织活动、号召参与、评选优秀、人物宣传等多途径宣传健康知识、健身活动，建立风清气正的健康新风尚。动员师生齐参与，引领学生向往健康、追求健康、崇尚健康的意识观念，增强学生在健康促进过程中的参与感、获得感和成就感，形成生龙活虎的校园健身场景和良好的校园文化氛围。

(二) 家庭

家教是古老而永恒的话题。在传统意义上，是指家庭内道德、礼节的教育。实际上，家庭教育不可避免地包含了父母言传身教的全部，是孩子价值观念、性格习惯、行为举止雏形的摇篮，并且影响深远。19 世纪德国学前教育家福禄培尔(Fröbel)说："国家的命运与其说操控在掌权者手中，倒不如说是掌握在母亲的手中。"苏联教育家苏霍姆林斯基（Cyxomjnhcknn）说："家庭要有高度的教育学素养，如果整个社会首先没有家庭的教育学素养，那么不管教师付出多大的努力，都收不到满意的效果。"

体质健康教育不像一般的技术或知识教育，它是健康生活方式与习惯保持的结果，受重视与不重视观念的左右，受对运动量多与少、大与小认识的胁迫，受行为积极与消极方式的影响，受良好和不良环境氛围的制约。甚至吃得多与少、快与慢也要影响营养摄入、吸收与代谢，做与不做家务劳动也直接影响着能量消耗。因此，它是"大教育观"育人过程的代表，需要从塑造良好的性格习惯和生活方式开始。

在体质健康领域，与"家长把孩子成长的责任推卸给学校"的现象不同，家庭必须承担起促进孩子健康成长的责任。

1. 保障健康相关条件

习近平总书记指出："家庭是人生的第一所学校，家长是孩子的第一任老师。"家庭给孩子成长提供了基本的物质基础和精神空间，父母作为家庭教育的主要实施者，要保障孩子成长所需的主客观条件。在主观方面，对孩子的健康成长要有正确的健康观念，要有促进健康的决心，要有期盼效果的信心，要有容忍失败的气度，要有坚持不懈的耐心。在客观方面，给孩子提供所需的健身器材、健康产品，创建良好的健康、健身环境氛围，保障孩子有更多参与身体活动的时间，鼓励孩子参与更多形式的身体活动空间。

此外，父母必须从膳食平衡、作息规律、经常健身等方面以身作则，在树立榜样的同时，鼓励孩子在各种健康、健身环境中争当榜样。在与孩子共同参与、互动交流、倾听心声的过程中要有鼓励孩子尝试、体验、领悟的意识，要有平等的姿态、赞美的语言、欣赏的态度、共情的体验。

2. 监控体质健康状况

学生体质健康状况是一个复杂的指标体系，各指标代表了不同的健康内容成分，是青少年身体生长发育规律的体现。

一是体质健康状况是体质多方面的综合反映，包含身体形态、生理机能、身体素质和运动能力等内容，各内容分别占有相应的权重，需要全面综合评定。如BMI测量的是身高、体重，表现的是身体成分，代表的是身体形态；肺活量测量的是肺的通气能力，表现的是呼吸系统的生理机能，代表的是器官功能；50米跑测量的是跑动的最快时间，表现的是身体的速度灵巧，代表的是身体运动能力；坐位体前屈测量的是坐位时手所能伸到的最远距离，表现的是身体柔韧性，代表的是肌肉、韧带的弹性。

二是各年龄段有不同的指标体系，共同指标代表了体质健康内容成分的共性特征，不同指标代表了青少年身体生长发育的阶段性特征。其中共同指标从小学一二年级到大学各年级都要测试，有BMI、肺活量、50米跑、坐位体前屈等。不同指标是各学龄段特有的测试指标，总体上呈增加和分化趋势，如小学一二年级只有1分钟跳绳，以协调灵巧为主，综合体现身体素质和运动能力；小学三四年级增加1分钟仰卧起坐，开始发展腰腹力量；小学五六年级增加50米×8往返跑，在协调灵巧的基础上综合体现身体机能和肌肉发展；初中以后开始分化，增加立定跳远体现下肢爆发力，增加引体向上体现男生上肢力量，增加1 000米跑（男）、800米跑（女）专门体现心血管耐力，1分钟仰卧起坐成为女生腰腹力量的专用指标。

三是各指标有不同的权重，代表了学生不同阶段不同健康内容的发展方向和重要程度。如各学段的共同指标中，BMI、肺活量、50米跑分别占15%、15%、20%，坐位体前屈则在小学一二年级占30%、三四年级占20%、五六年级以后直至大学只占10%；1分钟跳绳在小学一二年级、三四年级、五六年级分别占20%、20%、10%，初中以后则被其他指标代替；50米×8往返跑只有小学五六年级有，占10%；1分钟仰卧起坐从小学三四年级开始一直到大学阶段，各学段分别占10%、20%、10%，但初中以后是女生腰腹力量的专用指标；初中以后增加立定跳远、引体向上、1 000米跑（男）/800米跑（女）指标，分别占10%、10%、20%。

由于少年儿童身体本身就在自然增长，不同指标在不同学段有不同的锻炼标准，父母既要考虑标准参照，还要考虑个体参照问题。尤其在少年儿童成长初期，孩子对身体、心理及健康的了解是茫然或不足的，父母对孩子体质健康状况的监控就尤为重要，且孩子也需要在父母的帮助下认识身心规律、了解健康知识、感受锻炼效果。

3. 监督日常健康行为

日常健康行为是健康促进的基本保证，包括合理饮食、充足睡眠、经常运动、日常交通与劳务、坐立站行的言行举止等。它与不良行为存在此消彼长的关系，因而也是防范、减少不良行为的必要策略。

对家长而言，可能更易于接受专门体育锻炼对健康的效应，而易于忽略孩子日常举手投足等司空见惯的具体问题。但是，这些行为表现不仅是消耗能量的方式，更是性格习惯的重要组成部分，更严重的是会成为伴随孩子一生的行为方式，甚至会一代一代地传递下去。因而，从动作规律看，走、跑、跳、投、坐等人体动作都需遵循骨骼肌肉规律，如坐姿要端正、抬头挺胸、肌肉支撑均衡，防止因跷二郎腿、弓腰驼背、用力不均等使骨骼变形或身体一侧肌肉畸形发展；从能量消耗来讲，幅度大、规范的动作要比小动作消耗的能量多、注意参与多，快的动作要比慢的动作效率高、能量消耗多，日常积极的心态及欢快的表情、大方的举止会比消极的心态及无肢体语言、僵硬与沉闷的行为方式消耗更多的能量；从身体姿态看，走路时抬头挺胸、提臀收腹、昂首阔肩、大步流星体现的是精神焕发、斗志昂扬，同样也会使身体形态更加匀称、肌肉更加健硕，相反则会萎靡不振、臃肿无力；从行为内容看，经常参与家务劳动，经常与父母一起运动，经常邀请同学朋友一起活动等，会增加活动内容，进一步会影响心智和社会互动能力等。

因此，在家庭教育中父母不但要从科学运动、合理膳食、充足睡眠等大的方面引导、监控日常健康行为，更要从洗脸、刷牙及坐、卧、行等举手投足的细节方面注重培养孩子日常行为方式的标准，使之养成良好的生活方式和健康的生活习惯。

4. 引导参与家务劳动

劳动是人类社会生存和发展的基础，是人维持自我生存和自我发展的唯一手段。与此不同，家务劳动是一种无报酬的劳动，甚至很多人认为："家务劳动不是商品生产，因而并不生产价值。"在这种思想驱动下，常见的现象是："父母认为学习要紧，不让孩子做家务""到了初中，还不会洗衣服，更不要说做饭了。"

然而，美国哈佛大学的学者们在进行了长达二十多年的跟踪研究后，得出一个惊人的结论：爱干家务的孩子与不爱干家务的孩子，失业率比为1∶15，犯罪率比为1∶10；离婚率与心理患病率也有显著差别。显然，家务劳动关系影响到孩子今后的就业成才和生活幸福，是孩子身心健康发展的必要条件，是树立劳动意识、培养劳动习惯的需要，是模仿学习和尝试体验的雏形，是运用方法策略的开始，也是共同承担义务的需要。

在此，一是洗衣服、做饭、扫地、整理房间等家务劳动具有能量消耗的性质；二是参与和面、包饺子、揪面片的过程，孩子可能在快乐体验中增加能量支出，更能形成习惯性的行为标准，与懒散、磨蹭、僵硬、缓慢的动作方式或行为风格形成鲜明对比，成为性格习惯的一部分，并影响着日常生活的体力支出。

5. 鼓励参与社会互动

社会互动也称社会相互作用或社会交往，它是个体对他人采取社会行动和对方作出反应性社会行动的过程，即我们不断地意识到我们的行动对别人的效果，反过来，别人的期望影响着我们自己的大多数行为。它是动物存在的重要方式，是个体参与社会、适应社会、融入社会，成为其中一员的必要过程，是学生心智发展、"自我"意识形成的主要条件。

社会互动也是交换酬赏和惩罚的过程。如果我们的观点得不到认可和赞同时，体验的就是不适，不愿进行下一步的活动，互动可能终止。但是，如果在参与身体活动的社会互动中，身体活动的形式使我们有快乐的体验，身心能量、策略方法自然而然地就会得以充分调动，合作、竞争的互动就会更为有效；同时，冲突、强制和顺从与顺应等就可能被弱化，活动得以顺利进行，良好的状态、情绪、意志等得以强化。

尽管每个父母都希望自己的孩子在与他人的交往中得到尊重、认同与赞扬，并避免失败与痛苦，然而只有获得、成功是不存在的理想人生，也是不完整的人生过程。社会互动是成功与失败、幸福与痛苦并存的过程。在以体育运动为代表的身体活动过程中，是具有完整的心智参与、情绪体验和调整的过程，孩子能够为赢而拼搏，也容易接受失败考验，在释放自我、展现自我的同时，输与赢的过程得以完整，自我意识得到强化，心智得到发展、人格得到完善。

父母要经常引导孩子多参与社会活动，如和孩子一起做家务，一起参与锻炼；鼓励孩子邀请同学、朋友一起参加更多的社会活动，如登山、旅游、做游戏等。鼓励孩子展现自我，如给更多的人展示自己的知识、技能；用自己力所能及的方式帮助他人，组织、号召同学、朋友一起实现某种愿望、开展某项活动。

6. 督促日常健身行为

健身行为是指包括自我锻炼、运动竞赛在内的所有有目的的身体活动，是学生体质健康促进最为重要、见效最快的重要方式。原本体育锻炼、运动竞赛、体育活动等身体游戏具备天然的娱乐特征，是最为吸引少年儿童的活动内容，但在电子游戏、手机娱乐、影视作品快速发展的今天，身体活动失去了原有的吸引力。但是，健康促进的规律又不以孩子的倾向为转移，需要经常性的健身行为。同时，少年儿童的自制力不足，需要父母经常性的督促，才可能保证孩子有更多的健身行为。

父母在督促孩子健身行为的过程中，要注意孩子的兴趣爱好，尽可能地增强孩子的快乐体验，使孩子有更多的倾向去参加健身活动，如多参加喜欢的运动项目，参加更多游戏性质的身体活动或更多有新鲜感的活动；同时注意采取多种方式方法，运用内部、外部因素去调动孩子的积极性，如运用榜样效应、增加锻炼氛围、设定合理目标、给予适当奖励或鼓励与家人、同学、朋友一起参加活动并鼓励孩子自我展现，以便增强活动过程的收获感、体验感；此外，注意引导在体育活动中培养意志品质，使孩子有更好的自制力去坚持健身行为，形成良好的健身习惯。

(三)社会

社会指在特定环境下共同生活的生物,能够长久维持的、彼此不能离开的、相依为命的一种不容易改变的结构。社会包括了一个人成长中所有社会关系的总和,人的思想、才能和性格的形成与发展,脱离不了社会政治、经济、文化等结构等的影响,甚至决定着相应的生活方式、生活秩序和道德风貌。除先天遗传影响外,家庭、教育是影响人成长最关键的环节。一个人从生下来以后,首先接受的是家庭教育,然后接受学校教育,最后才是在社会这个大家庭里进行再学习、再实践,进一步锻炼和提高自己各方面的能力和素质。

和以往相比,今天的孩子成长环境和条件更加优越,同时也面临着新的挑战。例如,近视率增高,肥胖低龄化,上肢力量退化等问题。如何让孩子们科学饮食、合理运动,建立良好生活习惯?面对触摸着电子屏幕成长起来的一代,怎样更好处理虚拟世界和现实生活的关系,避免网络沉迷等不良现象?如何进一步构建德智体美劳全面培养的教育体系,为成长成才打下更好的基础?让孩子们在新的时代更加全面、健康成长,既是家长和学校的责任,更是全社会的共同课题。

1. 关爱少年儿童的健康成长

少年儿童的健康成长离不开全社会的守护、支持、鼓励与帮助。反面因素不言而喻,不良的社会风气、关爱缺失,一定会给童年的心灵留下难以修复的创伤,并会深远地影响未来的观念、行为。只有全社会共同呵护少年儿童的健康成长,才能形成健康的沃土,让少年儿童成长为心怀远大抱负,有知识、有品德、有作为的顶梁柱,为实现中华民族伟大复兴的中国梦时刻准备着。

科技迅猛发展,青少年的身心规律越来越清晰、明确。同时,随着生活条件更加优越,人们的生活方式已经和正在发生着重大的改变。如何在变化着的环境中,使青少年在当前和今后生存环境中都能健康成长,是当前面临的重大问题。如日常体力支出减少、营养摄入过多、久坐不动时间增多,肥胖、近视率增加,玩游戏、刷手机现象暴增等,这些会严重影响青少年的健康成长。当家长、社会唯"成绩"论成败时,那睡眠、锻炼、参与社会活动时间一定会减少;怕"吃不饱"时,营养就可能过剩;怕"累着""冻着""伤着",那身体锻炼就可能不足。

因此,一是对青少年的关爱需要尊重健康规律的关爱,不是茫然的"多吃点""别累着";二是少年儿童的健康成长需要从日常生活的全过程和方方面面做起,不是简单的几节体育课就能解决;三是需要全社会的健康理念和共同呵护,在党和国家、各级政府、社会团体关爱少年儿童身心成长的基础上,更依赖于与少年儿童日常密切接触的人和环境。

2. 营造有利于青少年健康成长的社会环境氛围

社会文化环境是人类在长期的生活和成长过程中逐渐形成的,在一定文明的基础上,特定社会、群体中的不同成员会一再重复特有的情感模式、思维模式和行为模式,包括人们的价值观念、信仰、态度、道德规范和民风习俗等。它不像其他环境因素那样显而易见、易于理解,但人们总是自觉或不自觉地接受这些准则作为行动的指南。"孟母三迁"的故事讲述了孟子的成长经历,说明了周围环境氛围对人成长的重要作用。

在中华民族发展的历史进程中,"重文轻武""以脑力劳动为荣,以体力劳动为耻""以食大鱼大肉为荣,以食粗茶淡饭为耻"等思想与现象严重影响、制约着我们对健身、健康的观念和行为。与之相反,"野蛮体魄""增强体质"思想、"奥运争光"计划、"全民健身"

计划、"健康第一"理念、"健康中国"战略等激励了或正在激励着一代又一代人的身体观念和行为。我们不去谈论各种文化环境的历史局限性，可以肯定的是，我们已经从改变积贫积弱时期转变到屹立于世界民族之林时期，从追求奥运光环过渡到了"全民健康"，并正在朝着"健康中国"伟大复兴的梦想发起冲击。

在这个关键的历史时期，习近平总书记再次强调"野蛮其体魄"的"本源""超越""开拓"意义，同时强调："各级党委和政府、全社会都要关心关爱少年儿童，为少年儿童茁壮成长创造有利条件。"当前，国家全面部署《"健康中国 2030"规划纲要》，教育部酝酿"全面深化体育教学改革"方案，国家体育总局正在推进"体教融合"路径，国家卫生健康委员会以《营养与健康学校建设指南》提出了规范化要求。

在中华民族伟大复兴的道路上，更多人需要有追求健康的意识、评价健康的准则、鼓励少年儿童健康成长的勇气、督促青少年健康行为的正气、提供青少年健康促进的环境和条件，积极营造有利于青少年健康成长的环境氛围。

3. 形成家庭、学校、社会各负其责、互为一体的合力机制

我们必须要明确，学校教育不足以使学生养成良好的生活方式和习惯，学校教育的成果必须延伸到家庭、社会等其他影响习惯建立、保持的环境，这是体质健康教育的必然要求。这一过程是大教育观的实施过程，教育不仅在时间上贯穿人生全程，在空间上也往往充注于人生所处各种场所，最终目标是为了改善生存处境、提高生活质量。在这个过程中，学生既是受教育者，又是自我教育者，最终要通过提高个人的学习和实践能力、实现个体健康发展。要培养学生在任何情况下都可以自由地取得学习、训练和培养自己的手段，即一边学习着、一边实践着，掌握的是手段、提升的是能力。

在这种情况下，学生的健康成长，离不开家庭的"无言之教"、学校的"特殊习得"、社会的"环境氛围"，只有父母以身作则，学校传授科学的健康知识和技能，国家有法律与政策的保障，社会有健康的价值观念与评判准则和相应的设施条件，才能使健康习惯的培养成为可能，并且其成效决定于学生生活环境的社会整体合力。

只有注重在日常生活中培养健康习惯，通过明确学生在家庭、社区、学校等环境中的具体行为指向，使不同环境中培养习惯的指引导向相一致，并能充分发挥不同环境的独特作用且协同配合，才能落实学校教育和家庭言传身教的"培养"过程，引导学生自我"修炼"，形成家庭、社区、学校全方位"熏陶"和强化健康习惯的环境，真正将学生体质健康融入生活，强化学校的教育结果，保障健康行为习惯的养成。

第四章 体质健康教育的内容

第一节 体质健康领域内容

一、体质健康教育内容范围与选择标准

体质健康教育内容是指为实现体质健康教育目标,经选择而纳入教育活动过程的知识、技能、行为规范、价值观念、世界观等文化总体。

教育内容也有狭义与广义之分。一般性的教育内容大多是以课程的形式或在课程中体现的,即狭义的学校教育内容。但是,健康促进的本质是改变生活方式,而生活方式是生活的具体活动方式,具体体现是行为,即健康促进的核心是改变生活中的行为,使其朝着健康的方向发展,并在长期持续累积的过程中逐步实现较好的健康能力或状态。体质健康是健康中最为基础和核心的部分,其教育内容范围涉及日常生活的方方面面,学校、家庭、社会在各自的范围都扮演着不同的角色,承担着各自应有的责任。如果仅定位于学校教育,那么教育的内容一定不全面、不完善,也一定无法达成教育目标。

同时,健康是关系人存在与发展的问题,是其他一切事业、成就的基础。在人的学习、工作、生活中,即使最为基础的能力与状态,也会通过身体的能力与状态体现出一定的健康水平,且不能直接实现,唯有通过学习、工作、生活中等多种行为方式长期积累,才能造就。因而,体质健康教育的内容理应是一种广义的教育内容,泛指能够增进人们有关体质健康的知识技能和影响人们思想观念的所有活动。

然而,如此广泛的活动范围并不都能成为体质健康教育的内容,选择活动内容的标准是:这些活动能否促进体质健康,能否促进学生的身体形态发育水平、生理机能水平、身体素质、运动能力发展水平、心理发育水平和适应能力,并与社会需求相统一,即满足社会需要与满足个人需要相统一。

二、体质健康领域内容

(一)体质健康教育内容与领域内容

领域原指国家行使主权的区域,现在普遍用于社会活动的各个方面,如经济领域、社会领域、技术领域等,在社会活动或思想、学术方面特指该方面特定的范围、范畴。

"学生体质健康"是一个相对较新的概念,最早是在教育部2002年《学生体质健康标准(试行)》文件中正式使用,并在《国家学生体质健康标准解读》中提出了具体的体质五大范畴。作为一个新的特殊概念,学生体质健康有着区别于体育、运动、健身、锻炼等其他概念的内涵,学生体质健康教育有着区别于其他教育活动的特殊内容,促进体质健康的活动类型、内容、方式等也涉及不同的范畴，促进体质五大方面的活动也有相互区别的独有方法。总之，它们各自都有相应的特殊范围，相互区别，相对独立、有自身独有的活动内容与目标体系，又都围绕提高学生体质健康水平这一总体目标形成一个完整的体系和整体范围。

为了明确学生体质健康的基本范畴，清晰展现与其相关的具体因素及其范围，科学指导学生体质健康促进的相关活动，可以引入"领域"的概念，将与学生体质相关的内容看成是一个独立的特殊范围，形成一个新的概念，即"学生体质健康领域"。该领域的内容就是提高学生体质健康水平所应该包含的内容范围。

由于学生体质健康领域具有庞大的体系和多重的内涵，为了明确该领域的具体内容及其范围，将与学生体质健康相关的主要因素称为"主领域"，将各主领域包含的下位内容或影响因素称为"子领域"。主领域与子领域都是范围的统称，各子领域的活动内容才是学生体质健康教育活动的具体内容。

(二) 学生体质健康领域内容

现实经验告诉我们，健康促进不仅仅是体育锻炼的问题，除了需要掌握与健康相关的技术、知识，为明确体质健康内容成分，也必须要积极参与身体活动，确保日常营养摄入与行为消耗，保持能量平衡；同时，在促进学生体质健康的过程中，周边的环境氛围至关重要，学生不但要承担起个人健康的责任，也要承担起促进社会健康氛围的责任，不但自己要有健康的价值观念，也要成为健康生活的积极倡导者；同时，随着我国社会经济的快速发展，健康消费可能成为影响个体的健康行为，且具有明显的后续效应，会促进或妨碍个体和社会未来的健康水平。

为了能够准确地反映学生体质健康相关的因素，使学生体质健康教育或健康促进相关工作有合理的范围和科学的指导，参照美国"体适能教育教学框架"，经过系统调研，我国体质健康教育形成了与健康相关的技术、知识、身体活动参与、体质健康成分、个体责任与社会行为、价值观与倡导者、营养、消费 8 个一般领域和相应的 30 个子领域内容(表 4-1)。

表 4-1　学生体质健康领域教育内容

一般领域	子领域
技术	改善心血管系统适能水平的技术 发展肌肉力量和耐力的技术 发展柔韧的技术 安全防护的技术
知识	身体活动的好处和缺乏活动的危险 解剖学和生理学基础知识 身体活动的生理反应 健康相关的体质成分 训练原则和锻炼要素 影响身体活动选择的因素
身体活动参与	参加身体活动(如有氧运动，有关肌肉力量和耐力、骨骼力量、灵活性、娱乐/社交/个人意义的活动) 制订个性化的身体活动计划并自我监控坚持身体活动计划

(续)

一般领域	子领域
体质健康成分	体质健康评估（包括自我评估）和分析 设定目标，制订改善计划 提高体质健康成分 自我监测并调整计划 达到目标
个体责任与社会行为	社会交往并尊重差异 自我管理 管理体重的个人策略 压力管理
价值观与倡导者	重视身体活动 社会宣传 健康事业与职业健身需求
营养	基本营养和健康饮食的好处 健康饮食建议 饮食评估 计划并保持健康的饮食习惯
消费	区分真假健身产品 做出明智的健康消费决定

三、学生体质健康指导框架

（一）"学生体质健康指导框架"的形成和内容说明

学生体质健康领域内容仅是该领域应该涵盖的内容范围，指明了学生体质健康教育的方向和范围，但无具体教育目标和期望学习结果要求，难以实现对体质健康教育过程的具体指导和监测评估。为了方便相关实施主体查找、直接参照，给学生体质健康各子领域内容设定具体的期望学习结果目标，就形成了包含体质健康领域内容和相应基准要求为一体的框架形式和内容，这就是"学生体质健康指导框架"。

由于我国《标准》的实施主要是为了监测学生体质健康状况，只有组织测试和上报成绩两个主要环节，缺少学生体质健康教育过程，以致于学生误以为《标准》只是为了测试，教师因无可参照的指导依据而无从下手。为改变这种现象，本章的内容主要是以我国现行《标准》为基础，参照美国"体适能教育教学框架"，根据学生身体生长发育程度、可接受程度和体育教学特点等，专门编著体质健康指导框架，以便体育教师指导学生学习相关的健康内容及学生课余学习与锻炼，实现学生体质健康教育过程。

体质健康指导框架的目的是促进在体育教学与学生课余体育锻炼中实现体质健康教育过程，衔接《标准》的导向和结果监测作用，帮助体育教师等相关专业人士指导学生达到相应的基准要求，深度实施《标准》。引导学生建立学生体质健康的学习方向，指出在不同领域应该达到的内容标准，指导学生获取与健康相关的知识、技能和价值，引导学生经常参加体育活动，促进健康的营养选择，以便在学习过程中提高体质健康水平并实现健康的生活。

(二)"学生体质健康指导框架"的基本理念

体质健康指导框架是为了实施体质健康教育过程,提高学生体质健康水平,而根据体质健康领域内容、学生所处阶段编制的学习纲要期望。主要包括体质健康领域内容,3个水平阶段和期望学习结果的基准要求3部分内容。框架采取纵横结构的安排方式,纵向安排8个主领域和30个子领域的领域内容,横向安排低、中、高3个不同的水平阶段(考虑不同水平学生的期望学习结果和依次逐步改善的渐进过程),采取结果描述的形式安排具体学习基准要求,以便指导体育教师等相关专业人士指导学生达到相应的基准要求。其主要的理念是:

①教学框架的目的是建议学生了解并达到更高等级的体质健康,重点是鼓励学生学习更多的健康知识,掌握更多的健身技能,参与多种形式的体育活动,帮助学生将健康融入日常生活,获得健康的生活方式和习惯。

②指导框架是基于所有学生设计的,假设所有的学生,不论性别、年龄、种族或文化背景,都能通过定期参加中等到剧烈的身体活动,提高体质健康水平。框架中包含的健康内容是整体开发的,所有领域都非常重要。

③由于体质健康涉及内容广泛,学生来源、性别、喜好、水平、期望不同,因此,该框架只是体质健康教育期望学习结果的纲要框架,并非严格、具体、标准化的教育标准,目的是为具体内容的制订及学生个性化锻炼方式提供范围、方向指导,并给相关的教学和学习过程提供充足的创新和发挥创造力的空间。

④总体来说,指导框架只是知识体系,需要具体过程去实施。框架包含连续递进的层次和全面的健康范围,不能孤立地学习或教授,应该且必要整合到学生日常锻炼和现有的体育课程中去,可根据个人等级水平来确定锻炼内容与强度、次数,可在运动项目学习中提高肌肉力量、耐力及意志品质等,可根据具体指标开发课程或练习内容。

⑤对于学生个体而言,框架内容需要全面、深度的身心实践,在学习、实践、领悟、调整的过程中,做到从"心"认识,掌握健身知识;以"勤"为先,学习运动技术;以"身"为基,提高身体素质;以"体"为器,运用健身技能;以"动"为契,参与身体活动;从"我"做起,承担健康责任;从"吃"开始,保持健康饮食;以"识"为驱,树立健康观念;以"智"抉择,明智健康消费。

(三)"体质健康指导框架"对学生核心素养的培养

1. 核心素养的内容特征

核心素养即学生发展核心素养,主要指学生应具备的,能够适应终身发展和社会发展需要的必备品格和关键能力。核心素养是为成功地适应未来社会,满足个人自我实现的同时推动社会发展,是学生应该具备的核心知识、能力和情感态度。即明确学生应具备的能够适应终身发展和社会发展需要所必备品格和关键能力(见第一章)。

从《中国学生发展核心素养》的内容可以看出,素养既非具体的知识、技术内容,也非一般的策略、方法与技巧,更非具体的学习、工作、交往等社会活动现象、形式或内容,但总会体现在所有的活动中,要依赖于个体的知识、技术,并会体现出一定的技巧与能力。它是一个人成功适应社会所必须具备的一些关键能力,是个体完成社会活动任务的基础能力,会在活动过程中体现出一个人的素质、教养、习惯、完成任务的能力及其相应的精神面貌,是教育的核心问题,是教育能否培养出社会需要的人及培养的人能否适应社会需求并有更大发展空间的现实问题。

2. 体质健康教育对核心素养的贡献

核心素养的培养与体质健康的促进如出一辙，二者的内容都不是具体的活动内容，但都必须通过一定的活动过程才能培养出来，并必然体现在所有的活动过程中，对所有的活动都有一定的基础作用。同时，没有哪一门课程能够培养出全部的核心素养，需要教育领域的所有学科共同努力才能完成培养人的问题。

在《中国学生发展核心素养》发布之后，各门学科都立足于学科本身，积极探索本学科的核心素养目标，以便为学生核心素养作出应有的贡献。学生体质健康教育作为教育的一分子，必然要承担起自身该有的学生核心素养培养任务。同时，由于其独特的育人价值、广泛的活动内容，还要承担起更大的社会重任。

体质健康指导框架的内容充分考虑到学生核心素养发展的问题，首先以促进学生体质健康发展、有助于学生"健康生活"作为最直接的核心目标，以实现学科特有的本体价值。其次从个体与社会两个维度和家庭、学校、社会3类教育环境总体考虑健康促进问题，以过程培养学生能够适应未来社会发展的其他核心素养为深层次目标。如框架的内容充分考虑到学生的自主发展和探究需要，以目标指引为主要的期望学习结果纲要框架，并非严格、具体、标准化的教育标准。在学习过程中，框架仅提供范围和方向指导，学生需要充分发挥积极自主性，积极探究相关的内容，发挥自己的创新能力，在提高体质健康水平的同时，发展能够应对未来复杂变化社会事务的素质与能力。这些内容主要有，通过组织学习具体知识、技术等过程培养学生解决问题、乐学善学、勇于探究、理性思维、批判质疑、实践创新、自我管理等能力，养成勤于反思、珍爱生命、健康生活的习惯，健全人格、提高身心认知和自我发展水平。此外，还有通过参与社会性身体活动培养尊重理解、沟通交流、责任担当的意识与能力；通过为他人提供支持，引导帮助他人意识、利用信息意识，提高技术运用能力和社会担当精神；通过做家务等日常能量消耗，引导热爱劳动的意识，培养良好的日常生活习惯；通过评估与计划等培养科学意识，提高身体自尊、自我认识、自我监控、自我管理等意识与能力；通过分析他人、群体、政策等，促进国家认同，发展社会意识和人文情怀。

当然，由于人的一切认识与行为本身就涵盖了所有的核心素养内容，核心素养的内容也一定会全部体现在人的认识与行为中。而框架是通过指导学生践行认识与行为过程，目的是达到认识与行为改善的结果。因此，框架指导的具体内容与具体素质和能力的发展难以一一对应，也无法绝对细分，通常是你中有我、我中有你。也因此，尽管框架整体是全面的体质健康促进内容，框架指引处处包含着素质与能力的发展，但最为重要的是需要学生深入、全面的身心实践去领悟、发展，否则难以得到大的收获，而且由于深入的程度不同，领悟的层次和发展的水平也会不尽相同。

第二节　体质健康内容基准

学生体质健康内容基准是各领域内容的基准要求或具体期望学习结果目标，是体质健康指导框架的具体内容，以便指导者能够结合体育教学、课余体育锻炼和学生日常生活行为的具体实际，或学生能够立足于自身体质健康水平，从具体细节内容出发明确并掌握健康相关的知识、技能，参与身体活动，从而达到更高层次的体质健康水平。

一、技术领域

技术领域主要指展示进行各种中等至剧烈运动所需技术的能力,包括改善心血管适能水平的技术、发展肌肉力量和耐力的技术、发展柔韧的技术和安全防护技术4个子领域内容。主要涉及3个方面,一是与体质相关的内容主要涉及心血管适能水平、肌肉力量与耐力、柔韧性3个方面的生理机能水平,尤其与心血管适能水平更是高度相关;二是身体机能水平的改善提高与身体活动密不可分,而所有的身体活动都需要掌握科学的活动技术;三是所有身体活动技术都要以安全防护为前提。因此,在技术领域,以中等至剧烈身体活动为主要活动形式,以安全防护为前提,提出改善心血管系统适能水平、发展肌肉力量和耐力、发展柔韧性等领域相关的技术内容。

在改善心血管系统适能水平的技术中,目标心率是核心指标,强调在实现中等至剧烈强度的身体活动过程中,运用适当的形式(如慢跑、跑步、骑自行车等),实现主观感觉与客观运动形式上的速度、力量、幅度之间的协调统一,以获得良好的身体协调和控制能力;在发展肌肉力量和耐力的技术中,正确使用基本骨骼肌肉技术是重点,通过抗阻力活动发展身体调整能力和使用技巧;在发展柔韧的技术中,重点是教会学生掌握正确的拉伸技术,在充分热身后,拉伸身体不同部位的肌群、韧带,区别不同拉伸方法,掌握不同的拉伸技巧;在安全防护技术中,从遵守日常安全标识和正确使用器材设备开始,到学会一般安全防护措施并能够应对紧急情况。具体内容基准如下(表4-2):

表4-2 展示进行各种中等至剧烈运动所需技术的能力

内容	水平-1	水平-2	水平-3
改善心血管适能水平的技术	●在改善心血管适能水平①的活动(如慢跑、跑步、骑自行车)中,表现出良好的身体协调和控制能力 ●调整步幅,确保心率在目标范围②	●在进行改善心血管水平的活动中,运用适当的形式(如手臂前后摆动)和规则(如走步、跑步) ●调整步幅,使心率长时间保持在目标区域	●在进行改善心血管水平的活动中,运用适当的形式、速度和力量 ●应用主观体力感觉(RPE)③和步速
发展肌肉力量和耐力的技术	●运用适当的形式进行抗阻力活动(如俯卧撑、仰卧起坐) ●正确地进行肌肉力量和耐力锻炼(如举杠铃、跳跃、单足跳) ●展示以自己身体为阻力来发展力量和耐力的能力(如平板支撑、俯卧撑、纵跳等)	●分析、区别基本骨骼肌肉技术,安全参与选定的运动形式(如在伸展运动时纠正骨骼肌肉错误,练习瑜伽、举重等) ●在强化肌肉和耐力活动中,展示稳定重心的能力 ●在阻力训练器④和自由重量(如沙铃、哑铃、弹力带、自制水壶)练习方面展示适当的技术	●在多种情况下运用参与力量和耐力活动所必需的基本肌肉骨骼技术 ●在阻力训练器上展示适当的调整能力和使用技巧,并与自由重量练习相比较
发展柔韧的技术	●展示基本的拉伸技术 ●知道充分热身后拉伸才能更有效 ●理解拉伸是为了增大和维持动作活动范围,并且最好在活动结束时进行	●运用适当技术拉伸主要肌群,展示正确的对齐和无弹动或无关节过度伸展	●展示各种部位正确的拉伸方法(如拉伸颈、肩、腰背、四肢、脚趾与脚踝、膝关节内侧韧带等,展示对齐,无关节过度伸展)

(续)

内容	水平-1	水平-2	水平-3
发展柔韧的技术	• 展示适当的拉伸技巧（如避免膝关节过度伸展、膝盖在脚前方、背部屈曲或过度伸展）	• 展示动态拉伸与静态拉伸之间的区别，以及在锻炼中何时应用	• 展示多种不同的拉伸技术（静态拉伸、PNF 拉伸[5]、主动分离拉伸[6]和被动拉伸）
安全防护技术	• 遵循指示标识，正确使用器材设备，并在学校和社区安全使用 • 应用安全策略，包括使用良好的身体控制能力，遵守安全标志并合理使用器材设备 • 穿着合适的衣服，使用防护设备，保护身体免受天气条件的影响 • 了解哮喘的症状和有效的应对方式，以及预防和减轻哮喘症状的策略 • 识别紧急情况（如有人被坍塌掩埋）及如何获得帮助（如拨打120）	• 展示适当的礼仪，爱护器材和尊重设施，表现出安全的行为 • 能够调整气力以确保安全地使用器材设备 • 在活动期间应用防寒、防热、防晒及保湿的策略 • 认识疲劳的迹象 • 区分水分流失的 3 种病症（热痉挛[7]、热衰竭[8]和中暑）及其症状，明确适当的预防和急救措施 • 明确在寒冷天气中的锻炼问题（如冻伤、体温过低），以及适当的预防和急救措施	• 让自己和他人都能负责任地遵守安全规范要求 • 预计参与活动可能产生的危险后果，并有助于进一步发展和维护规则及使用器材设备，以便安全参与体育活动 • 明确紧急情况（如窒息、溺水）和安全的应对方法（如心肺复苏和一般预防措施），以及如何在紧急情况下获取学校、社会资源 • 学习心肺复苏（CPR）[9]和体外除颤（AED）[10]的相关知识，争取获得急救认证资格

注释：

①心血管适能（cardiovascular fitness）是体质健康或健康体适能的重要组成部分，指由心脏、血液、血管和肺组成的循环系统运送氧和能量物质、维持肌体运动能力的水平。

②目标范围（target zone）是目标心率的范围，是能够起到锻炼效果又不会过度疲劳的理想心率。目标心率=储备心率（HRR）×目标强度+静态心率。其中，储备心率（HRR）= 最大心率（max）-静态心率（resting），目标强度是根据锻炼目标所要达到的运动强度。

③主观体力感觉是锻炼过程中通过主观感觉确认负荷量大小的一种方法，通常用主观体力感觉量表（ratings of perceived exertion，RPE）测量，相应的量表主要从"根本不费力、轻松、费力、精疲力竭"等运动感觉判定运动强度和肌肉疲劳状态。

④阻力训练器（resistance training machines）是在增强肌肉伸缩力量的抗阻力训练过程中所使用的器械，广义而言包括运用克服自身重力的纵跳、俯卧撑等，传统的哑铃、杠铃等器具，以及新兴的阻力带、健身器械等。

⑤PNF 拉伸是 proprioceptive neuromuscular facilitation 的缩写，即本体感受神经肌肉促进法，指在传统的肌肉拉伸过程中，通过增加一个额外的肌肉主动等长收缩阶段刺激本体感受器激活更多肌纤维参与活动，然后再放松到静态拉伸的过程。

⑥主动分离拉伸（active isolated stretch，AIS），是在牵拉之前先收缩目标肌肉的拮抗肌使其张力变大，从而使拉伸的目标肌肉反射性放松，然后对目标肌肉进行牵拉的一种拉伸技术（人体肌肉存在原动肌、主动肌和拮抗肌、对抗肌的交互抑制，即有一部分肌肉拉伸就有另一部分收缩。完成动作时，在原动肌、主动肌收缩过程中，如果相反一侧拮抗肌、对抗肌同时松弛和伸长才能更好完成动作）。

⑦热痉挛（heat cramps）是一种高温中暑现象。在干热环境下出汗过度，或在人体进行剧烈运动且大量出汗时，使人身体中的盐分和水分随汗液一同过度流失，发生肢体和腹部肌肉的痉挛现象。

⑧热衰竭（heat exhaustion）属于重症中暑的一种，由于对热环境不适应，引起的脱水、电解质紊乱、外周血管扩张、周围循环不足而发生的虚脱。主要表现为晕眩、脸色苍白、皮肤湿冷、大汗淋漓呼吸增快、脉搏细速、心律失常、晕厥、肌痉挛、血压下降甚至休克等症状。

⑨心肺复苏术（cardiopulmonary resuscitation，CPR）是一种针对突发性的心脏、呼吸骤停患者、快速采取人工心脏按压、人工呼吸等抢救措施，使患者恢复心跳、呼吸，抢救生命的一种急救方法。

⑩体外除颤是使用自动体外除颤仪（automated external defibrillator，AED）消除患者心室颤动，使心脏恢复泵血功能，挽救生命的一种急救方法。

二、知识领域

知识领域主要是指个体展示出对参加一个能够持续提高体质健康水平的活动所需要的概

念、原则、策略及个体差异的理解,包括身体活动的好处与缺乏活动的危险、解剖学与生理学基础知识、身体活动的生理反应、健康相关的体适能成分、训练原则(频率、强度、时间、类型、超负荷、专项性、渐进性)与锻炼要素、影响身体活动选择的因素这6个子领域内容。这一部分是个体参与健康行为的前提,是提高主观认知水平、科学参与身体活动的基础,主要从提高体质健康水平的动机、动作基础、生理反应、目标内容、锻炼原则、影响因素6个方面加强对基本知识的理解,是科学锻炼的前期准备。首先,从两个前提性要素入手解决锻炼行为的动机和方向问题,理解身体活动的好处与缺乏活动的危险,以提高主观能动性、强化内部动机;明确和健康相关的体适能成分内容,指明行为目标方向。其次,从两个规律性要素入手阐明锻炼行为的依据和原则问题,掌握解剖学与生理学知识是身体动作的根本,是锻炼行为的基本依据;明确基本的训练原则和锻炼要素是进行科学锻炼的内在规律,决定着锻炼效果。最后,从两个客观现象入手说明锻炼行为的伴随现象和影响因素,了解身体活动的生理反应是客观认识身体活动的伴随现象,可有效调控活动强度;明确影响身体活动选择的因素是客观认识自我与环境的必须,个体可主动选择并保障正确的行为选择。

在知识领域中,骨骼肌肉是所有外显身体动作赖以存在的本体,锻炼过程中的负荷水平(如轻度、中等、剧烈等运动强度)是锻炼效果最为重要的指标,遵循锻炼原则和骨骼肌肉特点是提高健康相关体质成分的关键。同时,不容忽视的是,骨骼肌肉的活动效果需要以身体核心稳定性为基础,健康水平的发展程度受环境、技术、营养等条件的影响。所有的这些都以对"身心发展需要身体活动""久坐不动会有健康风险"的深刻认识来驱动,并保证对健康相关知识的正确理解。具体内容基准如下(表4-3):

表4-3 展示对参加和保持一个持续提高健康体适能水平所需概念、原则、策略及个体差异的理解

内容	水平-1	水平-2	水平-3
身体活动的好处和缺乏活动的危险	●了解身体和大脑需要身体活动才能获得最佳功能 ●认识到参与日常体育活动的好处(例如,感觉更好、睡得更好) ●讨论积极活泼和强健身体的好处(如良好的姿势、预防伤害、耐力、力量、良好身体能力等) ●明确定期进行身体活动对健康的影响(如健康的体重、强壮的心脏、良好肌肉力量和耐力、强健的骨骼、健康的肺部、很少生病)	●认识健康身体所产生的效果(如改善认知、耐力、信心) ●分析身体活动对个人产生的心理、社会益处(如提高自尊①、改善睡眠、集中注意力) ●认识身体活动对减轻压力和社会交往具有积极的影响 ●分析健康生活方式的好处,以及营养不良和缺少活动的后果 ●明确参加各种身体活动对心理和情绪(如减压、改善情绪)的积极影响	●对照比较各种身体活动对健康的益处(如改善认知、增加力量和灵活性、心血管耐力、社会交往) ●解释身体活动的生理反应,以及与身体、心理、智力、情感和社会等效益之间的关系 ●分析健康和不健康个体在人生中的不同生活差异
解剖学和生理学基础知识	●描述心脏和肺的基本特征(如大小、位置、功能) ●解释肺向血液提供氧气和从血液中收集二氧化碳②的作用,以及身体系统的相互作用(如血液从消化系统输送营养物质) ●识别并了解基本练习中的主要肌群 ●解释良好身体姿势的优点	●分析某些力量和耐力练习所涉及的肌肉 ●分析肌肉向心、离心和等长收缩②的差别 ●描述肌肉是如何拉动骨骼以产生运动,以及肌肉如何通过放松和收缩来协同工作 ●了解如何保持良好的姿势,以及器官健康、核心稳定性③和良好姿势之间的关系	●预测身体活动对身体各系统功能的影响 ●讨论对抗肌群④力量均衡发展的重要性 ●将向心、离心和等长收缩的概念应用到利用主要肌群的健身活动中 ●分析个人的姿势并确定需要改进的地方

(续)

内容	水平-1	水平-2	水平-3
身体活动的生理反应	• 识别中度至剧烈运动⑤时的生理体征，如心率加快、呼吸加快、出汗和体温升高 • 了解身体活动的生理反应与身体健康和营养平衡的关系 • 区分有氧和无氧运动⑥，及其使用的能量形式，并提供每种活动的例子	• 明确静息心率（RHR）⑦，了解其与有氧耐力水平的关系 • 分析定期参加中度至剧烈身体活动对身体系统（如呼吸、心血管、肌肉、骨骼）的长期影响 • 识别身体活动的个人生理反应	• 了解成人的生命过程中，参与身体活动的方式及变化（即确定年龄对身体活动的生理反应的影响） • 描述身体活动引起的生理变化如何影响成年人社会的、情感的和心理的健康
健康相关的体质成分	• 用基本术语从不同的方面来描述体质健康的特征（如心肺、肌肉、脂肪比） • 明确体质健康成分内容（如心血管、呼吸系统机能，肌肉力量与耐力，柔韧和身体成分） • 明确可以提高体质健康水平的活动	• 对照比较健康相关体质成分（如心血管耐力、肌肉力量、肌肉耐力、柔韧性和身体成分）的异同 • 区分与健康相关的体质内容和与技能相关的体质内容 • 解释如何运用训练原则提高每一项具体的体质健康成分	• 确定个人偏好的方法，并恰当应用训练原则提高整体体质健康水平
训练原则和锻炼要素	• 将身体活动分为轻度、中等、剧烈的工作水平 • 明确"频率""强度""时间""类型"等术语，并将其用于描述身体活动 • 明确基本的练习术语，如"重复"和"组数"⑧ • 区别锻炼的 3 个部分（热身、锻炼和放松），并在活动期间主动开始热身和放松	• 描述 FITT（频率、强度、时间、类型）原则⑨和体适能训练原则⑩（频率、强度、时间、类型、超负荷、渐进、特殊性），以及它们如何影响身体健康 • 使用 FITT 原则（频率、强度、时间和类型）和体适能训练原则（如超负荷、渐进、特殊性）来描述个人锻炼情况	• 将频率、强度、时间和类型等合理应用到日常锻炼中 • 使用适当的技术来分析心率和恢复时间；区分锻炼 3 个部分（热身、锻炼和放松）的心率图
影响选择身体活动的因素	• 感受身体活动的快乐体验 • 描述有助于个人保持健身活动习惯的适当策略 • 分析同伴的不同活动喜好，并能通过改变活动方式使他们更愉悦 • 描述公共机构对健康和健身行为的影响，如校内课外活动，社区、社会安全教育计划及可选的餐饮食品 • 认识"屏幕时间"活动（如看手机、电视、电脑）与身体活动的区别，以及对体质健康的影响	• 描述环境、生活方式、家庭史、同伴等因素如何影响身体、社会、心理和情感的健康 • 对照比较个人特点和活动偏好，包括在生活过程中的变化 • 分析在选择健身活动时，个人态度、动机、自我决定的作用 • 分析哪些影响因素可以通过干预而改变 • 了解学校政策的影响，如对健康或不健康饮食及身体活动水平的引导和控制 • 分析媒体、网络、其他科技手段对个人、家庭、学校、社区积极健身行为的影响方式，如使用互联网、社交网络和心率监测仪	• 分析影响青少年营养和健身行为选择的因素，包括身体意向、时间、成本、适用性、文化，以及同伴、家庭等的环境因素 • 评价改变影响健身行为的方法 • 解释健身决策对个人、家庭和社区的直接和长期影响 • 通过身体活动评估技术手段、媒体和广告等对个人、家庭和社区健康的影响 • 评估环境、公共卫生政策、政府法规，以及对个人、社区健康提升和疾病预防的研究与医学进展等的影响

注释：

① 自尊（self-esteem），即自我尊重，是个体对其社会角色进行自我评价的结果。自尊是通过社会比较形成的，是个体对其社会角色进行自我评价的结果。自尊首先表现为自我尊重和自我爱护。自尊还包含要求他人、集体和社会对自己尊重的期望。自尊有强弱之分，过强则成虚荣心，过弱则变成自卑。

② 肌肉收缩（muscle contraction）是肌肉对刺激所产生的收缩反应。当肌肉用力时，有以下 4 种收缩方式。

- 向心收缩(concentric contraction)是肌肉收缩力量大于外在负荷的阻抗力量时，肌肉缩短，肌肉产生的力量大于外在负荷伸展肌腱的力量。
- 离心收缩(eccentric contraction)是肌肉收缩力量小于外在负荷的阻抗力量时，肌肉被拉长，此时肌肉产生的力量小于外在负荷伸展肌腱的力量。
- 等长收缩(isometric contraction)是肌肉收缩力量等于外在负荷的阻抗力量时，肌肉长度维持不变，此时肌肉产生的力量等于外在负荷伸展肌腱的力量。
- 等张收缩(isotonic contraction)是肌肉张力保持恒定而长度发生变化的肌肉收缩。

③核心稳定性(core stability)是指人体运动中，运动链上的各环节能量能够有效地传输和控制，肌肉做功能产生的最佳效果。最为重要的是人体运动中控制骨盆和躯干肌肉的能力，保证整体稳定和能量有效传递，以及相关的肌肉、关节之间的相互作用。

④对抗肌或叫拮抗肌(antagonistic muscle)，又称拮抗肌，是在原动肌(主动肌)收缩完成动作的过程中，位于原动肌(主动肌)相反一侧并同时松弛和伸长的肌肉。在人体中，主动肌和对抗肌是均衡发展、存在的，是根据动作相互转换主动与对抗状态的，如在屈的动作中屈肌主动收缩，伸肌放松、伸长、缓冲保护。

⑤中度至剧烈运动(moderate to vigorous physical activity)是运动强度的表现，是运动时身体用力大小和紧张程度等运动负荷体现，通常运动强度会分为轻度、中度、剧烈。在此，主要是强调中度至剧烈强度的有氧运动可以有效改善心血管健康水平。

⑥有氧和无氧运动(aerobic and anaerobic activities)是依据运动时人体供能系统消耗氧气的方式决定的，有氧运动是在氧气充分的情况下以消耗糖、蛋白质和脂肪为主要供能方式的运动，通常强度小、时间长、无乳酸堆积；无氧运动是在缺氧状态下以消耗腺嘌呤核苷三磷酸(ATP)和磷酸肌酸(CP)、糖原或葡萄糖供能为主的剧烈运动，通常强度较大，其中ATP、CP供能最快、时间最短，糖原或葡萄糖供能时间稍长，会产生乳酸堆积。

⑦静息心率(RHR)又称为安静心率，是指在安静的、不活动、清醒的状态下，人每分钟的心跳次数。

⑧重复和组数是衡量连续反复动作练习运动负荷的基本术语。
- 重复(repetition)是体育锻炼中对某一动作连续反复的练习，通常用一次练习的最大重复次数来衡量运动负荷。
- 组数(set)是指一次无间歇地重复练习次数。

⑨FITT原则是频率(frequency)、强度(intensity)、时间(time)和类型(type)的缩写，它是人们有目的、有计划、科学地进行体育锻炼所采用的基本监控原则。频率是某一时段内的锻炼次数，如每天1小时、每周至少3~5次体育锻炼；强度是每次锻炼的运动负荷，如心率140次/分以上、中度至剧烈的有氧运动；时间是每次运动的持续时间，如每天30分钟以上的有氧运动；类型是不同类型的锻炼项目，如有氧或无氧，跑步或游泳。

⑩体适能训练原则是频率(frequency)、强度(intensity)、时间(time)、类型(type)和超负荷(overload)、渐进(progression)、特殊性(specificity)的统称，是在提高健康身体适能水平的锻炼中采用的监控原则。主要强调在FITT训练原则的基础上根据个人具体水平，循序渐进地增大运动量，提高体质健康水平。

三、身体活动领域

身体活动领域主要指经常参加提高体质健康水平的身体活动，包括参加身体活动(如有氧运动，有关肌肉力量和耐力、骨骼力量、柔韧性的活动，娱乐、社交、个人意义的活动)、制订个性化的身体活动计划和自我监控坚持身体活动计划两个子领域内容。这部分内容是能量消耗、体质发展关键，在人体主要的3种能量消耗方式中，基础代谢与食物动力消耗可调节变量小，身体活动既是实现吃动平衡最为主要的调节方法，也是改变行为以提高体质健康水平的关键所在。主要涉及参与身体活动的形式、时间和强度等的标准，以及持续参与身体活动的策略与方法，以便最终养成一种积极的身体活动生活方式和习惯。

在身体活动参与中，首先要明确身体活动形式的多样性，并非只有狭义的体育锻炼，还包括与同学、朋友一起参加有体力支出的社会活动，以及日常家务、平时步行、走楼梯、骑自行车、做园艺等消耗能量的日常活动形式。对于学生而言，需要将体育锻炼与日常行为并重。体育锻炼的价值在于专门性的身心潜能开发，即在体育竞赛、体育课、自我锻炼等过程中促进各种身心素质与能力达到更高的水平,也就是常说的促进身心全面发展。日常行为的价值在于,它是生活的一部分,有更为广泛的内容,所占能量消耗比重大,还有着重要的社会性发展意义,如交往、交流等。同时,从广义的角度来看,这个过程是人生活的全部,也是体现、培养学生个性与习惯最为重要的过程。在这个过程中,不但会从言行举止等外显行为方式体现出一个人对人、对物、对事的看法、态度、行为准则、技巧与策略等所有内部意识,所有的内部意识也只能从外显活动过程去培养,且一旦成为日常生活方式的一部分,就成为习惯,无须花费精力或过度注意即可实现。但是,这部分内容往往也易于被大多数人忽视。因此,在专门性的体育锻炼之外,要积极引导学生注重在日常生活与社会交往中实现个人锻炼、社会交往的双丰收,并鼓励对各种形式、情境下的身体活动进行监测,了解能量消耗与支出、掌握身体活动规律,有目的、有计划地监控实施健康目标,获取更多健康收益和社会效益。具体基准内容如下(表4-4):

表4-4 经常参加提高体适能的身体活动

内容	水平-1	水平-2	水平-3
身体活动参与	●符合"阳光体育运动"要求,每天60分钟以上的有氧运动,以及每周至少3次的肌肉和骨骼强化活动 ●充分热身后,参加规律性的柔韧练习	●参加日常生活中的身体活动(如,走楼梯、骑自行车上学、做家务),增加身体活动量 ●经常与朋友、家人一起参加校内校外愉快、富有挑战、新颖的、娱乐性的活动,以实现个人兴趣、自我表现和社会互动	●探索和参与校内外日常健康促进和有个人奖励的体育活动 ●养成一种积极的身体活动生活方式
制订身体活动计划并监控实施	●设定每周或每月的身体活动计划 ●在周末等节假日,和家人、朋友、同学一起参加校外体育活动 ●利用现有的技术(例如,心率监测器、计步器)进行自我监测,制订个人体质健康目标	●根据健康目标、个人爱好、自我管理①技能、环境和社会交互影响创建一个锻炼计划 ●利用现有技术进行自我监测,制订短期和长期的个性化体育活动计划,以改善体力活动②不足 ●使用有效的评估工具来自我监测身体活动(如日志③、心率监测、计步器、秒表)	●为自己与他人制订个性化的体育活动计划来改善体力活动水平的不足

注释:
①自我管理是指个体有目的地对自己心理和行为进行规划、实施、监控、调整,达到目标的过程。这个过程通常是指利用个人内在力量和策略,通过自己动员自己、组织自己、控制自己、激励自己、调节自己,最终实现自我奋斗目标的一个过程。区别于通过施加外在力量,如制度、规范、任务、压力等的约束,限制自己来达到某种结果的管控过程。
②体力活动指任何由骨骼肌收缩引起的,能够消耗能量的身体活动。包括锻炼、健身、家务、体育运动、娱乐活动等所有有目的的体力支出活动。
③日志是详细记录每天某一活动过程与经历的一种形式。有航行日志、工作日志、锻炼日志等不同内容,以及网络、书面等不同形式。在此,主要指对每日身体活动过程的详细记录,将有助于进一步调整类型、方式、时间、次数等变量,以便获得更好的活动效果。

四、体质健康成分领域

体质健康成分领域主要指实现并保持一个能够持续提高部分和整体体质健康成分水平的健康状况。包括体质健康水平评估(包括自我评估)与分析、设定目标并制订体质健康改善计划、提高体质健康成分、自我监测与调整计划和达到目标这5个子领域内容。这部分内容主要是围绕学生体质健康成分的现有水平和想要达到的目标水平所必须进行的步骤方法，基本思路是评估分析→制订计划→具体实施→监控调整→达到目标。

体质健康成分包括身体成分、呼吸系统机能、心血管耐力、速度灵巧、柔韧等内容，即《标准》测试项目代表的体质健康内容。要求个人从评估与分析开始，对个体体质健康内容的整体和部分成分，以及个人的技术条件和运动喜好等建立一个正确的认识。这是设定目标的前提，也是制订具体、现实可行的个性化短期和长期健身计划的基础。在这个基础上，积极、有针对性地参加身体活动是提高个人体质健康水平的关键。在参加身体活动的过程中及时收集信息，利用主观感觉、科技手段等工具进行自我监测，及时修正、调整计划才能确保计划目标顺利实现。具体基准内容如下（表4-5）：

表4-5 达到并保持一个持续提高的健康体适能水平

内容	水平-1	水平-2	水平-3
体质健康评估与分析	●参加《国家学生体质健康标准》测试评估[①]（如身体成分、呼吸系统机能、心血管耐力、速度灵巧、柔韧性等），并找出成绩所处的健康区域及哪些成分需要改善提高 ●明确哪些测试项目与哪些体质健康内容相关 ●将个人具体的体质健康成分水平与《标准》联系起来	●使用更多的知识技术（如心率监视器[②]、电阻抗[③]）来评估体质健康水平 ●用体质健康测试来自我评估体质健康水平，明确每个健康内容指标得分的意义 ●确定需要改善提高的健康成分，以实现个人目标（如3千米赛跑、10千米赛跑、马拉松）	●在对各类评估方法进行充分了解并权衡的情况下，使用个人喜爱的体质健康评估方法，并确定需要改善提高的体质健康成分
设定目标并制订改善计划	●分析个人体质健康评估结果，并选择要关注的健康领域 ●知道如何获得心率（HR）和使用这些信息来调整锻炼强度 ●选择合适的活动形式作为体质健康计划的一部分，并考虑个人喜好、环境和社会交往的价值 ●使用现有技术分析从体质健康评估中收集的信息，制订个人的SMART[④]（具体明确、可量化、可达到、高度相关和有时限的）目标	●基于体适能训练原则（FITT，超负荷，渐进，特殊性），选择合适的活动形式，制订并实施个性化健身计划 ●知道如何计算目标心率，将心率信息（目标心率区，静息心率，高于运动心率区）运用到个人健身计划 ●讨论对抗肌群力量均衡发展的重要性 ●使用现有技术评估个人体质健康结果，并制订中长期健身计划	●制订并实施个人健身计划，处理影响个人体质健康目标的目标心率区、FITT原则和基本训练原则（例如超负荷、特殊性、渐进） ●制订一个计划，训练并参加改善心血管耐力的群体社团活动（如5千米赛跑、游泳、骑自行车） ●分析与个人未来职业有关的体质健康发展状况，及时调整计划
改善体质健康成分	●有针对性地参加基于年龄、性别、个人体质健康水平的身体活动，以改善每个具体的体质健康成分	●有针对性地参加基于年龄、性别的身体活动，以提高具体和整体体质健康水平	●参与可以增强体质健康成分部分或全部内容及个人比较喜爱的身体活动
监控调整计划	●采用便捷方式来监测体质健康状况的变化（如玩耍时呼吸困难可能意味着心血管系统适能水平降低）	●通过定期测试、锻炼日记、监测仪器和App软件程序等监控体质健康发展状况，并根据需要进行调整计划	●探索更多的手段和方法全面监控体质健康成分的改善状况，并根据需要进行调整

(续)

内容	水平-1	水平-2	水平-3
达到目标	● 在体质健康测试评估中，每个测试项都能达到健康范围	● 在体质健康测试评估中，争取个别测试项能达到良好以上水平	● 在体质健康测试评估中，争取更多测试项都能达到良好、优秀等级水平

注释：

①《国家学生体质健康标准》是全国统一的学生体质健康评分标准体系，评估的体质健康内容与测试项目分别是（以大学为例）：身体成分（身高/体重或BMI）、呼吸系统机能（肺活量）、心血管耐力（800米或1 000米）、速度灵巧（50米、立定跳远）、柔韧性（坐位体前屈）、肌肉力量（引体向上、仰卧起坐）。

②心率监视器（heart rate monitor）是用来测量心率的可视化仪器，包括医用的多功能测试仪，以及腕表、手机系统等能够实现实时测量、管理历史数据的工具。

③电阻抗（electrical impedance）是指生物电阻抗测量技术，是一种利用生物组织与器官的电特性及其变化规律提取与人体生理、病理状况相关的生物医学信息检测技术。如依据人体电阻抗特性分析人体含水量、脂肪、蛋白质、离子含量等成分，以及骨骼肌肉的活动变化特征等。

④SMART是具体的（specific）、可测量的（measurable）、可达到的（attainable）、相关的（relevant）、有时限的（time-bound）的英语首字母组合，是管理大师德鲁克在《管理实践》中提出的目标管理方法。在此主要指个人根据体质健康评估信息，制订个人具体的健身目标原则，确保制订出的目标现实可行、具体明确、针对性强并在一定期限内易于达到。

● S代表具体（specific），指绩效考核要切中特定的工作指标，不能笼统。

● M代表可度量（measurable），指绩效指标是数量化或者行为化的，验证这些绩效指标的数据或者信息是可以获得的。

● A代表可实现（attainable），指绩效指标在付出努力的情况下可以实现，避免设立过高或过低的目标。

● R代表相关性（relevant），指绩效指标是与工作的其他目标是相关联的；绩效指标是与本职工作相关联的。

● T代表有时限（time-bound），注重完成绩效指标的特定期限。

五、个体责任和社会行为领域

个体责任和社会行为领域主要指在身体活动中展示负责任的个人和社会行为，包括在社会交往中尊重差异、自我管理、管理体重的个人策略和压力管理这4个子领域内容。这部分内容要求青少年学生树立起承担社会健康责任的意识，明确个人的健康是社会健康的重要组成部分，个人行为受社会环境影响并影响着社会的整体健康氛围。

在4个子领域内容中，以个人行为管理为核心，涉及单独个体和处于群体中个体的两部分行为管理内容。对于个体而言，必须且最易于实现的是从自身做起，从饮食、身体活动、目标设置、调整计划等方面使用有效的自我管理技能，承担起改善个人身体活动和健康促进的责任；以能量平衡为重点，从饮食、睡眠、锻炼、情绪等方面保持健康体重；以有氧运动为手段，借助深呼吸、谈话、可视化引导等方法保持个人适度的压力水平，促进形成健康的生活方式。更为重要的是作为群体的一分子，个人不但承担着自己健康的责任，也需要积极地融入群体健身行为中去，促进友好和谐的群体健康氛围形成。在群体性体育活动中尊重与理解他人既是个体交流与合作、融入社会的必然要求，也会影响个体健康观念的形成、制约个体健身行为的效果。具体基准内容如下（表4-6）：

表 4-6　在身体活动中展示负责任的个人和社会行为

内容	水平-1	水平-2	水平-3
社会交往并尊重差异	• 展现合作与考虑他人（如轮流、分享），以最大限度地延长活动时间 • 展示一个良好的健康同伴行为（如良好意愿、鼓励与合作） • 对于技能或体能不同的同学都能表现出尊重（如鼓励同伴，尊重地交流，避免贬低别人）	• 邀请不同技能、能力、性别、性格和文化背景的人一起参与身体活动，表现出对他人感受的尊重和理解 • 认识并体验来自不同区域、环境、文化背景的体育活动和习惯 • 分析背景、文化的多样性如何丰富和挑战健身行为	• 邀请朋友和家人参加体育活动，并引导、促进愉快的活动氛围 • 分析运动参与对培养文化、种族、性别和身体多样性认同的影响
自我管理	• 辨别能够鼓励自己保持活力的因素 • 明确对个人健身行为负责任的方式（如限制网络时间，选择与朋友一起玩，选择营养食品） • 注意体育活动（前、中、后）进食及进食后的感受，使用这些信息来调整身体活动和进食时间 • 描述提高目标成绩的策略（如设定合适的目标，监控、追踪行为，强化、奖励小进步）	• 识别并使用适当的策略来自我强化积极的健康行为 • 使用有效的自我管理技能（如有效监控，建立支持团队，自我奖励，积极地自我谈话，与他人同频①，融入校内外体育活动） • 区分参加体育活动的内因和外因，并恰当运用 • 分析个人选择如何影响短期和长期体质健康水平	• 根据需要，采用有效的自我管理技能分析存在的障碍并适当调整身体活动模式，保持定期参加体育活动 • 分析积极或消极影响体质健康水平的个人选择 • 承担改善自己身体活动和健康水平的责任
管理体重的个人策略	• 明确与体重管理有关的因素（如确保充足的睡眠、减少热量摄入、增加身体活动） • 描述热量平衡与体重增加或减少之间的关系 • 明确身体活动对提高基础代谢率②及改善能量平衡方面的作用 • 采取适当策略确保充足的睡眠、增加身体活动以控制体重 • 使用饮食与活动日志，并使用可用技术来计算能量平衡	• 根据个人日志，运用个性化策略，辨别并运用策略确保睡眠充足，选择食物和增强身体活动，促使能量平衡，形成健康的体重 • 讨论不同饮食类型之间的差异（如为运动成绩饮食，情绪化饮食，社交饮食，在观看电视或体育赛事时进食） • 使用可用的技术和社交网络来对照、比较，寻求帮助体重管理的各种策略	• 分析不同类型的饮食（如为运动成绩饮食，情绪化饮食，社交饮食）和每种饮食如何影响饮食摄入量之间的差异 • 分析、应用、形成有效的管理个人体重策略
压力管理	• 识别压力感和压力情境，分析对身体的影响 • 描述并展示适当的处理压力策略（如深呼吸，自我暗示，知道与谁交谈） • 练习应对压力的策略（如深呼吸，可视化引导③和有氧运动） • 记录影响压力的日志和行为，以及有效缓解压力的身体活动策略	• 理解压力的正面和负面结果，以及处理每种压力的适当方法 • 明确由于疏忽个人责任可能会增加压力 • 对照比较各种压力应对和管理的策略 • 练习并形成个人喜爱的压力处理策略（如深呼吸，可视化引导和有氧运动）	• 根据需要调整自我压力水平 • 分析个人压力管理方法，并筹划合适方法将健康的压力管理技术整合到自己的生活方式中 • 探究身体活动或健身活动在应对和克服压力感觉方面的效果

注释：

①同频（tuning in）指在与他人共同参加的体育活动中，能够在思想、意识和行为等方面协同统一。

②基础代谢（basal metabolic）是指人体处于基础状态下的能量代谢。基础状态是指满足以下条件的一种状态：清晨、清醒、静卧、未做肌肉活动；前夜睡眠良好，测定时无精神紧张；测定前至少禁食 12 小时。

基础代谢率（basal metabolic rate，BMR）是指在自然温度环境中，一般室温保持在 20~25℃，人体在非活动的状态下(包括消化系统,即禁食2小时以上),维持生命所需消耗的最低能量。基础代谢率的单位为千焦/平方米/小时,表征每小时每平方米体表所散发的热量。基础代谢率会随着年龄增加或体重减轻而降低,随着肌肉增加而增加。

③可视化引导(guided visualization),在此是指通过给受众视觉系统传递信息的表达方式或手段,引导或说服受众缓解压力。

六、价值观与倡导者领域

价值观与倡导者领域主要指重视有关疾病预防,有利于快乐、挑战、自我展示、自我效能和社会交往的健康体质,并为形成健康环境做出努力,包括重视身体活动、宣传并促进健康行为、健康事业与职业健身需求3个子领域内容。价值观,是指人在一定思维感官之上而做出的认知、理解、判断或抉择等行为,即人认定事物、辨定是非的一种思维或价值取向,体现出人、事、物一定的价值或作用。是人们对客观世界及行为结果的评价和看法,反映出人们的认知和需求状况,对动机有导向作用,引导人们的行为。大学生是社会发展的希望和社会潮流的引领者,具有带动、引领群体和社会价值观念的能力和责任。因此,这部分主要从塑造个体健康价值观念和践行社会价值观这两个方面着手,引导学生不但自己拥有也要积极宣传、践行健康价值观念。

个人的健康价值观念首先体现在积极感受健身带来的快乐,发掘更多身体活动的价值,总结使身体变得健康的方法,形成积极参与并重视身体活动的态度;其次,用自己良好的价值观念去影响周围的人,充当家庭、学校的健身榜样,用自己的知识支持并帮助他人做出健康行为的抉择或健身事业的选择,积极响应并支持与健身活动相关政策的实施和改进;积极学习、分析、讨论、探索更深层次的健康问题,寻求未来可能的健康职业发展机会。具体基准内容见表4-7所列:

表4-7 重视身体活动,倡导健康行为,满足健康事业与职业健身需求

内容	水平-1	水平-2	水平-3
重视身体活动	●对规律性体育锻炼形成一种积极态度 ●明确身体活动和健身对快乐、挑战、自我表现、社会交往的价值 ●认识到技术能力和身体素质能使人享受运动和身体活动的快乐 ●积极感受参加体育活动带来的享受 ●描述能够将身体变得更健康,提高生活质量的方法	●分析能使身体变得更健康的方法 ●选择并参加有个人奖励的活动 ●评估在竭尽全力的身体活动中所带来的享受、自我表现、挑战和社会效益 ●评估如何能使身体变得健康,重视能使身体变得健康的方法	●分析态度、动机、自我表现、挑战、社会交往和决心等,对从有挑战性的身体活动中获得个人满足感的作用 ●阅读和评论有关体质健康的科学文献
倡导促进健康的行为	●鼓励家庭成员参加身体活动 ●充当家庭、学校健身的积极榜样 ●鼓励和帮助家人与同伴做出积极的健康选择,如吃健康食品和参加身体活动 ●辨别学校促进个人健康的方法 ●独立实施一项健康促进或健身计划	●总结影响和支持他人做出积极健康行为选择的方法 ●独立或合作制订并实施一项计划,去促进健康或科学健身,或关注一个需要帮助的目标 ●使用可用的技术与方法倡导、宣传有关选择健康食品和有益于增加身体活动的健康信息 ●运用技术支持学校、社区和工作场所的体育活动项目,与他人协作,倡导改善个人、家庭和社区健康	●在家庭、学校和社区,利用现有技术和社交网络参与并支持健身政策的改进和实施 ●影响和支持其他人做出与健身相关的决定 ●以知识渊博、善于思考、富有创造力和批判性的身份参与各种健身和促进健康的活动

(续)

内容	水平-1	水平-2	水平-3
健康事业与职业健身需求	• 讨论健康与健身专业人员（如医生、体育教师、健身指导员）对个人健康的影响 • 辨认当地的各种体育和健身职业①及服务 • 明确不同的职业需求对个人健康、健身的基本要求 • 讨论在各种职业中，成功与安全所必需的与健康相关和与技能相关②的体质健康成分	• 探索与健康相关的健身职业发展机会，并明确能够满足健身消费者需求的专业角色 • 为久坐不动的职业制订一个健身或健康计划，以保持健康体质 • 分析在各种职业中，成功与安全所必需的与健康相关和与技能相关的体质健康成分 • 找出问题并向潜在雇主询问他们对健康生活方式的支持	• 探索选定的体育或健身职业所需的个人特质 • 分析健康和健身的相关职业，并评估自己的适合性 • 记录与体育职业相关的职业责任和机会 • 倡导与职业选择有关，能够积极影响个人健康的方式 • 尝试参与体育与健身行业相关职业，在实践中发展对体育健身相关职业的了解，提升自身个人能力和体育素养③

注释：

①由于美国大学不设体育教育、运动训练专业，因此体育教师、体育指导员、健身教练、运动队教练等相关职业多是教育学、高校运动员或爱好健身的大学生等通过获得相关资格之后，走向社会从事相关专业。但是考虑到大学生进入工作岗位之后，有工会活动、单位内或单位间竞赛，以及参加社会体育团体或进入健身指导、服务行业、体育用品企业等体育产业的机会，因此将本部分内容保留，以便感兴趣的同学参考。

②与健康相关和与技能相关的体质健康成分。在我国，《标准》只提出"学生体质健康"这唯一的主题词汇，未对体质健康进一步细分。在此，为鼓励、引导大学生，尤其体育技能水平较高的大学生，在朝着体育产业相关职业方向发展时，提前考虑相应职业（当然还可根据工、文、农、医等具体专业需求，城市农村的工作环境，南方北方的气候和地理特点）的特殊体质健康要求，特别参照体适能的分类。

在欧美，与我国体质健康相对应的词汇是体适能（physical fitness），是指人体具有充沛的精力能够从事日常工作（学习）而不感疲劳，同时有余力享受休闲活动的乐趣，能够适应突发状况的能力。美国运动医学会（The American College of Sports Medicine，ACSM）认为：体适能由健康体适能（health-related physical fitness）和技能体适能（skill-related physical fitness）组成。健康相关体适能是与健康有密切关系的体适能，是指心血管、肺和肌肉发挥最理想效率的能力。技能相关体适能包括灵敏、平衡、协调、速度、爆发力和反应时间等，这些要素是从事各种运动的基础，但它们与健康和疾病没有更多的直接关系。

③体育素养（physical literacy）是指个体在一生中维持适当水平的身体活动所需的动机、信心、身体能力、知识和理解。

体育素养，最早由英国学者怀特黑德（Whitehead）于1993年在国际女性体育教育大会上提出，并且是近几十年来体育运动领域最为重要的概念之一。在我国，教育部2014年提出研制与构建学生"核心素养"体系之前，学校领域也大多使用的是"体育素养"一词，现在仍有大量使用。

七、营养领域

营养领域主要指通过知识、计划和定期监测，努力做到健康营养饮食，包括基本营养与健康饮食的好处、健康饮食建议、饮食评估、计划并保持健康的饮食习惯四个子领域内容。主要涉及学习基本营养知识和根据身体活动水平做出合理的膳食计划两部分内容。从了解基本的营养知识开始，要求明确健康饮食的好处，遵循《中国居民膳食指南》的建议，最后运用基本知识评估饮食状况做出合理的膳食计划并保持健康的饮食习惯。

在基本营养与健康饮食的好处子领域，认识能量平衡，热量单位卡路里，基本营养，食物营养源与食物推荐量，营养吸收、使用、排泄等基本知识，分析、评估健康与不健康饮食的后果；在健康饮食建议子领域，以食物、水等营养物质的每日推荐量开始，掌握运动饮食、饮水规律，评估并给饮食失调者提供帮助；在饮食评估子领域，要求会辨别食物营养成分，记录饮食数量，计算分析热量，为制订合理的饮食计划做好铺垫；在计划并保持健康的饮食习惯子领域，强调要能够根据自己身体活动水平制订并实施一个健康的膳食计划，并跟踪目标实施进展，以便从营养方面确保提高体质健康水平。具体基准内容见表4-8所列：

表4-8 通过知识、计划和定期监测努力做到健康饮食

内容	水平-1	水平-2	水平-3
基本营养和健康饮食的好处	•理解卡路里（calorie）[①]作为能量单位的定义 •明确食物的主要营养源：碳水化合物、蛋白质、脂肪、维生素、矿物质和水 •描述能量平衡和营养摄取如何与体重、能量、外观和健康相关 •明确健康和不健康食品的标准，并对常见食品适当分类 •认识到过量的糖、盐和脂肪会使健康食物变得不健康	•描述营养不良与健康风险因素之间的关系 •讨论摄入水、水果、蔬菜、谷物和富钙食物的好处，以及降低脂肪摄入和减少糖摄入量的好处 •明确个人食物偏好，有效使用限制和消除障碍的策略 •明确脂肪、蛋白质和碳水化合物的卡路里的含量和益处，以及《中国居民膳食指南》[②]的每日推荐量 •描述营养成分是如何被人体释放、吸收、使用和排泄的	•分析营养对健康和幸福的重要性 •评估摄入足量维生素、矿物质、纤维、叶酸和水的益处，并明确含有大量营养成分的食品 •讨论膳食补充剂[③]对身体的影响 •评估不健康饮食的普遍程度、原因和长期后果
健康饮食建议	•了解食物多样性的重要性 •明确膳食餐盘食物组中每一部分每日所需的数量，以及每日推荐的分量 •解释身体活动期间营养物的需求和营养益处 •明确每天建议的饮水量 •对照比较，并从食物标签中得出卡路里、养分浓度、脂肪类型和含热量[④]的结论，并就健康选择提出建议	•明确膳食指南中健康饮食习惯的食物类别、营养物和进食量，并根据年龄和身体活动水平选择适当的食物和分量 •识别可能影响水合状态[⑤]的因素（如衣服、天气、头盔） •描述3种常见饮食障碍（贪食、厌食和暴饮暴食）的原因、症状、后果和治疗方法 •明确同伴和媒体是如何影响饮食失调的 •讨论与饮食失调相关的心理影响	•评估多次经常出现的健康饮食建议 •总结水合状态和脱水对身体和心理表现的影响，脱水的风险及如何保持水分 •知道如何使用体重和尿液颜色来监测水合状态 •区分不同的饮食失调及其症状和对健康成长的影响 •进行评估，并为饮食失调者提供帮助
饮食评估	•辨别水果和蔬菜的营养成分 •计算一天吃的水果和蔬菜的分量 •记录饮食习惯，并将个人食物选择与膳食指南进行比较	•利用现有技术评估和分析个人营养需求，偏好和实际摄入情况 •设计个人营养日志，记录食物摄入量、消耗的卡路里、身体活动消耗的能量和营养需求，并分析结果	•利用现有技术评估饮食状况，并定期查明不足之处

(续)

内容	水平-1	水平-2	水平-3
计划并保持健康的饮食习惯	• 计划一天中健康均衡的食物和零食 • 从快餐店菜单中选择健康食品 • 对膳食和零食做出健康的营养选择 • 使用膳食指南，根据自身身体活动水平制订并实施一个健康的膳食计划	• 根据饮食分析制订个人目标，以提高健康水平，并跟踪目标实施进展 • 制订策略使饮食、零食、饮水和日常身体活动达到健康的平衡状态 • 描述如何调整饮食以适应身体活动水平变化或满足个人的营养需求	• 实施一个能量平衡的饮食计划 • 在不同的身体活动水平、节假日和其他活动时，记录并调整饮食

注释：

①卡路里(calorie)，简称卡，是指在1个大气压下，将1克水提升1摄氏度所需要的热量。国际标准的能量单位是焦耳(Joule)，1卡路里约等于4.186焦耳。由于卡路里被广泛使用在营养计量和众多的健身手册上，在此也延续传统使用卡路里。

每日由食物提供的热量应不少于5 000~7 500千焦耳，这是维持人体正常生命活动的最少的能量。每顿饭理想的热量比例大概是：碳水化合物65%、脂肪20%、蛋白质15%，其中食物中的热量分为3种：蛋白质的热量是增强肌肉的基础营养素，主要源于肉类、乳制品和蛋，每克含有4卡的热量；碳水化合物的热量是人体在正常情况下的主要能量来源，含于米饭、面粉、面条、面包、麦片、蔬菜和水果中，每克的热量也是4卡；脂肪每克含有约9卡的热量，含于油、奶油中。

判断一个人应摄取多少热量，最简单的公式就是将体重的公斤数乘以30(美国营养学家伍勒)，如体重为60公斤，每天就需要1 800卡的热量。不过，由于个人饮食习惯不同，身体代谢水平有差别，不同食物热量转化速度也不一样，食物间促进或抑制热量转化或吸收的影响不同，所以健康的饮食需要有自己的饮食计划，并记录、跟踪，才能清楚自己每天应该的摄入量和消耗量，便于调整到最为合理的状态。

②《中国居民膳食指南》是健康教育和公共卫生政策的基础性文件，是国家实施和推动食物合理消费及改善人群健康目标的一个重要组成部分。为公众提供所需的营养保障，培养健康的饮食习惯和生活方式，以促进人群整体健康和预防慢性疾病。首次发布于1989年，经过1997年、2007年、2016年多次修订之后，第五版《中国居民膳食指南(2022)》也已经发布。指南由一般人群膳食指南、特定人群膳食指南和中国居民平衡膳食实践等多部分组成，推出了中国居民膳食宝塔、中国居民平衡膳食餐盘和儿童平衡膳食算盘等可视化图形，指导大众日常生活。此外，还推荐了每周运动量，每天的膳食应包括的食物，以及食盐、水的每天摄入分量。

③补充剂(supplements)是一种旨在补充膳食的产品(而非烟草)，它可能含有一种或多种膳食成分，如一种维生素、一种矿物质、一种草本(草药)或其他植物、一种氨基酸、一种用以增加每日总摄入量来补充膳食的食物成分，或是以上成分的一种浓缩物、代谢物、提取物或组合产品等。它不能代替普通食物或作为单独的膳食，同时通过服用补充剂的方式摄入抗氧化剂也可能是一把双刃剑，膳食补充剂中的β-胡萝卜素、维生素C和维生素E等抗氧化物质也可能产生有害的生物效应，导致癌症。

④空热量(empty calories)是指含有高热量，而营养价值很低，缺乏基本维生素、矿物质和蛋白质的食物，如清凉饮料、酒类及速食品等。

⑤水合状态(hydration status)指水分在人体内环境中的存在状态。正常的水合状态能帮助维持体温，为细胞提供营养物质和氧气，对关节、身体软组织和器官起到缓冲、润滑和保护的作用，帮助整个身体运转达到最好的状态。水的摄入量和排出量决定着机体的水合状态，如果摄入的水与排出的水大体相等，此时机体中的水处于水平衡状态，即正常水合状态；当机体摄入水过少，或者水丢失过多时，机体处于脱水状态；当机体摄入水过多时，则机体处于过水合状态，严重者可能会引起水中毒。水合状态可通过总水摄入量、体重、血浆渗透压、尿液相关指标(尿液渗透压、尿比重、排尿量、排尿次数、尿液颜色)、唾液渗透压、泪液渗透压等进行判断。

八、消费领域

消费领域主要指消费并评估健身产品、设施和服务的相关信息。包括区分真假健身产品和对健身消费品作出明智的决定两个子领域内容。这一领域对大多数中国人来说是一个全新的内容,在此提出健康消费问题,既是对消费观念的引导,也是近几十年中国经济高速度发展的体现。随着国民生活质量空前提高,人们的健康意识不断增强,越来越意识到健康产品的消费会带来身体的强健、心理的愉悦,减少医疗消费支出,降低糖尿病、心血管等慢性疾病的风险,老百姓的生活已从温饱型向健康型过渡。

在此,健康消费是指消费者在消费能力允许的条件下,按照追求健康效用最大化的原则进行消费。由于这种消费通常没有立竿见影的效果,更多的是基于对健康身体的认识和对未来健康的期望,并伴随或受限于人们对营养、身体活动等健康知识的理解。因此,有必要引导学生建立并养成区分有效健康产品和作出明智决定的意识和能力,内容主要包括识别食品的营养成分与实效,明辨健身产品的可能的效果,有调查分析健身产品和作出明智决定的能力,并积极为家人、学校、社区等提供帮助。具体基准内容如下(表4-9):

表4-9 接近并评估健身信息、设施、产品和服务

内容	水平-1	水平-2	水平-3
区分真假健身产品	●识别与健康或健身产品相关的广告内容(如快餐、糖果、牛奶、运动产品等) ●运用适当技术来识别产品健康信息的来源和特征 ●利用技术区分食品营养实效,健身产品实际功能的事实和虚假宣传 ●明辨对健康有益的广告产品	●使用可用的知识、技术来识别有关健康的错误信息和陈旧观念 ●分析热销食品、减肥或保健药品等的营养价值,热量摄入和对身体活动的促进作用 ●区分真实和虚假的体重控制	●调查分析社区、学校中的健身产品和资源 ●分析健身服务的成本和实效性 ●展示为自己、他人获得学校和社区健身服务的能力
作出明智的健康消费决定	●愿意为健身与健康消费 ●对健康和健身产品作出明智的决定	●分析产品的健康效应,作出有利于长远健康消费的决定 ●帮助朋友和家人对健康和健身产品作出明智的决定	●能够作出有利于长远健康的消费决定 ●帮助更多的人对健康有关的产品、计划和服务作出明智的决定

第五章 体质健康教育的过程与环节

第一节 体质健康教育过程

一、体质健康教育过程

体质健康教育过程是为了达到良好体质健康结果，在教育者和受教育者共同参与下或在教育者的影响下，运用各种教育措施实现教育目标的进程；也是教育者有目的、有计划地运用教育规律，影响、引导、促进受教育者朝着预期目标迈进的过程。

由于教育代表的是社会发展的时代需求，运用的是科技发展的前沿成果，因而"体质"会有时代性需求特征，"健康"会有持续更新的内涵与外延，体质健康教育也会不断发展进化。体质健康教育需要解决的主要矛盾是国家、社会对青少年体质健康水平有更高的期望和青少年体质健康水平相对较低的现状之间的矛盾。具体到教育领域，这个过程的内部发展动力就是师生共同完成教育任务，解决这个矛盾，这是体质健康教育过程的价值所在。

与所有的教育、教学过程一样，体质健康教育过程首先要服务教育目的。而体质健康教育并非简单的直接进程，受教育者需要经过获取健康知识、掌握健身技能、参与身体活动等一系列过程，并完成多内容、多层次体系的目标任务才能达到思想意识、行为水平和生理机能的全面改善与提高。因此，体质健康教育的最终目的要通过多内容的具体目标予以保障，各具体目标又要通过相应的具体任务来达成，即通过具体任务实现分解目标，多目标共同实现体质健康教育的最终目的。

总体来说，体质健康教育的目的是提高学生体质健康水平、培养学生健康的生活方式和习惯、促进形成良好的社会健康氛围，为了实现这一目的，需要每一个受教育者都能肩负起个体应有的健康责任，这些责任的实现需要从自我做起，在进程上掌握健康知识、健身技能并参与身体活动，这些就是体质健康教育过程的具体目标任务。

二、体质健康教学过程

教学过程即一般意义上的教育过程或教学过程，是师生共同实现教学任务的活动进程。由相互依存的教与学两个方面构成，是施教与受教的双向活动过程；是促进学生个体社会化的过程，是一个内化与外化交替递进的螺旋上升的运动过程。在体质健康教育过程中，教育者将学生要掌握的健康知识、健身技术以结构性的系统体系和合理性的逻辑顺序传授给学生，以便学生提高体质健康水平，建立良好的健康观念、社会责任、健康的生活方式与习惯。

在这个过程中，教育者需要充分了解体质健康教育的目的，一是及时开发学生的身心潜能，以免错过"关键期"；二是为下一步的学习做好准备，为未来的健康生活做准备。为此，教育者需要全面掌握体质健康领域知识内容的"结构性"，以便能将零散的知识、技能归类于原理、原则等整体规律框架内，便于学生记忆、吸收及进一步地"迁移"运用；同时，充分了解学生认知水平和身体能力发展的"顺序性"，确保遵循学生知识掌握的逻辑顺序，符合学生的身心特点；此外，教育者要立足于未来社会需求的"准备"需要，为学生身心健康发展打好基础，既掌握好未来需要的知识与技术、发展好基础的身体能力，也不能为明天的健康发展留下遗憾。

(一)教学过程的构成要素——教师、学生、教学内容和教学媒体

教学过程是教学系统运动变化的过程，也就是教学活动的展开过程。首先是学生在教师指导下的一种特殊的认识过程，其特殊性主要表现在学生的认识对象、认识条件、认识人物等方面；其次，教学过程也是学生个性全面发展的一个过程，既表现为学生在教师有目的、有计划的指导下，积极主动地掌握系统文化科学基础知识和基本技能，发展能力，增强体质，并形成一定的思想品德的全面发展过程；最后，教学过程表现为师生之间相互作用的一种双边活动，即教学已经不是传统意义上的那种接受关系，而是以学生为主体、教师为主导的一种有别于其他社会活动的学与教的实践。

在教学过程中，学生、教师、教学内容、教学方法、教学媒体、教学环境等，是影响教学效果的基本因素(图5-1)，但就整体而言，教师、学生和教学内容是教学过程的3个主要要素。

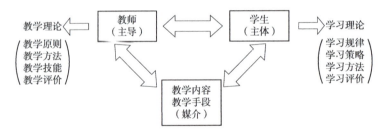

图 5-1　教学过程的构成要素

①教师是整个教学过程的指导者和协调者，在教学过程中的作用集中体现为"点拨"和"引导"，必须根据一定的教学目标，协调教学内容、学生等因素及其关系。

②学生是学习活动的主体、主人，学是教学的关键，学生发挥主观积极性，通过独立思考认识客观世界、认识社会，把课程、教材中的知识结构转化、纳入自身的认知结构中去。

③教学内容是课程中的知识信息内容，包括课程大纲或标准、教科书、教学参考书等所包含的信息，是学习对象。

除此之外，教学媒体是最为重要的教学媒介，是教学内容得以表现和传输的载体，是师生之间传递信息的工具，如实物、模型、语言、文字、图表、图像及动画等。教学媒体往往要通过一定的物质手段而实现，如板书、书籍、视频与音频资料、电脑多媒体等。

(二)教学组织形式

教学组织形式又称教学形式，是教学活动的结构方式，指为完成特定的教学任务，教师和学生按一定要求组合起来进行活动的结构。在教学史上最早出现的教学组织形式是个

别教学，当前最为普遍的教学形式是集体教学、分组教学及个别指导。

1. 集体教学

是针对知识经验、心理特征等大体相同的学生群体进行统一设计教学内容、安排教学进程、完成教学任务的一种教学组织形式。这是最常用的一种组织形式，具有经济、高效的特点，学生之间也能相互启发、相互学习，易于以统一的顺序、结构和方法、进程系统、完整地按照教学任务要求有序地安排下去。

2. 分组教学

分组教学或分类教学、分层教学是根据学生不同的能力水平进行分类安排教学活动的教学组织形式。一般是对集体教学的补充，尤其在学生能力水平参差不齐，需要导向合作、竞争或因任务不同而鼓励优胜时，在指导、讨论、练习、解决问题等教学进程中，分组教学能照顾到学生和教学任务的细分、深化需要，有利于完成教学任务。

3. 个别指导

个别指导或个别化指导、教学，是针对学生个体的基本情况进行一对一设计教学内容与方法、指导学习进程的教学组织形式。在同一教学群体中，可能因学生的身体能力、领悟水平、动作表现等出现较大差异，教师在指导、练习、纠错、布置任务等过程中或促进学生个性化发展时，充分关注个体差异，是促进学生个体潜能发挥、身心充分发展的重要保障。

（三）教学原则

教学原则是在对教学目的和教学活动规律把握的基础上提出的总体教学工作要求或教学活动准则。教学原则反映了人们对教学活动本质特点和内在规律的整体把握，是保障各种具体的方法、策略和程度等都能朝着教学目的的方向发展，指导和制约着具体的教学活动过程。教学原则分为一般教学原则和各学科的具体教学原则，一般教学原则是教育、教学领域各学科都应该遵守的基本教学要求，如整体性原则、有序性原则、启发性原则、科学性原则、直观性原则、理论联系实际原则、因材施教原则、最优化原则等。具体教学原则是一般性原则在各学科的具体体现或各学科区别于其他学科的特有原则，是一般教学原则所不能替代的特殊要求。

体质健康教育与其他学科教学活动一样，都是"教"与"学"的双边活动，都是在教师指导下进行的有目的、有计划、有组织的教学和教育活动。但是，体质健康领域的特点决定了，教学活动目标是在参与身体活动的过程中实现的，并高度依赖于学生日常生活的自主行为。因此，与其他学科相比，体质健康教育有自身独有的特点，并在教育体系中承担着特有的任务。人们在长期的教学实践中，不断总结成功与失败的经验教训，逐渐形成了一系列共性的、客观的、能够总体把握体质健康教育教学规律的基本准则，这些准则就是具体教学原则，如自主发展原则、全面发展原则、循序渐进原则、持之以恒原则、区别对待原则等。

教学原则是体质健康促进教学规律的抽象体现，能使纷繁复杂的教学内容、千变万化的教学过程更为清晰、简明并易于把握，是对教学工作的最为核心的要求。同时，它又贯穿于教学工作的方方面面，影响着教学工作的思路、教学把握的视角、教学执行的标准、教学内容的选择与安排、教学组织与管理、教学效果评价及对整个教学过程的要求和把控。

需要特别注意的是，教学原则的制订是基于教学目标达成需要，是基于教学活动规律客观事实。一是教学目标并非单独唯一的，总是有完整的目标体系，因而教学原则必然是一个完整的体系，在教学过程的各个环节发挥指导作用，如体质健康领域，整体上要坚持健康第一原则、实践参与原则，教学过程中要遵循一般教学原则和具体教学原则，技术教学阶段还要遵循熟练巩固原则、重复练习原则、反馈调节原则等；二是教学原则是对健康促进规律全面、深刻认识的体现，因而其不是固定不变的，随着认识水平、实践水平的变化而不断地发展与完善；三是教学目标的达成永远离不开教学对象，因而就需要根据教学对象和相应的教学目的、内容、阶段、环境等实际情况灵活掌握。

(四)教学策略与教学方法

1. 教学策略

在教育学领域，教学策略有不同的含义与理解。从策略的本意理解，策略指计策、谋略。教学策略就是在不同教学条件下，为达到不同教学结果而采取的手段和谋略。从这个意义上理解，与整体性的教学模式和具体化的教学方法不同，教学策略是为了达成教学目的、完成教学任务，在对教学活动清晰认识的基础上对教学活动进行调节和控制的一系列执行过程。

根据这一定义，策略可以运用在教学活动的所有过程与环节，可分为不同的层次与类型。如在大的方面，按照信息加工的控制点不同，可分为教师替代学生安排学习目标、内容和顺序的替代性策略；学生自己主动建立学习目标、选择学习内容、安排学习顺序的生成性策略；在教师指导下学生主动完成学习进程的指导性策略。按照组织教学、传递信息、教学管理的过程可分为教学组织策略、信息传递策略、教学管理策略。按照教学过程的侧重点不同，可分为内容型、方法型、任务型和综合型策略，以及以教师为中心的策略和以学生为中心的策略等。同时，策略也可体现在具体的其他过程，如讲解策略、练习策略、问题定向策略、启发策略、鼓励策略、暗示或提示策略、对比分析策略、归纳演绎策略等。

教学策略具有指示性和灵活性，没有任何单一的策略能够满足所有教学情况，教学中需要依据具体教学实际制订和把握教学策略。通常制订教学策略的依据有：

①依据教学目标任务。
②根据教育教学的规律与原则。
③适应教学内容要求。
④适合教学对象特点。
⑤考虑教师本身的素养条件。
⑥考虑基本的教学条件因素。

2. 教学方法

教学方法是为完成教学任务，教师和学生相互作用所采取的方式、手段和途径，是在一定的教学理念和教学原则指导下的师生互动方式和措施，是具体、可操作的教与学方法的融合统一。它是教师与学生联结的重要纽带，是实现教学任务的必要手段，选择、运用好教学方法是提高教学质量、保障教学效果、促进学生身心发展的重要条件。由于学科与教学任务、内容、阶段、环境及主体条件等不同，教学方法的内容广泛、形式多样，例如：

①根据教学过程的环节分类 初始阶段、提高阶段、检查评定阶段的教学方法。

②根据教学过程的任务分类　传授知识、培养技能、巩固知识技能、应用知识技能、检查知识技能的方法。

③根据认知活动再现和创造的特点分类　复现类方法、创作类方法。

④根据影响学习结果的因素分类　激发动机、强化观念、集中注意、调整情绪、培养意志、完善个性等的教学手段。

⑤根据实现预期学习结果的刺激方式分类　呈现、实践、发现、强化等方法。

⑥根据教师与学生交流的媒介手段分类　以教师为中心的方法(讲授、提问、论证等)、师生相互作用的方法(研讨、讨论、谈话等)、个体化的方法(个别指导、纠错及其他独立设计的方法等)、实践的方法(现场教学、实验学习、角色扮演、模拟、游戏、练习等)。

⑦根据教学方法的功能分类　获得知识信息的方法、习得动作技能的方法、习得智能和认知策略的方法、巩固和运用知识技能的方法、习得态度的方法、调控情绪和意志的方法。

目前，国内认可度较高的分类方法，是按照教学方法的外部形态，以及这种形态下学生认识活动的特点，把常用的教学方法分为5类。

①以语言传递为主的方法　讲述、谈话、讨论等。

②以直观感知为主的方法　演示、示范、观摩等。

③以实际训练为主的方法　练习、实验、实习、作业等。

④以欣赏活动为主的方法　欣赏、陶冶等。

⑤以引导探究为主的方法　发现、探究等。

由于身体活动的特殊属性，在体育教学过程中，除了讲授、练习、指导、纠错等常用方法之外，通常还有一些基于动作学习特征的教学方法，例如：

①根据课程的程序结构分类　准备部分、基本部分、结束部分的教学方法。

②根据技能形成的规律分类　泛化(直观法)、分化(比较)、自动化阶段的方法。

③以感受体验为主的方法　欣赏、观摩、尝试、体验等。

④以交流合作为主的方法　互动交流、团队任务、协同合作等。

从教与学的总体安排上来看，一般性教学方法主要有：语言法(讲解、讲授、提问、讨论、音频媒介等)、直观法(演示、图像、视频媒介等)、练习法(练习、实习、实验、训练等)、探究法(探讨、发现、问题、任务等)。

同时，因教学目的任务需要，一般性教学方法通常会有更为具体的体现形式，如练习法，可根据需要采取分解、完整的方式；徒手、负重的形式；重复、变换、循环练习的形式；游戏、竞赛、模仿的形式或试误、表象、调节、感受、体会的方法。

3. 教学模式、策略与方法的关系

一般情况下，教学策略与教学方法是从属于教学模式的下位概念。教学模式是在一定教育思想、教学理论和学习理论指导下，为完成特定的教学目标和内容而围绕某一主题形成的比较稳定且简明的教学结构理论框架及其具体可操作的教学活动方式。具有以下特点：

①在一定理论指导下。

②需要完成规定的教学目标和内容。

③表现一定的教学活动序列及其方法策略。

可以看出，教学模式属于较高层次范畴，一旦形成就比较稳定。而教学策略与方法是一定教学模式下，根据目标灵活运用的策略、技巧及适当的方式、方法。

在某种程度上，一是可以将教学方法看作教学策略的具体化，如以学生为中心的策略可以让学生采取讨论、练习、探究、发现、归纳、演绎等方法，如以教师为中心的策略可以是教师采取讲解、演示、设置情景的方法；二是可以将教学策略看作是教学方法使用的技巧和谋略，如使用谈话法时可以采取表扬、激励的策略，在使用练习、归纳、演绎、分析、探究等方法时采取提示、暗示、设置情景的策略。

4. 教学结构与程序

教学结构与程序是教学过程的各部分的构成与安排，以及流程与步骤。教学过程是与学科相联系的教与学的过程，首先要重视学科的基本结构，重视基础及普遍性规律，以便学生理解该学科的基本结构，使学生后续的学习更容易，易于促进迁移。其次，教学过程是一个相互联系的整体，激发学生动机，促进学生探索、发现，要经历尝试、检索、检验等阶段，必然要遵循一定的程序步骤，体现教学过程的相互联系及规律。

（1）结构的重要性

美国心理学家、教育学家布鲁纳（Bruner）认为，学生所学到的概念，越是基本、普遍，对新知识或问题的适用性就越宽广。因此他主张"不论我们选教什么学科，务必使学生理解该学科的结构"，并强调学校课程改革要忠于学科的基本结构。其中，"基本"的意思是指一个观念具有既广泛而又强有力的适用性，既能广泛地适用于新情况，并且是进一步获得和增长的基础。"结构"是指事物之间的相互联系及规律。布鲁纳认为每门学科都有它的基本结构，这就是必须掌握的科学因素，应该成为教学的中心。

在体质健康领域，能够为学生未来服务的方式同样体现在两个方面：

①能够产生"训练的特殊迁移"的内容 如身体活动的基本知识、相似动作结构的技术、相似身体部位的能力及肌肉力量等身体素质，这些内容都能直接服务于体质健康需求。进一步而言，对于参与身体活动过程所依赖的动作和技能（投篮、射门、传球等体育项目或跑、跳、投等身体活动所依赖的技术），其一是能够对当前和未来产生直接的健康效益；其二是与生活中的健康行为相近，能够对生活产生积极的影响，有相应的延伸空间。

②能够产生"原理迁移"的内容 如"用进废退"、骨骼肌肉运行规律、力学原理、运动负荷等基本原理，"循序渐进""重复训练"等基本原则，这些都是身体活动的基础知识，伴随着身体活动始终。至于与"态度迁移"相同层次的内容就更为丰富了，在不同的层面上都有普遍的适用性，如在心理发展层面有共性的感知、记忆、思维、注意、态度、情绪、动机、意志等，在身心统合层面有统一的神经系统感受-中枢-执行程序，在社会融入层面有明显的合作、竞争、交流、帮助他人等，在身体动作层面有动作要求的平衡、舒展、协调、顺畅、力量、速度、节奏及有着突出特点的时间、空间、时机、表象、反应等，这些不但在体质健康、体育等领域有着普遍的迁移作用，甚至能够迁移到生活的方方面面，对学生今后的健康发展具有更为广泛的迁移作用。

基于此，在教授学生的过程中，首要的目的是将学生引领到健康的体质目标，同时让学生日后继续向健康迈进时更加容易，即同时为学生未来的健康生活打好身体基础和知识储备基础，正如布鲁纳所说："任何学习行为的首要目的，应该超过和不限于它可能带来的乐趣，而在于它将来为我们服务。"

（2）教学的程序步骤

教学程序是教学过程的流程与步骤。如在具体的体育技术教学中，要经过示范、讲解、练习、纠错、巩固、评价等一系列的程序步骤才能完满实现教学目标。但是，从宏观的角度来看，教学过程涉及有准备的导入、激发动机、知识接受、观念传递、行为塑造等众多任务过程，单一的技术教学程序不足以概括学生体质健康教育的整体过程。

在教育学中，认可度较高的是布鲁纳提出的7个步骤："设置情境—激发动机—组织教学—应用新知—检测评价—巩固练习—拓展与迁移"。其中，情境是指学习的内外部各种情况，内部情况是学生的认知特点，外部情况是指学习环境，它的组成要素有个别差异、元认知、环境因子。动机是学习新知识的各种诱因，它的主要构成要素有情绪感受、注意、意向。组织是将新知识与旧知识相互关联起来，它的主要构成要素有联系、联想、构思、建立模型。应用是对新知识的初步尝试，它的构成要素有参与、尝试、体验、结果。评价是对新知识初步尝试使用之后的评定，它的组成要素有告知、比较、赋予价值、选择。重复是练习与巩固的过程，它的主要组成要素有强化、练习、形成习惯、常规、记忆、遗忘。拓展是把新知识迁移到其他情境中去，它的构成要素有延伸、迁移、转换、系统、综合。

教学程序包括了从引发教学起始到最后检验反馈的整个过程，是教学活动启动、发展、变化和结束在时间上连续展开的程序结构，具有复杂性和多元性，是认识过程、心理过程、社会化过程的复合整体。

三、体质健康学习过程

(一)体质健康学习的特点

广义的学习可以理解为人类以获得经验去适应周围不断变化的环境的过程。狭义的学习主要指学生在教师的指导下进行的有目的、有计划、有系统地掌握知识技能和行为规范的过程。

与一般性的学习不同，体质健康的学习过程包含了主动构建知识、技能心理表征，引起能力或倾向上的认知变化，实现行为持久变化过程的总和，同时又有自身独有的特点。这些特点主要表现在：

①身体既是学习目标也是参与手段　体质健康的学习过程是了解身体、运用身体、实现身体健康目标的过程，即围绕身体而发展身体。身体与作为手段的身体运用都是学习目标，整个学习目标、内容、手段、结果等都统一于身体。

②知识与行为内容始终随时相伴　体质健康促进的显著特征是：知识是前提，行为是手段，行为积累的结果才是目标。而在一般性知识学习中，可能仅某种规律、现象本身就能成为知识学习的直接目标，即使需要转化为行为时，也没有如此地直接和显现。

③身体参与的行为过程最为关键　体质健康促进的本质在于吃、喝、住、行等多维度的健康行为方式及其长期积累的过程，这就明显区别于部分仅靠主观性的认知或思维就可解决的一般知识性学习，也明显区别于仅靠短暂学习就能完成的一般性操作学习。

④学习结果是多维度的综合体现　体质健康是身心多方面统一的整体，是多种身体器官机能协调运行的结果，是多种身体能力共同展现的良好状态。因而既区别于一般性操作学习的单一效果，也区别于体育动作学习的个别技术掌握，它从健康规律的把握，到健康观念的形成及其身体活动的方式与过程是统一的有机整体，是生理机能、身体形态、动作姿态、身体素质与能力等多维内容的高度集合。同时它既区别于竞技体育追求的单一竞技

表现，也完全杜绝因过度训练而造成的损伤。

⑤体质提升具有不可跨越的阶段　体质可由弱变强、由强变弱，也可能出现快速的增长或下滑。但由于体质具有多重内容，促进过程又是一个复杂的实践进程，更依赖于长期的行为积累，因而不可能像个别知识领悟那样顿悟，也不可能像单个动作掌握那样突然提升，更不可能像经济发展那样实现弯道超车。体质的增长只能在循序渐进的行为积累中，缓慢地螺旋增进。

(二)学习的一般理论

1. 行为主义学习理论

行为主义认为，学习是刺激与反应之间的联结。他们的基本假设是：行为是学习者对环境刺激所做出的反应。他们把环境看成是刺激，把伴而随之的有机体行为看作是反应，认为所有行为都是习得的。行为主义学习理论应用在学校教育实践中，就是要求教师掌握塑造和纠正学生行为的方法，为学生创设一种环境，尽可能在最大程度上强化学生的合适行为，消除不合适行为。代表性人物及其理论主要有：巴甫洛夫(Pavlov)的经典条件反射，华生(Watson)的环境决定论，斯金纳(Skinner)的操作性条件作用，班杜拉(Bandura)的观察学习理论，桑代克(Thorndike)联结学习理论。

2. 认知主义学习理论

与行为主义相比，认知主义强调学习者的内部心理过程，而行为主义重在外显行为。认知主义认为学习是一个比 S-R 联结要复杂得多的过程，学习就是面对当前的问题情境，在内心经过积极地组织，从而形成和发展认知结构的过程，强调刺激反应之间的联系是以意识为中介的，强调认知过程的重要性，目的、意义等是控制学习过程的可变因素。代表性人物及其理论主要有：克勒(Khler)的顿悟说，托尔曼(Tolman)的认知-目的论，布鲁纳的认知发现说，奥苏伯尔(Ausubel)的认知同化论，加涅(Gagne)的信息加工论，海德(Heyd)和韦纳(Weiner)的归因理论。

3. 建构主义学习理论

建构主义的教育思想起源较早，苏格拉底(Socrates)、柏拉图(Plato)、康德(Kant)等的思想都具有建构主义的色彩。在当代，皮亚杰被认为是建构主义的最早提出者。建构主义认为，学习是学习者基于原有的知识经验生成意义、建构理解的过程。不同学习者对同一事物会有不同理解，构建起的新经验也并不一定是世界的最终写照。学习过程常常是在社会文化互动中完成的，是借助他人的帮助，即通过人际的协作活动而实现的意义构建过程，"情景""协作""会话""意义构建"是学习的四大要素。学生作为意义的主动构建者，要发挥主体作用，用探索法、发现法构建知识的意义，主动搜集、分析有关的信息和资料，对学习的问题提出各种假设并努力加以验证，把当前学习内容所反映的事物尽量和自己已经知道的事物相联系并认真思考。代表性人物及其理论主要有：皮亚杰的认知结构理论，维果斯基(Vygotsky)的文化-历史发展理论。

(三)体质健康学习的相关规律

如果说行为主义学习的重点在强化，认知主义的重点在认知过程，构建主义的重点在新的意识结构，那么体质健康的学习便涵盖了知识、技术、习惯等全方位的身心一体、知行统一，学习过程需要通过练习强化动作，需要通过思考提升认知或意识，需要不断构建新的身心结构，才能达到最终的健康效果或目标。

如果说身体像一棵正在成长的大树，当树木发育成型、开始生长时，树木的根、茎、叶结构已经具备，根部吸收养分、茎部输导、叶面进行光合作用，各部分形态不同、功能各异，最终要契合成为不可分割的整体。树木的健壮程度依赖于整体结构中所有部分的能力，体现为枝繁叶茂的外显状态。同时，比树木更为复杂的是，人的生命主要体现在活动任务中，因而躯体与心理、形态与机能等的动态协调配合就是健康的实质所在，身体结构中身心各部分的基本能力就是体质的内在要求，身体的整体外显状态就是健康的外在表现。

因此，体质健康学习中认知与动作或意识与行为的重新构建，并不是打破原有身心结构的基本成分，而是不断丰富原有结构的基本内容，使原有结构中基本成分的内容更丰富、能力更突出、相互契合更完美。

为实现这一目的，体质健康的学习过程是一个复杂的由知到行、知行统一的过程，既要遵循统一的认知规律，即感觉、记忆、思维等，也要受目的、动机等的驱动，以及归因的影响，更是知、情、意等个性塑造的过程。如以下规律：

1."观察"是学习行为动作的前提条件

在动作与行为的学习初期，不能必然地凭空创造出符合规律的新动作，只有通过观察榜样，注意到动作，才能在记忆中形成清晰的动作表象，建立进一步模仿学习的前提条件。一是模仿学习的效果受观察效果或动作表征清晰程度的影响，需要建立清晰的动作表象，细致的表征动作的结构、路线、流程及关键的参照点；二是受个体内部动机或模仿的意愿水平影响，需要调动尽可能多的内驱力；三是模仿过程受元认知的影响，要注意元认知的监控，抓住动作技术的关键点。

2."强化"是建立行为习惯的重要手段

动作记忆与行为习惯的养成，不像一般性的知识记忆或情绪记忆、逻辑记忆等可能无须过多强化即可完成记忆，相反，它们需要建立特有的神经通路和特定的肌肉动力定型，依赖于重复或持久的持续过程。只有通过成千上万次的重复练习才能强化，否则就可能消退，难以形成自动化的动作。因此，行为动作的学习，一是要多次强化；二是要遵循强化的一般规律，充分准备、注重效果、运用奖惩措施、采取连续与间歇强化相结合的方式。

3."试误"是促进知行统一的方法主线

尤其在动作学习的初期，由于个体的知识经验、能力及其对动作的理解不同，对动作的感悟、调节、控制及效果预期等都存在差别，以至于动作会在路线、节奏、平稳、准确、力与速等方面表现出差别。而动作规律则不以个人的意志而转移，具有唯一性。因而，个体只有在练习过程中通过不断尝试、比较，才能探索到相对合理的动作。同时，尝试的过程就是在建立有选择性的联结，个体的目的、观念、感知等内部意识就会与动作外在表现共同发展，并形成相对统一的整体状态。

4."顿悟"是认知水平改善的重要表现

与绝对的从零开始不同，我们学习行为动作的时候，或是已经先期学习了动作的原理、规则，或是已经具备了某些先前经验，因而不会盲目尝试，总是要经过一定的思考，并与目的、效果、原则等相联系。然而，由于行为的参与，使思考的过程更为复杂，不但要思考知识性的规律、原理，更要对行为动作本身有清晰的认知，包括了单独的内部认知、对动作的过程认知，以及监控过程的元认知等复杂状况。只有当认识到动作的本质规律，并与行为水平相契合时，才是真正的领悟。这一领悟水平是与动作实践过程相联系的,只有知行水平跨上一个新的台阶,才能超越原有的认知水平。

5."结构"是体质健康的起点与归宿

如果说心理发展是主体与客体相互作用的结果,动作是认识的源泉,学习的本质是内部知识结构或认知结构的变化,那么在体质健康领域,认知与躯体统一于身体,身体既是参与活动的主体,也是需要改造的客体。只有当内部认知水平、躯体结构水平及身心协同水平得到统一提升,体质结构水平才真正得到了改善、提高。同时,广义的身体活动过程统合了主体与客体相互作用的发展过程和目标结果,既是认识的源泉,也是体质结构水平改善或提升的必要过程和基本手段。因而,身体活动过程是体质健康实现的基本源泉,原有的体质结构水平是逻辑起点,包含内部认知、躯体结构、身心协同在内的体质结构水平改善、提高是学习的根本所在。

6."高度差"是健康可达到的基本范围

由于受个体经验、基础能力、认知水平、环境、动机、努力程度及可能的策略方法等的不同,每个人可能达到的体质健康水平也一定会有所不同。每个人的原有水平或现实水平与可能达到的健康水平之间就形成了一定的差距空间,即高度差。这个差距就是学习可能取得的成就,也是未来健康可能达到的基本范围。这个范围越大,最终可实现的体质健康水平就越高。为了增大高度差的范围,学习者要从环境、动机、认识水平、努力程度、策略方法等方面不断改进,以便具备更高实现可能,才可能达到更高的健康水平。

7."环境"是影响学习效果的重要变量

从健康的特性来看,尽管我们也经常谈及不同历史时期、区域人群的健康状况,但更易于感受到的则是个体特定历史条件下人与人相互比较的结果。因而,对于每个现实个体来讲,体质健康很难有绝对标准,通常是以个体为参照的具有时代特征的相对标准。当我们在所处的环境中,不经意间也必然会与周围人比较胖瘦形态、体格姿态、体力或是其他具体的身体素质与能力,也一定会形成群体性的认知标准。这一标准成为制约我们健康目标、健康行为及可能达到健康水平的重要因素,影响着周围的健身氛围、行为方式与习惯。因此,从自身做起,承担个体健康责任的同时,创建更高标准的健康环境氛围也是我们每个人必须承担的社会责任。

(四)动作技能的学习阶段

动作技能的形成是有阶段性的,不同的阶段具有不同的特点,通常把运动技能的形成划分为3个阶段。

1. 认知阶段

在技能学习的初期,练习者的神经过程处于泛化阶段。其主要特点是:内抑制过程尚未精确建立起来;注意范围比较狭窄;知觉的准确性较低;动作之间的联系不协调,特别是肌肉的紧张与放松配合不好;多余的动作较多,整个动作显得忙乱紧张,完成的动作在空间、时间上都不精确;能初步利用结果的反馈信息,但只能利用非常明显的线索;意识的参与较多。

在此阶段,练习者主要是通过视觉观察示范动作并进行模仿练习,较多地利用视觉来控制动作。因此,动觉的感受性较差,对于动作的控制力不强,难以发现自己动作的缺点和错误。

2. 联系阶段

经过一定的练习之后,练习者初步掌握了一系列局部动作,并开始把个别动作联系起来。神经过程逐渐形成了分化性抑制，即只有条件刺激才能引起条件性反应，而近似刺激具有抑制作用，不引起条件反射性反应。其主要特点是：在动作的联系阶段兴奋和抑制过程在空间和时间上更加准确，内抑制过程加强，分化、延缓及消退抑制都得到发展；注意的范围有所扩大；紧张程度有所减少，动作之间的干扰减少；多余动作趋向消除，动作的准确性提高；识别错误动作的能力也有所加强；初步形成了一定的技能，但在动作之间的衔接处常出现间断、停顿和不协调现象。

在此阶段，练习者的注意主要指向细节，通过思维分析，概括动作的本质特征，逐步地意识到整个动作，把若干个别动作结合成为整体。这时，视觉已不起主要作用，肌肉运动感觉逐渐清晰明确，可以根据肌肉运动感觉来分析判断。

3. 完善阶段

在这个阶段，练习者的动作已在大脑中建立起巩固的动力定型，神经过程的兴奋与抑制更加集中与精确，掌握的一系列动作已经形成了完整的有机系统，各动作都能以连贯的形式表现出来，自动化程度扩大，意识只对个别动作起调节作用。

第二节 体质健康教育环节

根据体质健康教育过程的目的任务，整个过程可分为"测、教、学、练、用"5个基本环节，这5个环节是体质健康教育过程的具体阶段，是相互联系的有机整体，构成了整体的体质健康教育的完整过程。

一、测试环节

测试环节是指依据学生体质健康的内容和标准，通过使用一定的技术和方法对体质健康水平进行评估、检验的过程。

（一）测试的内容与依据

1.《标准》指标与体质健康成分

这个过程的主要依据为《标准》。对于大学生来说，《标准》共有9项指标：体重指数（BMI）、肺活量、坐位体前屈、50米跑、立定跳远、引体向上（男）、1分钟仰卧起坐（女）、1 000米跑（男）、800米跑（女）。

其中，男女生各7项，前5项是共测项目，分别代表了身体形态、呼吸系统机能、柔韧、速度灵巧和爆发力5项体质内容；后4项则根据男女生的生理差异和对未来健康的重要程度进行分项测试，男生测试引体向上和1 000米跑，女生测试仰卧起坐和800米跑，分别代表了上肢力量或腰腹力量和心血管耐力两项体质内容。

从具体类型来看，7个测试指标分别代表了身体成分、呼吸系统机能、柔韧、运动能力（身体素质与能力）、肌肉力量、心血管耐力等6类体质健康成分。依据国际传统，一般将呼吸系统机能与心血管耐力归类为心肺功能。因而，主要就有身体成分、心肺功能、柔韧、肌肉力量和运动能力五大类体质健康成分。

与体适能不同，健康体适能主要考虑与健康密切的身体适能成分，即仅从生理机能的角度考虑前4类体质健康成分，很少提及外显的身体运动能力。而我国《标准》，一是考虑到生理性机能与外显活动能力互为表里，且需要外显活动才能体现内在机能；二是考虑到青少年学生身体潜能发展问题,且涉及以体育智、以体育心等深层逻辑;三是健康概念的指向在"状态与能力",需要包容性地考虑到身体活动的外显状态与能力问题。因此,《标准》指标就涵盖了4类生理机能成分和1类身体活动能力成分,形成9项指标的5类体质健康成分。

2. 其他类型的测试

体质健康的内容广泛、层次较多,《标准》测试只是从生理机能和身体活动能力两个方面反映体质的水平状况。因而并不排除其他形式的标准参照或常模参照,如基于医学标准的检测、身体活动能力评估、身体素质测试、生理机能或代谢水平测试等,甚至在个体健康促进过程中还会经常用到主观感知评价,以及个体或群体间的相互比较参照。

(二)测试的目的与功能

1. 测试的目的

国家要求各级各类学校每年组织一次《标准》测试。从个体的角度来看,最为直接的目的就是检验学生的生理机能水平和身体活动能力。从宏观的角度看,是提高全民族健康水平的重要组成部分,是监测学生整体体质水平的重要方法,是督促学生养成健康生活习惯和全社会健康氛围的必要手段。具体而言:

①从国家宏观政策来看　监测全国青少年学生体质健康水平整体变化情况,为国家宏观政策提供依据。

②从个体健康发展来看　评价学生体质健康水平,反馈体质健康促进过程的效果,帮助学生及时查漏补缺,调整方法、策略。

③从学校等实施部门来看　导向各级各类学校以学生体质健康水平为目的和依据,积极开展体育教学改革,丰富学生课外体育活动,制定规章制度。

④从教师等实施主体来看　督促一线教育工作者以此为目标和基本学情依据,改进教学方法、策略,引导学生积极参加体育锻炼。

2. 测试的功能

这个环节的主要功能是评价功能。其性质可以是诊断性评价、形成性评价及总结性评价。诊断性评价能够及时发现问题,形成性评价能够有效地监控过程,总结性评价能够得出客观结论。其功能作用强大,能够教育青少年学生明确体质健康成分,明确影响身体健康的因素,如观念、知识、技术、行为等基础内容,引导、激励学生积极参与身体锻炼过程,为相关实施主体提供个体与群体的健康诊断结果,为采取干预措施提供基础依据。

从大的方面来看,《标准》的内涵是测量学生体质健康状况和锻炼效果的评价标准,是学生体质健康的个体评价标准。其功能主要体现在:教育和激励功能,反馈功能,引导和锻炼功能。

(三)测试的手段与方法

各级各类学校每年都要对所有在校学生进行一次《标准》测试,基于操作需要,通常以手动测量仪器或自动测量仪器进行测试。其一是不同方式涉及不同的组织形式、程序与操作方法;其二是每一种具体测试项目都有具体的动作技术方法。

如前所述,《标准》测试的是学生生理机能水平和身体活动能力。如果学生不能掌握仪器的操作方法和测试项目的动作技术方法,那么就无法测试出真正的能力水平,自然也就不能真实反映学生的体质水平状况。如此一来,既影响评价、反馈的效果,更不能延伸到锻炼过程，帮助相关实施主体正确认识到体质健康促进过程的方法、策略及量与度等问题。因而，方法因素是不可忽略的前提性要素，需要给予足够的重视。

二、教授环节

教授环节即教学环节，是教师教授健康知识、技能，引导学生形成健康观念、培养学生健康习惯的过程。在此，对教育教学的一般规律不再赘述。考虑到与健康密切相关的身体发展问题，主要从身体活动能力需要即时开发和可能对后续发展产生影响的角度，介绍迁移理论、关键期效应、身体潜能开发等几个重要理论，以求充分了解学生的身心发展规律，更好地引领学生，帮助学生健康成长。

（一）促进迁移是教授的出发点

1. 迁移与教育

迁移是指一种学习对另一种学习的影响，或已获得的知识经验对完成其他活动的影响。迁移现象存在广泛的范围，如在知识领域，学生基于所学的加减法和四则运算去学习代数或解决实际生活中的运算问题，用数学基础知识去理解、计算物理和化学中的一些数量关系；在技能领域，会拉二胡的人更易于学会拉小提琴，棒球选手打高尔夫通常也会打出高水平；在情感、态度及行为领域，乐观开朗的人通常会对几乎所有的事保持乐观的态度，在家爱劳动的学生通常在学校也比较勤快。

迁移理论是学习理论的重要组成部分。在教学活动中，迁移不仅表现为先前学习对后续学习的影响，还表现出后续学习对先前学习的影响。这种影响可以是积极的，也可以是消极的。在教育心理学家奥苏贝尔（Ausubel）提出"为迁移而教"之后，教育界很快就普遍接受。在这一思想的指导下，为塑造学生良好的认知结构，教育工作者不断从改革教材内容、呈现方式，以及重视教学程序、基础原理、学习策略等方面入手，通过全面考虑教学内容、结构、顺序之间的相互关系，以促进学生有效学习。

2. 迁移的种类

（1）根据迁移的影响效果，把迁移分为正迁移与负迁移

①正迁移　指一种学习对另一种学习起到积极的促进作用，常发生在两种学习的原理、内容或过程相同、相似时，如数学知识保证了物理、化学学习中的计算问题，阅读技能的掌握有助于写作技能的形成，学习素描对今后学习油画会产生积极的影响。在体育运动中，体能主导类项目有快速力量性、速度性及耐力性项目，技能主导类项目有表现难美性、表现准确性、同场对抗性、隔网对抗性及格斗对抗性项目。一般情况下，同类型项目之间存在更多的共性成分，正迁移的现象就更为广泛。

②负迁移　指一种学习对另一种学习起到干扰或抑制作用，常产生在两种学习易于混淆的情况下，此时一种学习可能会使另一种学习更加困难、错误增加。如学会汉语拼音对学习英语音标会有干扰现象；学会三轮车后，三轮车的平衡技术给自行车学习带来了干扰；乒乓球落台后前冲速度和网球落地后前冲速度差别较大，一般在初次接触时需要适应；学会羽毛球正、反手技术后，持拍手的指腕动作会对网球正、反手动作产生干扰。

（2）根据迁移发生的概括水平，把迁移分为水平迁移与垂直迁移

①水平迁移　又称横向迁移，是指同一概括水平的经验之间的相互影响。学习内容之间的逻辑关系是并列的，如从熟悉的猫、狗等动物入手学习哺乳动物的概念，就易于应用

熟悉的特征去识别鲸或海豚等不熟悉动物；学习乘法交换律 $A×B=B×A$ 时，知道了 $3×5=5×3$，就易于应用于 $5×8=8×5$ 的情景中；对于同是持拍动作的乒羽网项目，同是跑步的 100 米、$4×100$ 米接力、800 米、1 000 米，同是跳跃的三级跳、二级跳、立定跳等，掌握了其中一种就会易于掌握另一种，甚至在某些方面很可能会有无师自通的效果。

②垂直迁移　又称纵向迁移，是指处于不同概括水平的经验之间的相互影响，即具有较高概括水平的上位经验与具有较低概括水平的下位经验之间的相互影响，包括自下而上和自上而下两种迁移。自下而上的迁移常见于归纳式的学习中，如在概念学习中，学生原有知识经验中的番茄、马铃薯、萝卜、芹菜等会有助于上位概念蔬菜的学习。自上而下的迁移常见于分解式学习中，如理解了三角形的意义有助于理解等腰三角形、等边三角形、直角三角形。体育运动中的时空感、身体素质与能力、骨骼肌肉的运行规律、动作技能的形成规律等是具有共性的上位概念，这些知识、能力的提升有助于具体运动表现。同时，各种参与身体活动的过程相反会促进身体形态、身体素质与能力、器官功能及健康水平等上位属性内容的质地提升。

（3）根据迁移的内容，把迁移分为一般迁移和具体迁移

①一般迁移　又称普遍迁移，是将一种学习中习得的一般原理、方法、策略和态度等迁移到另一种学习中去。如对一种外语的语法结构、构词规则及学习方法的掌握，将有助于掌握另一种属于同一语系的外语学习。如身体活动中循环、重复等一般性练习方法，强度、次数、时间等一般性标准，身体素质中的力量、速度等基础性内容，认知或心理层面的态度、意志等一般性心理内容与过程等，这些都有基础性的一般规律，能够实现普遍的迁移。

②具体迁移　又称特殊迁移，是指把从一种学习中习得的具体的、特殊的经验直接迁移到另一种学习中去。如在学完单词 basket（篮子）后，再学习 basketball（篮球）会更容易；在学习 eye（眼睛）和 ball（球）之后学习 eyeball（眼球）更容易。在学习难度较大体育动作时，通常会在专项准备活动或分解练习中，先把目标内容的关键部分在相对容易的条件下提前融入（学习篮球转身运球、排球起跳扣球等动作时，先期融入或分解转身、运球练习，起跳、扣球练习）；当然，对于不同内容的跑、跳学习时，腿部的蹬伸动作也会特殊迁移到另一种学习中去。

（4）根据迁移的内在心理机制，把迁移分为同化性迁移、顺应性迁移与重组性迁移

①同化性迁移　指在学习的过程中，如果学习者的原有认知结构没有发生改变，直接将原有的认知经验应用到本质特征相同的一类事物中去。如原有认知结构中鱼的概念，由草鱼、带鱼等概念组成，现在要学习鳗鱼，把它纳入鱼的原有结构中，既扩充了鱼的概念，又获得了鳗鱼这一新概念的意义。在身体活动领域，各种专项技术，以及平衡、稳定、协调、顺畅等基本身体活动能力，和力量、速度、灵敏、柔韧、耐力等身体素质等既有区别，也都从属于专项、身体能力、身体素质等应有的基本结构。

②顺应性迁移　指在学习的过程中，学习者需要调整原有的经验或对新旧经验加以概括，形成一种能包容新旧经验的更高一级的认知结构，才能适应外界的变化。例如，我们在日常生活中形成了报纸、书刊、广播、电视等概念，当这些概念不能解释"计算机网络"概念时，就要在我们原有的经验系统中建立一个概括性更高的"媒体"概念来标志这一事物。在健康领域，电视普及以后，保护眼睛需要减少看电视的时间，但随着电脑、手机的发展，就需要用减少"屏幕时间"或"视屏时间"来概括减少看电视、玩电脑、看手机等现象；再如，促进

健康的过程中较早使用参加体育竞赛、体育活动等词汇，但随着人们认识到专门性体育锻炼不能包含健康促进的全部，"身体活动"应运而生，概括了步行、走楼梯、做家务、跑步、健身房锻炼、体育活动、运动竞赛等所有能够促进能量消耗的身体活动。

③重组性迁移　指在学习的过程中，学习者需要重新组合原有认知系统中某些构成要素或成分，调整各成分之间的关系或建立新的联系，从而应用于新情景。对知识和技能的重新组合，能产生出新的知识和技能，如把蜂鸣器和水壶组合在一起，就成为蜂鸣器报警水壶；把眼镜片放入眼睛中，就形成了隐形眼镜；对一些原有舞蹈或体操的基本动作进行调整或重新组合，就编排出了新的舞蹈或体操形式。

(5)根据迁移的影响方向，把迁移分为顺向迁移与逆向迁移

①顺向迁移　指先前学习对后继学习的影响。这种迁移现象无论在体育、健康还是教育领域都比较普遍，如先认识数字再学习加减法，然后学习乘法、除法、代数、函数等，如学会自行车，会更容易学会摩托车。

②逆向迁移　指后继学习对先前学习产生的影响。如掌握外语语法之后，可能反过来对掌握母语语法起到干扰或抑制作用。在体育运动领域，对同一动作而言，改错环节或动作的后期应用环节经常会出现后续的调整、改进，同时这一理念也会影响到其他先期知识、技术结构和进程。再具体一点，如小孩在初期学习网球、羽毛球等挥拍动作时，由于肌肉力量有限，通常会通过增大幅度以弥补力量不足，但随着能力增强，可能要通过减小动作幅度来增强目的性、增加控制性。

3. 学习迁移发生的条件

(1)学习对象之间的共同因素

不同学习对象之间具有共同因素，是学习迁移发生的基本条件之一。共同因素是指学习对象在知识、技能方面具有相同或相似的成分。"共同要素说"表明：如果两种学习对象具有相同或相似的成分，学习时对于人在心理上的一系列反应具有共同要求，可以产生正迁移。如英语和法语在字形、读音和语法结构上有相同或相似的地方，学习这两门外语，在听说读写能力及记忆、思维等心理过程方面有共同要求，所以学习时就容易产生正迁移。

(2)已有经验的泛化水平

共同要素是学习迁移产生的前提、客观必要条件，但不是唯一条件。根据"概括化理论"，产生学习迁移的关键是学习者能够概括出两种学习存在的共同原理。如果学生对学得的知识经验进行了有效概括，就能反映同类事物问题间的共同特点和规律性联系，对具体事物问题的联系就越广泛，认识也越深刻，就越能揭示没有认识过的同类事物问题的本质，并易于纳入已有知识经验系统中去，实现从一种情景向另一种情景的迁移。如在小学数学学习中，学习除法时引入分数的形式，提早将高一级的概念渗透到低一级概念学习中去，会更有利于迁移。

(3)学习的理解与巩固程度

学生在学习过程中接触的概念和原理，并不意味着学习迁移会由此发生，只有在学生深刻理解的基础上，才能产生迁移作用，理解与巩固程度会影响迁移的效果。"认知结构原理"告诉我们，当某一种学习还没有达到全面深刻的理解和相当稳固的程度时，在头脑中就缺乏可利用、可区分的稳定知识结构，难以同化或接纳新的知识，还会对另一种学习产生干扰或负迁移。布鲁姆(Bloom)更加强调知识的巩固程度，甚至认为只有前一种学习掌握到80%~90%的正确率，才能开始新的学习。

(4) 智力水平

无论如何，迁移不是自动发生的。在同等条件下，每个人迁移的效果和总量是有差异的，也就是说迁移还受个人的智力水平这一主观条件的影响。实际学习过程中，与贾德(Judd)的概括化理论、苛勒(Kohler)的关系转换理论相符合的现象是：学生智力水平越高，概括与理解能力越好，对问题情境的知觉就越完善，分析问题和解决问题的能力就越强，表现为反应快、接收好、理解深、运用活，善于融会贯通，举一反三地去揭示和发现新问题，并能够自行纠正、验证答案。桑代克在对中学生的学习效果进行大量研究之后，得出：被试者的智力水平越高，迁移的效果越好。

(5) 定势

定势指由先前的影响所形成的一种心理倾向性或心理准备状态。它将支配人以同样方式去对待后继活动，会为之后的分析问题、解决问题提供思路和线索。定势对迁移的影响有积极的促进作用和消极的阻碍作用。沃德(Ward)的无意义音节实验发现，练习某一类课题有助于类似课题的学习，定势能使后续的作业更加容易完成。与此相反，陆钦斯(Luchins)的量杯实验证实了，当要学习的作业与先前的作业不是同类或者需要灵活变通时，定势就可能干扰后来的学习，并使尝试的解法固定化，对迁移起阻碍作用。

(二) 抓住身心发展的敏感期与关键期

1. 敏感期

敏感期是指特定能力和行为发展的最佳时期，在这一时期个体对形成这些能力和行为的环境影响特别敏感。荷兰生物学家德弗里斯(De Vrier)通过著名的蝴蝶幼虫实验发现：蝴蝶幼虫最初几天不能吞食大叶子，只能吃树枝尖端的嫩叶，但是蝴蝶妈妈为了安全地隐蔽起来会把卵产在树干与树枝的交接处，幼虫会在光的引导下爬到树梢去吃嫩叶。惊人的是，一旦幼虫长大到能吃较粗的食物，即敏感期一过，它对光就不再敏感了，这种本能消失殆尽。

与动物相似的是，儿童身上也存在着敏感期。在现代医学史上，有个意大利小男孩托蒂有一双十分奇异的眼睛，他的眼睛并无任何生理问题，但就是看不见。经过仔细研究才发现，问题不在孩子的眼球上，而是因为孩子刚出生时，眼睛受到了感染，医生直接对其眼睛进行包扎处理，包扎两周后，感染治疗好了，但是孩子的眼睛却因为耽误了刚出生时大脑发育的关键期而看不见了。小托蒂的眼睛被缠住后，由于长期接收不到外界信息，眼睛的大脑神经元衰退，为眼睛工作的大脑神经组织也随之"策略转移"了。

哈佛大学有两位学者对视觉敏感期非常感兴趣，他们发现了一个一只眼睛有先天性白内障的孩子，在做了白内障手术后仍然不能复明。然后，他们进一步做了一个模拟实验，同时把一只新生的小猫和成年的猫的眼皮缝上一段时间。试验的结果是：小猫的眼睛永久失明，而成年猫的眼睛功能依旧。这是因为小猫脑内负责处理那只眼睛的信息的神经元因为没有受到应有的刺激而不能和其他神经元连接。

小托蒂的悲剧在于错过了眼睛受光的敏感期。经验证明，在各个敏感期，如果儿童受到干扰和阻碍，不能正常使用他们的身体的各种功能，相关的功能就会丧失。不能使用鼻子，鼻子就会失嗅，不使用耳朵，耳朵就会失聪；不使用眼睛，眼睛就会失明。人体的器官严格执行着"用进废退"的原则。

2. 关键期

"关键期"理论由奥地利著名的生物学家昆拉多·洛伦兹(Lorenz)发现，并因此获得了诺贝尔奖。"关键期"是说：人类的某种行为和技能、知识的掌握，在某个特定的时期发展最快，最容易受环境影响。如果在这个时期施以正确的教育，可以达到事半功倍的效果；而一旦错过这个时期，就需要花费很多倍的努力才能弥补，或者可能将永远无法弥补。

1935 年，洛伦兹发现，小鹅在刚孵化出来后的几个到十几个小时之内，会有明显的认母行为。它追随第一次见到的活物体，把它当成"母亲"而跟着走。如果小鹅第一眼见到的是鹅妈妈，它就跟着鹅妈妈走；如果第一眼见到的是人类，就会把人类当成母亲，跟着人类走；而当它第一眼见到的是跳动的气球时，它也会跟着气球走，把气球也当成母亲。然而，如果在出生后的 20 小时内不让小鹅接触到活物体，那么过了一两天后，无论是货真价实的鹅妈妈还是洛伦兹自己，无论再怎样努力与小鹅接触，小鹅都不会跟随，更不会"认母"。

进一步的研究发现，小鸡、小鸟等都是通过这一过程来辨认自己母亲和同类，而且这一现象在其他哺乳动物身上也有所发现。小鸡、小鸭的"母亲印刻"关键期在出生后的 10~16 个小时，而小狗的关键期在出生后的 3~7 周。研究还发现动物在关键期内，如果自己的妈妈在小动物出生后不久就离开的话，它们也可以对其他动物发生"母亲印刻"。

在洛伦兹提出"关键期"的概念不久，人们很快就在儿童发展的事实中找到了关键期存在的证据。20 世纪 60 年代，科学家在印度发现了两个"狼孩"，那是在幼年时被狼偷去的两个人类婴儿。其中一个两岁左右，另外一个大约是六岁。两个孩子和狼生活在一起，学到的完全是狼的习性，如四肢爬行、吃生肉、白天睡觉、晚上出行，发出像狼那样的吼叫等。科学家把这两个"狼孩"带回了英国，首先是教"狼孩"直立行走，但是这两个"狼孩"直到十六岁的时候仍然走起来左右摇晃；其次还教"狼孩"穿衣服，吃熟肉，用刀叉及晚上睡觉、白天活动等人类的生活习惯，但"狼孩"在英国生活了很久之后仍然会半夜起来，到冰箱或垃圾桶找生肉吃；科学家们也教"狼孩"说话、认字、算术，可是直到十六岁，"狼孩"也只能说一些非常简单的句子，而且经常不连贯，认字、算术都很差，心理学家估计他们的智商大概相当于正常儿童三岁的水平。"狼孩"的例子使科学家们相信，六岁前显然是动作、生活习惯、言语、智能等学习的关键期，六岁前成长的环境对人的一生有着深刻而无法改变的影响。

相比之下，敏感期是指这一时期个体对形成这些能力和行为的环境影响特别敏感。关键期指个体发展过程中环境影响能起最大作用的时期。研究者发现，在关键期的开始及结尾阶段，机体对环境的敏感度较低，在中间阶段最高。但若缺乏某种影响，便会引起发展方面的变异。

3. 一般身体发展的时期

（1）一般身体生长发育规律

①生长发育是一个连续的过程，但并非等速进行，具有阶段性。一般年龄越小，体格生长越快，出生后 6 个月内生长最快，周岁后基本稳步成长，至青春期又迅速加快。

②各系统的发育快慢不同，各有先后。神经系统发育先快后慢，生殖系统发育较晚；淋巴系统则先快而后放缓；皮下脂肪发育年幼时较发达；肌肉组织的发育到学龄期才加速。

③一般生长发育遵循由上到下、由近到远、由粗到细、由低级到高级、由简单到复杂的顺序规律。

④个体生长发育在一定范围内因受先天和后天各种因素影响而存在较大的差异。

⑤人体发育有 3 个阶段并各具特点（表 5-1）。

表 5-1 人体青春发育期的 3 个阶段及发育特点

性别	前期	中期	后期
女孩	10~12 岁	13~16 岁	17~23 岁
男孩	12~14 岁	15~17 岁	18~24 岁
特点	以身体形态发育突增现象为主,称为生长加速期	以第二性征发育为主,称为性成熟期	身体发育到完全成熟阶段

(2) 身高与骨骼生长

人体的高矮是由骨骼的生长发育决定的。在长骨的两端,有一种专管骨骼生长的骺软骨。未成年时骺软骨不断生长,骨骼就不断增长;成年后增生停止,个子也就不再长了。

①婴儿出生时平均身高约为 50 厘米。

②出生后第一年身高增长最快,平均增长 20~25 厘米。

③1~3 岁平均每年增长 8~10 厘米,1 岁时身高约为 75 厘米,2 岁时身高约为 85 厘米,3 岁时身高约为 95 厘米。

④3 岁后身高增长速度递减,每年增长约 5~7 厘米。

⑤进入青春期后男孩身高可长 20~30 厘米,女孩身高可长 15~25 厘米。

⑥儿童的生长速度在四季并不相同,生长最快的是 5 月,平均增长达 7.3 毫米,10 月生长得最慢,平均增长只有 3.3 毫米。

青春期后身高增长逐步减缓直至停止,男性在 25 岁、女性在 21 岁之前仍然有长高的希望,从大数据来看就读大学期间男女身高还可增加 1 厘米以上。

(3) 肌肉与力量增长

人体肌肉与力量的关系较为复杂,肌肉的肌纤维类型分为快肌纤维和慢肌纤维;肌肉力量有绝对力量、相对力量、速度力量、力量耐力等不同种类;肌肉工作所克服的阻力包括物体重量、摩擦力等外部阻力,以及肌肉的黏滞性、肌肉间的对抗力等内部阻力。

一般来说,肌肉生长量与力量能力表现为正向相关,即肌肉多、力量大,肌肉少、力量小。因而肌肉生长的同时,力量就在增加。人体生长阶段,不同时期肌肉总量与体重的百分比见表 5-2。

表 5-2 不同时期人体肌肉总量与体重百分比

时期	出生时	3 岁	6 岁	8 岁	12 岁	15 岁	成年
肌肉总量与体重比(%)	16.6	21	21.7	27	29	33.3	43.5(男) 35(女)

在肌肉增长的同时,体重、身高也在增长,受大小肌群、肌肉横断面积、青春期后内分泌急剧加快、性成熟期等的影响,以及年龄小时肌肉含水量比成人高、肌肉蛋白能源物质储备比成人低、肌纤维较细、肌力弱、耐力差等相关因素,并不是所有生长阶段的力量与肌肉的增长都呈直线上升。总体来说,肌肉与力量发展的敏感期主要有:

①大肌肉发育的敏感期为 1~2 岁。

②小肌肉发育的敏感期为 1.5~3 岁。

③12 岁起肌肉总量急剧增加。

④15 岁后小肌肉群迅速发育。

⑤女子少儿力量素质发展的敏感期是 11~15 岁，男子少儿为 12~16 岁。
⑥女子 22 岁左右肌肉与力量发展达到最高值，男子 25 岁时达到最高值。
⑦30 岁后，肌肉衰竭速度大于生长速度。
⑧40 岁后，肌肉以每年 0.5%~2% 的速度减少。

(4) 心脏生长与功能
①心脏发育的关键时期在怀孕的第 8 周。
②0~5 岁时心脏改变很明显。
③12 岁左右心脏质量达到出生时的 12 倍，15 岁时接近成人水平。
④16 岁以后左室收缩功能达到稳定状态。
⑤21 岁以后心脏结构固定，舒张功能随年龄增长呈生理性降低。
⑥40 岁以后，运动性泵血功能明显减退。
⑦50 岁以后，心脏功能全面衰退。

(5) 肺的生长与通气能力
①出生前，肺泡与毛细血管已相当发达，胎儿一出生就具备呼吸功能。
②呼吸系统发育较晚，8 岁左右才能真正发育完成。
③18 岁前，肺功能与身高、体重和年龄均呈正相关。
④18~26 岁是肺功能峰值期。
⑤26 岁后肺功能随年龄的增长呈递减趋势，每 10 年下降 9%~27%，但长期坚持体育锻炼的人，其肺活量仍能保持正常。

(6) 身体素质与能力的增长
身体素质是人体在运动、劳动和日常活动中，在中枢神经调节下，各器官系统功能的综合表现，如力量、速度、耐力、灵敏、协调、柔韧等机体能力。身体素质的强弱，是衡量一个人体质状况的重要标志之一。

总的来说，7~25 岁时人体各项素质随年龄增长而增长，我们将这种增长称为自然增长。但是，此期间各项素质的自然增长具有阶段性特点，即各项身体素质在自然增长的各年龄阶段中增长速度不同。如青少年时期，各项素质随年龄递增的速度从大到小依次为力量、耐力、速度。只有根据身体素质发展的特点，采用最佳体育教学内容和方法，才能有效提高青少年的体质水平，为今后运动技能的学习打下坚实的基础。

①力量素质　是指身体肌肉收缩时产生的力量，其增长特点见表 5-3。

表 5-3　力量素质增长特点

力量	绝对力量		相对力量		速度力量		力量耐力	
	自然增长	敏感期	自然增长	敏感期	自然增长	敏感期	自然增长	敏感期
男	11~13 岁 16~21 岁	18~19 岁	增长平缓	18~19 岁	7~13 岁	11~14 岁	7~17 岁	青春期~ 18 岁后
女	10~13 岁 18~25 岁	15~17 岁	增长平缓	15~17 岁	7~13 岁	10~13 岁	15 岁前	青春期~ 15 岁后

②速度素质　是指人体在单位时间内移动的距离或对外界刺激反应快慢的一种能力，其增长特点见表 5-4。

③耐力素质　是指人体长时间进行肌肉活动和抵抗疲劳的能力，其增长特点见表 5-5。

④灵敏素质　是指迅速改变体位、转换动作和随机应变的能力，其增长特点见表 5-6。

⑤协调能力　是指身体各部分协同配合的能力，其增长特点见表 5-7。

⑥柔韧素质　是指人体活动时各关节肌肉和韧带的弹性和伸展度，其增长特点见表 5-8。

表 5-4　速度素质增长特点

速度	反应速度		动作速度		位移速度	
	自然增长	敏感期	自然增长	敏感期	自然增长	敏感期
男	6~12 岁	9~12 岁	7~13 岁	10~13 岁	7~13 岁	8~13 岁
女					9~12 岁	9~12 岁

表 5-5　耐力素质增长特点

耐力	有氧耐力（一般）		无氧耐力（专项）	
	自然增长	敏感期	自然增长	敏感期
男	14 岁前	12~14 岁	直至成人	15~16 岁
女	18 岁前	12~14 岁	直至成人	15~16 岁

表 5-6　灵敏素质增长特点

灵敏	快速发展	高峰
自然增长	7~9 岁	19 岁
敏感期	10~12 岁	

表 5-7　协调能力增长特点

协调	一般协调能力	专项协调能力	高峰
自然增长	6~9 岁	9~14 岁	13~14 岁
敏感期	6~13 岁		

表 5-8　柔韧素质增长特点

柔韧	快速提高阶段	减慢阶段	停滞阶段
自然增长	5~9 岁	11 岁	18~20 岁
敏感期	5~9 岁		

（三）注重身体潜能开发

1. 潜能与教育

潜能是潜在的能量或能力，常指人类原本具有却没有被开发出来的能力，或是一个人身上现在没有，但将来会有的潜在力量。从能力的属性来看，是与活动任务相联系的，只有与活动联系并影响活动效果才能外化、显现；从潜能的特征来看，具有未显性和可诱发性，即如果通过施加适当的条件便可显现为能力，但也可能因缺乏相应的条件而永远也无法显现；从潜能的发挥途径来看，可能是通过心智的、身体的、精神的或方法的创造而实现操作效果的提升。

从本质上来看，潜能是个人或人类正向能力的发展与突破，涵盖正向需求的方方面面，是一种永无止境的最大化突破。这一点与教育的价值不谋而合。

著名教育家卢梭（Rousseau）在其名著《爱弥儿》中说道："什么是最好的教育？最好的教育就是无所作为的教育：学生看不到教育的发生，却实实在在地影响着他们的心灵，帮助他们发挥了潜能，这才是天底下最好的教育。"

人在出生以后，对人、自然与社会几乎是一无所知，只有在接受教育的过程中才能认识物体、人际等本就存在的现象及其运行规律，只有在接受教育之后以遵循客观规律的方式改造世界，才能创造出更大或更为有用的价值，展现出人内在的能力。反之，如"狼孩"等例子，人也有可能因教育水平、时代局限等条件限制而开发不足，表现出人类的时代性差别或人与人的个体差别。

正因如此，我们越来越认可教育的价值在于唤醒每一个孩子心中的潜能，帮助他们找到隐藏在体内的特殊使命和注定要做的那件事。教育的过程也不仅是要从外部解放孩子，而且要唤醒孩子内在的心灵能量与人格理想，解放孩子的智慧，发展孩子的潜能，激发孩子的生命创造力。

2. 身体潜能及其开发

身体潜能是潜能的一种，是指躯体自身拥有的潜在能力，在某个环境或条件刺激下，身体的潜能就会发挥出来。

在日常生活中，我们常将身体潜能认为是特殊情境下超乎平常的行为表现，如危险情况下自救时超常的力量、速度、意志或耐力等。如《汉书·李广传》记载，李广一次外出打猎，误把草丛中的石头当成老虎，在关系到生死的时刻，拼尽全力拉弓射箭，把箭射入了石头中。等他认出是石头后，再次拉弓射箭，却再也不能将箭射入石头了。

在体育运动领域，我国大多学者从"运动"或"竞技"的角度认为：身体潜能是指为了最大限度地发挥和提高人体在体格、身体能力、心理和运动能力等方面的潜力，取得优异运动成绩的身体能力。充分挖掘这种潜能，是提高体育竞技水平的重要途径。

在体育教育领域，美国动作教育（movement education）模式强调：在与环境相互作用的时空里，促使个体利用自身的能量体系，在位置上做出改变。它也译为"运动教育"，被美、英等国家认为是传授运动技能的最佳方法，其指导思想是发现或探索学生可发展的一切潜力。

相关的病理研究表明，青少年时期的体质健康问题，将对中老年时期的身体健康构成巨大隐患。青少年时期的肥胖、呼吸和心血管系统机能的下降，是导致和诱发中年后糖尿病、冠心病等多种高致命性疾病的原因。这些生活方式病都是发病于成年，而疾病病根形成于青少年。

脑科学研究认为，脑的发育过程存在一系列的关键期和敏感期，与之相适应，人的生长发育同样具有关键期和敏感期。如果青少年在生长发育过程中，一些后天的身体机能发展需要在适当的时候获得必要的外界刺激，当外界刺激不能满足这些需要时，就会错过生长发育的最佳机会，人体的某些身体机能就永远得不到充分发展，还会导致相应的运动中枢神经的退化，学生生长发育逐渐失去物质基础，表现出体质健康水平的下降。

基于相关的研究成果，可以看出随着科学技术的发展、健康意识的增强，人们越来越意识到身体发展具有明显的关键期效应，早期良好的身体发展对后续疾病预防起到积极作用，早期身体发育不好必然会影响后续身体能力的体现。这一点无论是在我国学生体质健康领域还是在欧美体适能领域，都不断地向人们传达着这样的信息，即良好的身体质地就意味着良好的健康状况，意味着具有能够安全从事身体活动的能力，意味着能够预防运动不足引发的各种疾病。因此，在身体发展的过程中，如果错过生长发育的最佳机会，就永远得不到充分发展，还会为后续的身体健康埋下隐患。

立足于身体价值的最大体现，着眼于当前躯体的发展可能对后续身心产生的影响，意在将深藏在我们意识与躯体中、人类原本具备却忘了使用的身体能力开发出来。我们将"身体潜能开发"定义为：用有效的方式开发躯体潜在的能力，提高人体的外在表现能力和健康水平，并为今后长远的躯体表现和健康奠定基础。

这一定义的价值主要是为健康服务的，并非单一的速度、力量等特殊潜能，因而既要防止因不能及时开发而永远得不到充分发展，也要防止因过度开发而造成损伤，对后续的健康和身心发展造成不良影响。在大方向上，其主要内容有：

①骨骼肌肉能力。

②器官运行能力。

③动作表现能力。

④身心协调适配能力。

⑤身体价值实现能力。

与体质健康相比，二者的共性在于：身体潜能与体质健康的实体都是躯体，身体潜能的开发有利于健康状态的表现和持续；二者都是由多种具体的身体能力内容构成，潜能的身体能力是健康的基本内容，潜能的发展有助于整体健康的实现。二者的不同之处在于：身体潜能具有未显性和可开发性的特征，以及内隐的特点，而体质健康的状态与能力具有外显性的特征；身体潜能重在能力，体质健康包括能力和状态；身体能力只是健康的部分内容，健康包含更大的范畴；身体潜能需要开发，强调最大化发展，体质健康需要促进，强调身体整体运行的最佳状态。

显然，健康的实现需要在学生身体发展的各个"关键期"抓住时机，及时、最大化地开发学生身体能力，这样才能有助于提高学生当前的躯体表现能力（如运动成绩），并为今后的生理、心理发展奠定良好基础，不至于因当前的开发不足而影响后续的健康持续（少年儿童还会影响生理、神经系统、运动系统的发展）。

当然，基于健康的需要，身体能力的发展既不包括"超能力"，也不包括有损正常健康的超常表现，仅指"对学生当前的身体状态及时、最大化开发，及为后续的躯体表现和身体健康奠定基础"，即在健康的限度内或在健康导向下开发身体潜在的能力。

三、学习环节

学习环节主要是指学生接受知识、建立动作表象、感受动作技术、体验运动参与等接受教学内容的过程。学习者在意识的参与下，接受体质健康领域的观念、概念、规律，建立动作表象、感知与练习动作技术，体验运动参与，与已有经验建立联系，建立相应的认知框架和动作结构。

(一)活动的重要价值

1. 心理活动是外部活动的内化

活动理论起源于德国著名哲学家康德(Kant)与黑格尔(Hegel)的古典哲学,由苏联心理学家维果茨基(Vygotsky)创始,成熟于苏联心理学家列昂捷夫(Leontyev)。列昂捷夫提出了著名的活动理论,主张内部心理活动是由外部活动产生的,其机制是内化。他认为,内部的心理领域是在外部活动中,通过外部活动而发生、形成的,外部活动则直接实现着和客观对象的实际接触。所以,内部的心理领域正是通过外部活动这个环节而向外部对象世界敞开着大门的,外部对象世界也是通过外部活动这个环节而进入内部心理领域的。

从发生上来说,外部的过程先于内部的智慧过程,内部活动起源于外部活动。人的活动分为内部活动和外部活动两类。内部活动就是指人们的智力活动、思维活动;外部活动就是指人们外部的实践活动。内部的心理活动是由外部的实践活动转化而来,同时内部的心理活动也可以转化为外部的实践活动。因此,内部活动与外部活动具有相同的结构,它们之间的向化转化过程就是内化与外化。要实现这一过程的方式和方法,唯有通过外部活动才有可能。当其中某些过程逐步失去其原有的外部形式,转化为个体心理的内部活动,也就完成了内化,即操作外界物质对象的外部形式过渡为智慧、意识水平上的进程。

2. 身体能力是身体活动的累积

"物竞天择,适者生存"是自然界的基本法则。英国生物学家达尔文(Darwin)认为,物种进化是一个缓慢的历史过程,进化的内在条件是连续变异的累积,外在条件是有差异的空位。对于内在条件就像"一天不能吃成一个胖子"一样,达尔文说:"自然给予了连续的变异,人类在对他们自己有用的一定方向上积累了这些变异……正如近代地质学排除了一次洪水能凿出大山谷的观点那样,自然选择也将把连续创新生物的信念或生物的构造能发生任何巨大的,以及突然的变异的信念排除掉。"对于外在的条件就像"困难任务需要动员更多的身心参与"一样,达尔文说:"如果没有有利的个体差异或变异发生,自然选择就无所作为;同时在这个地区的自然机构中如果没有空的位置可以让一个或更多改变的生物更好地占据,自然选择也无所作为。"

在大的人类历史进程中,我们的身体总是以活动的形式,在与环境的交互作用中进化。在小的个体生长进程中,我们总是以具体的活动形式参与社会互动,汲取人类经验增长智慧,获得身体成长或健康状态。对于后者,躯体性健康更依赖于以身体为手段的身体活动过程,实现的内在条件是:身体结构、系统各个部分的功能在逐渐连续累积后,实现了能力的提升和状态的改善;其依赖的外在条件是:活动任务的环境需求与自身能力之间的差异空位或高度差,即由于存在能力之间的差异空位,我们可以且需要通过努力主动适应环境的需求。当然,累积的过程是一个持续逐渐的过程,健康的实现不可能形成任何巨大的或突然的变异;其次,活动任务的环境需求与自身能力之间的高度差必须在身体可实现的、相对微弱的范围,否则可能会造成不良影响。

在人的身体活动中,一部分是无意识行为,另一部分是有意识行为。无意识行为指自然本能的反应,如天气寒冷,毛孔收缩,以减少皮肤散热;天气炎热,毛孔扩张,增加排汗、加速散热,以保持体温的相对恒定;有意识行为指主动寻求更好的发展,如学习增智、锻炼强体等。

在体质健康领域，活动即指有利于体质健康的身体活动。这并不排除对无意识行为的利用和改造，如运动中排汗散热、活动中的本能防护；但更多强调的是依据健康促进规律，主动地寻求改善与提升，如体育锻炼、饮食、睡眠。

因而，活动不仅是心理发展的源泉，有目的的身体活动更是身体能力累积的本源。在身体活动中，我们经历的是以身体为手段的身体活动过程，累积的是器官功能、生理机能等内在机体质地，展现的是身体形态、身体素质及能力的外显形态，实现的是良好的身体运行状态或生活状态。

(二)动作的重要意义

在心理发展领域，列昂捷夫认为学习是在与外界、他人有所联系的活动中汲取着人类的经验。而所有的活动总是以某种具体动作的形式存在的，如劳动活动存在于劳动动作中，学习活动存在于学习动作中，交往活动存在于交往动作中。因而，动作是活动最基本的组成部分，一系列动作的组合就成为活动的基本形态。皮亚杰更为直接，认为心理既不是起源于先天的成熟，也不是起源于后天的经验，而是起源于动作。

显然，在智力的发展中，包括教学、劳作、交往在内的所有活动是心理发展的源泉，组合成各种活动的动作是最基本的单元。

在体质健康领域，要学习的内容一是相关经验的获得，包括相关的知识、技术及观念等的内化，其涉及的动作范围较广，包括师生互动的教学活动、日常生活的家庭活动、与他人互动的社会活动，在这些活动中我们接受具体动作展示的健康经验；二是身体活动的具体操作，其内容是具体而丰富的身体动作，包括走、跑、跳、投等具体动作在举手投足间的展现，这些动作的结构、幅度、力度、速度、稳定、协调、顺畅构成了外显的动作形态，这些动作形态需要躯体相应的骨骼肌肉、器官功能、系统运行等内在能力，并累积了躯体在解剖学与生理学意义上的内在能力，以及在能力基础上形成的相应身体形态与状态。这两种内容相互成就，经验内容指导动作内容的有效实现，动作内容促进经验内容的领悟与升华。它们一起持续的结果就形成了个体在体质健康方面不同的认知与行为习惯，体现了个体的体质健康水平状况。

现实生活中，我们往往从具体的动作技术开始学习，然后将基本动作技术运用到活动中，形成具体的活动形态，如走路、爬楼梯、做家务等日常身体活动，各种休闲、健身、竞技体育活动。尤其在竞技体育的技术学习中，每个单元动作的学习，都需要调动心智能量，接受动作原理、规律等经验，用身体实践动作的活动形式。在这个过程中，神经通路得以形成，认知得到发展，心智得到内化，素质与能力得到提升，情绪、态度、意志等个性心理得以形成、完善。

(三)学习过程的3个环节

在学习活动中，需要内化的经验与学习活动本身具有相同的结构，因而分析学习活动的结构自然是首先要探讨的问题。列昂捷夫依据活动理论，对活动的结构进行分析，认为一切活动的结构都是环状，由3个基本环节组成：

①内导作用。

②同对象环节实际接触的效应过程。

③借助于返回联系修正和充实起初传入的印象。

因此，与活动的结构相一致，学习过程的结构也是一种环状结构。列昂捷夫认为它由以下 3 个基本环节组成：

1. 定向环节（即"感受环节"或"输入系统"）

定向环节的活动开始于外界环境的刺激作用，其中包括主体的感觉器官和中枢的一系列反应动作。这些动作的结果起到揭示刺激本身的特性及其意义与作用，达到认知新的环境，建立调节行为定向映象，解决行动的定向问题。这一环节对于刺激和行为之间的联系来说，起着中介作用，它在学习过程中占有主导地位。

2. 行动环节（即"运动环节"或"输出系统"）

行动环节是紧接定向环节的动作而来的，它是在定向映像的调节支配下发生的。行动环节的作用主要是把新环境的定向付诸实施，对动作的对象施加影响。因此，有人[塔雷金娜（Talyzina），1975]称它为动作的"工作部分"。

3. 反馈环节（即"返回系统"或"回归式内导系统"）

反馈环节指的是执行环节动作结果的回归式内导系统。这种回归式内导系统的作用在于对行动结果进行检验、调节和认可。所以，反馈环节的功能主要是校正行动。在实际学习过程中，往往有两种反馈信息：一种来自有机体的效应器官活动所发生的动觉刺激，这可以称为内反馈信息；另一种来自效应器官活动所引起的种种现实变化，这可以称为外反馈信息。无论是内反馈信息还是外反馈信息，对行动都可以起检验、核对和调节的作用。

（四）学习效果的重要变量

1. 动机的导向作用

动机是直接推动个体进行活动的内部动因或动力。不管什么活动都要符合主体的一定需要，力求达到所需要的对象，而活动所指向的对象也就是活动的真正动机。活动的概念必须同动机的概念相联系着。作为活动的标志，就是具有激发着它们的动机。

意识是人类特有的最高级反映形式，不仅是在个体的活动中形成和发展，而且与意识与活动的对象，也就是个体的动机有着密不可分的关系。只有处于活动对象位置上，才能被主体真正地意识到，否则就只能被知觉到，而不是被意识到。

从纵向的角度来看，活动可以分为 3 个层级或者水平：活动、动作、操作。活动是由一系列动作组成的。而动作是指向目的的，通常情况下动机和目的不相符合。动作实现的方式是操作，操作直接依从于目的的具体条件。所以任何一个活动，都是符合于一定的需要，为一定动机所激发，由动作组成，借助于操作而实现的。

其中，动机与目的对学习活动有着重要的内导和定向作用。活动的动机导引内部意识，活动越满足内部需要，内部动机越强烈；动作的目的定向操作方式，操作越符合动作目的，行为定向越明确。如渴了需要喝水，"渴"是内部状态，"解渴"是需要，也促成了动机；"喝水"是目的，"喝"是具体动作，执行动作的是操作。在外部行为中，其中操作指向"喝水"的目的而不是其他目的，定向"喝"的动作，完成外部活动；外部活动因动机引发，因能够满足内部需要而被意识到，内化为内部心理。

体质健康的学习过程中，在好奇心、求知欲、快乐体验、寻求挑战、良好的身体感觉、健康生活、自我展示、获得尊重与欣赏等需要的基础上，形成学习活动的内部动机，内导意识参与，注意活动对象；在师生活动、交往互动、身体活动等活动过程中，通过一系列由操作实现的具体动作达到获取知识、掌握技术、参与身体活动、提高健康水平、养成健康习惯等学习目的。其中，动机与目的在起始阶段有重要的导向作用，是学习效果的重要变量。

2. 操作的条件作用

操作是操纵动作或不赋予意义的具体动作形式，通常的操作流程、操作规范、操作要求等是指按照一定的规范、要领、程序与结构等操纵动作。通常情况下，活动、动作、操作三者，是根据活动的内部关系、内部联系而分析出来的，离开这种内部关系、联系，我们就分不清面前的某一个过程是动作还是操作。另外，活动是经常发生转化的一种过程。例如，活动如果丧失引起它的动机，就可以转变为动作。动作也可以由于获得独立的推动力量而转变为活动；或者，动作也可能转变成达成目的的方式，成为实现不同动作的操作。

因而，只有当操作与一定的要求、规范相联系时，操作才被赋予一定的目的、意义而成为有目的的动作，操作的水平就是动作的水平。如在操作模仿阶段与熟练阶段，操作的水平就决定了动作品质、动作结构、动作控制和动作效能。具体而言：①动作的稳定性、准确性、灵活性较差或是较好决定了动作的品质；②动作各成分在整体上协调、连贯、顺畅，还是各动作成分间干扰多、衔接不顺、多余动作多等决定了动作结构的优劣；③以视觉控制为主导还是以动觉控制为主导，以及肌肉感觉能否主动调节决定了动作的控制能力；④完成动作轻快、消耗能量少，还是易于疲劳、紧张等决定了动作效能水平。

外部活动与内部心理有共同的结构，外部活动会反映于内部心理，因而外部活动的过程及效果必然会影响心理内化的效果。而操作的条件要求决定了动作水平或目的的达成情况，动作目的达成情况又是外部活动效果的标志，影响着动机是否得到满足及其内化的程度。因此，加强操作条件控制，有利于达成动作目的，提升活动效果，甚至间接地决定了心理内化的程度与水平。这一结论的具体体现就是一般意义上的动作要求，我们通常会以"高标准、严要求"范式体现在不同的具体动作学习中。

3. 反馈的调节作用

反馈是内部心理与外部系统相互作用的基本形式。在控制论中，系统输入与输出是存在因果关系的回路，反馈就是将系统输出的结果返回到输入端并以某种方式改变输入，进而影响系统功能的过程。在身心的相互作用中，心理意识主导着活动的开始，活动是否满足内部动机的需要，动作是否能够达到活动目的，都需要获得反馈，并根据反馈不断地调节活动过程、动作效果。只有通过反馈，内部心理系统才能获得外部活动的基本信息。

反馈分为正反馈和负反馈。如果反馈的效应起到增强作用，称为正反馈。例如，排尿反射进行时，当膀胱收缩时尿流刺激了尿道的感受器，传入冲动进入中枢进一步加强中枢的活动，并通过传出神经使膀胱收缩更为加强，膀胱收缩加强使尿流刺激也加强，再加强中枢的活动，使排尿过程越来越强烈，直至尿液排完为止。如果反馈的效应起到减弱作用，称为负反馈。例如，在血压的调节中，当某种原因引起血压上升时，对血压敏感的感受器的传入冲动就增多，信息经传入神经传向中枢，通过心血管中枢的分析综合活动，控制信息沿传出神经传至效应装置，使血压上升受到限制，血压下降，而血压下降的本身又会反过来减弱感受器所受的刺激，使传入冲动相对减少，这样血压就不会无限制地下降，从而使血压保持在一个相对稳定的水平上。

只有在反馈调节的过程中才能有效保障学习效果。就像有机体的调节一样，反馈环节会对执行环节动作结果进行回归式内导,内导的基本作用在于对行动结果进行检验、调节和认可。所以,反馈环节的功能主要是校正行动。

四、练习环节

练习环节主要指学生自主地反复完成一定的动作或活动方式,掌握顺利完成某种活动的技能或技巧,形成自动化动作或能够顺利完成活动任务能力的过程。

与其他学科不同,体育基础理论知识是要直接应用到动作或健康促进的过程中去,相关理论知识本身无法承担动作的任务,无法直接促进健康,这些知识需要转化为动作或健康行为,才能完成动作所要承担的任务,才能在长期的健康行为中获得健康的效益。

因而,这个环节主体是动作练习,一般不需要对身体活动相关的规律、原理等知识进行专门练习。一是动作或活动本身就伴随着理论问题,随着任务转化为动作或活动本身时,知识则成为实现目标的过渡手段;二是动作或活动的目标是单一的最优化原则,效果就是最好的检验标准,当动作或活动达到最好的效果时,知识就失去了其他可能存在的范围,只存在于唯一、最好效果的情况下,被行为所代替。如跑步时的速度与步幅和步频的关系问题、总体的能量消耗问题,立定跳远的起跳角、起跳速度、抛物线及落地时间等问题,这些规律、原理引领着行为的产生,伴随在行为的过程中。正如"知识如果不能改变行为,就没有用处;但是知识一旦改变了行为,知识本身就立刻失去意义"一样,一旦过渡到行为,就会只关注动作的效果。

当我们在练习跑步、立定跳远之前,知识引领我们的行为按照规律行动;当我们的行为不能按照规律进行时,它们指导着我们改变、修正行为;当我们的行为能够按照规律时,它就失去了其他可能存在的范围,只存在于唯一、最好效果的情况下,同时也就自然融入最好效果的行为之中,被行为所替代,失去了知识本身的意义。

(一)"用进废退"是增强体质的基本原理

"用进废退"指生物体的器官经常使用就会变得发达,而不经常使用就会逐渐退化。就像大脑,越是勤思考、勤运用,便越灵活;而越是懒惰不动脑,大脑便会像生锈的链条,难以正常运转。

这个观点最早是由法国生物学家拉马克(Lamarck)提出,认为生物在新环境的直接影响下,习性改变,某些经常使用的器官发达增大,不经常使用的器官逐渐退化。如盲鱼生长在漆黑的洞穴中,不需要看东西,因而眼睛发生了退化,最终失去了功能。再如家鸡因为长期被圈养,不需要飞,因此翅膀发生了退化,等等。后来,达尔文也是用拉马克的用尽废退和获得性遗传来说明洞穴动物眼睛退化的原因。

尽管,从物种进化的角度,胚胎学家魏斯曼(Weismann)把生物体分为"种质"和"体质"两部分,种质能遗传给后代,体质会因为个体的行为和环境而改变,但不能遗传(种质说)。既然体质不能遗传,器官的"进"或"退"自然就与祖先的"用"和"废"无关了。另外,从染色质和 DNA 分子结构来看,个体从受精卵到成体直至老去,每个细胞的 DNA 序列都是相同的,不论环境如何改变,器官如何"用"或"废"都不会改变。

但新的表观遗传学研究发现,无须改变 DNA 序列也可改变生物性状的遗传机制,如儿童时期的饮食习惯居然会影响下一代的寿命,不仅是生理性状,心理和行为也会对后代产生影响;母亲在怀孕前所遭受的心理创伤会影响她们子代甚至孙代的心理和行为。在动物实验中也发现,母鼠孕期的营养状况会影响到胎鼠的早期营养摄取,从而影响其成年之后代谢综合征的易感性；公鼠的饮食习惯可以影响子代胆固醇和脂代谢能力。

显然，对于个体而言，无论是生理性的器官功能还是动作技能、身体能力，用进废退都是我们必须遵守的基本法则。大量的研究证实，在生理层面上，心血管系统、呼吸系统、骨骼肌肉系统，以及眼睛、耳朵等器官都会因经常锻炼而改善其功能；在技能层面上，熟能生巧、三天不练手生等耳熟能详的词汇是人类多年经验的结晶，相反长时间的荒废一定会使技能生疏；在能力层面上，力量、速度、耐力、柔韧、灵敏等各种身体素质在活动中表现出来的能力，一定是长期练习的结果。而体质就包含了这些所有的范畴。

(二) 动作技能形成的几个阶段

如果我们将动作看成是活动的基本结构，那么无论是单一的动作练习还是活动中的动作练习，都是练习最为基本的单元。练习的主要目的是提高动作的技能水平，形成熟练的自动化动作。而这一目的的实现，需要经过多次反复练习，才能建立清晰、牢固的肌肉记忆，使大脑皮质的兴奋与抑制过程更为协调、精确。一般情况下，动作技能的形成过程大体需要经历泛化、分化、自动化3个阶段。

1. 泛化阶段

泛化是指人和动物一旦学会对某一特定的条件刺激做出条件反应以后，其他与该条件刺激相类似的刺激也能诱发其条件反应，如一朝被蛇咬，十年怕井绳；杯弓蛇影等。

动作技能的泛化阶段主要是指在动作技能学习的初期，学习者对动作结构有概括性的认知，并能初步地完成动作技术，表现为模仿的"会"。

在这个阶段，通过一系列的刺激，大脑皮质有关中枢建立起暂时的神经联系，对动作有了初步的感性认识，能完成动作技术，但肌肉记忆尚未形成，也不清楚技能的内在规律。大脑皮质兴奋加强，抑制尚未建立，兴奋与抑制均呈扩散状态；注意的范围比较狭窄；知觉的准确性较低；动作之间的联系不协调，特别是肌肉的紧张与放松配合不好，多余的动作较多，动作在空间、时间上都不精确，整个动作显得忙乱紧张，表现为生疏、僵硬、费力；能初步利用结果的反馈信息，但只能利用非常明显的线索，难以察觉到动作细节。

这个阶段应以动作主要环节的大体结构、路线、方向为主，并抓住动作的重点关键环节，而不应纠缠过多的动作细节。同时，注重运用示范、图像等直观的第一信号系统信息建立参照，疏通已建立的条件反射联系。

2. 分化阶段

分化是指通过选择性强化和消退使有机体学会对条件刺激和与条件刺激相类似刺激做出不同反应，如浸淫古玩行当多年的专家很容易就辨别出真品赝品。

相比之下，泛化是对事物相似性的反应，分化则是对事物差异性的反应；泛化能使我们的学习从一种情境迁移到另一种情境，而分化能使我们对不同的情境做出不同的恰当反应，从而避免盲目行动。二者既有区别，又互为补充。

动作技能的分化阶段主要是指在不断练习的过程中，动力定型基本建立，学习者能够感觉到动作细节，并能辨别动作的细微差别，表现为精确的"会"。

在这个阶段，学生对动作技能的内在规律有了初步理解，具备了较明确的概念和分析能力，能顺利地完成动作技术。神经过程对其他刺激的反应逐渐消失，形成分化抑制。肌肉记忆基本形成，能够注意到动作的细微变化；肌肉紧张与放松趋于协调，动作之间的相互矛盾和干扰减少，多余的工作趋向消除，动作趋于准确；不依赖视觉就能完成动作控制，对动作过程和动作细节有一定的感知和控制能力。

这个阶段要不断改进和完善动作技术细节，巩固和提高动作质量，防止巩固的动力定型消退。注重运用归纳、演绎等第二信号系统，及时升华动作的运行规律，拓展认识水平、提升动作掌控能力。

3. 自动化阶段

自动化是指当某种条件刺激出现时，会在无意识参与的条件下自动完成动作。如走路、骑自行车等动作，无须过多注意、思考就能自然做出动作。

在这个阶段，随着动作技术的巩固和完善，动作的某些环节相当熟练，可在无意识条件下完成，表现为轻松、流畅、省力、准确、优美。此时，神经系统建立起了巩固的条件反射，大脑皮质兴奋和抑制在时间和空间上更加集中精确。第一信号系统和第二信号系统之间已经成为动力定型的有机整体，并可在必要时随意地切换；第二信号系统可以根据外界环境的复杂变化，随意组合运用熟练的单个技术，以满足战术思想的需要。然而，人类的一切随意动作都必须在大脑皮质的参与下才能实现，在动作自动化后无须过多意识时，低意识控制下的错误动作同样也难以意识到，并且会伴随多次的重复巩固，出现错误动作的自动化和习惯化。

这个阶段要提高自动化动作的运用和应变能力，使动作能够应对各种复杂多变的情况，并防止错误动作的习惯化。注重运用复杂多变的练习环境和条件，提高动作的适用性、经济性和有效性。

(三) 身体动作练习的基本原则

身体动作练习的基本原则是动作练习时所依据的准则。这些准则是在长期、大量的身体练习现象中总结出来的，由相对合理化规范所触发的行为依据。在此，对一般性的教学原则、锻炼原则不再赘述，如个性化原则、全面发展原则、适宜负荷原则、持之以恒原则等。仅从动作的形成与发展角度，依据操作、动作、活动的关系，简要罗列动作练习时应依据的准则，以供参考。

1. 自觉性原则

自觉性原则是指自己对活动相关内容有所认识和感悟，并能自主积极地按照设定目标推动行为的品质及行动准则。自觉性原则显现在行为的自觉性、积极性、主动性等方面，其机制是由个人需要、动机、理想、抱负和价值观等推动的内驱力。因而，一是与内部意识相联系，有一定的内部觉醒状态并形成内驱力；二是与外部行为相联系，主动推动行为朝着符合目的的方向发展。

在体质健康领域，对人体的改造是通过身体手段完成的。身体既有主动的参与性，也有主动的感受性。主动参与性需要自觉的内部动机，主动感受性既会体验到乐趣，也同样会体会到困难。快乐体验具有积极的推动力，而困难的感受则会形成阻力。这种阻力在锻炼过程和学习阶段的重复练习中无处不在。如简单的重复练习会感到枯燥，延长运动时间或加大运动量会感到累，要进一步发挥力、速等潜能一定会遭遇身体惰性阻碍，要改变动作方式会与行为习惯相冲突。排除这些阻力，除了外在要求、个人意志外，更要增强内驱力，以激发行为。

2. 目的性原则

目的性原则是指练习动作时，完成动作的一系列操作指向目的，在动作目的的定向下朝着能够达到活动效果的方向发展。目的性原则是防止为了动作而练习动作，既体现在动作的目的上，也体现在活动的目标上。通常情况下，以身体为手段的动作有一定的目的，以动作为媒介的活动也需要达到活动的效果，即动作具有工具性的特征，真正的目标在活动的效果，如竞赛目标、锻炼效果等。

其一，所有的动作都是有意义的，如投篮、射门、挥拍击球、跑位、假动作等都有特殊的目的；其二，所有有意义的动作都必须遵循一定的操作条件，如走、跑、跳、投等因目的不同，需要遵循的条件、规范不同。因而，练习者必须对动作规律有一定的认识，并朝着符合目的的方向发展。这是确保外部活动与内部意识相统一的条件，是外部动作存在价值的条件，使动作的操作条件内化为内部标准的前提。

3. 重复性原则

重复性原则是指在不改变动作结构及其运动负荷的情况下，按照一定的要求反复练习动作，以求动作能够熟练、精确的练习准则。重复性原则是按照运动记忆或动作记忆的基本原理，以形成动作表象为前提，以建立骨骼肌肉运行的神经通路为条件，以形成熟练的自动化动作为目的，需要反复练习从而掌握动作的一种内在规律性要求。

与形象记忆相同的是都有表象记忆的内容，但表象记忆只是动作操作的前提；与机械记忆相同的是都需要大量重复，但简单重复仅是一种表现形式。由于动作是活动的基本单元，具有一定的目的性，由一系列的操作组成。因而，简单的重复体现不了一系列操作之间在结构上的逻辑、在内容上的主次、在时间上的先后、在技巧上的时机、在品质上的好坏、在效能上的高低，而所有的这些都必须指向并合乎目的。因此，动作记忆比较困难，需要成千上万次的重复，但却不是简单的重复，且一旦记住就不易遗忘。

4. 渐进性原则

渐进性原则指身体动作练习的内容、方法、强度、次数及难度等的顺序安排，应由小到大、由易到难、由简到繁、由低级到高级逐步进行。渐进性原则是由事物发展的规律和生物适应性表现决定的。事物发展的规律决定了事物由低级向高级、由简单向复杂、由无序向有序的运动过程中，发展是不显著的、渐进的。同时，生物适应性要求生物体与环境相互作用的过程中，逐步适应。

具体到动作练习过程中。从知识技能掌握来看，认识规律、动作技能形成规律、生理机能的负荷规律都需逐步推进；从身体能力的增长来看，是逐渐累积的过程。因而，身体动作练习时，动作内容应由易到难，方法应由简到繁，强度应由弱到强，次数应由少到多，运动量由小到大，注意点由关键到全面，要求由主要到全方位；同时，个人应从实际出发，根据个人的性别、年龄、身体素质、身体能力水平、健康程度、有无基础等具体条件，合理选择实施；此外，切记勿贪多求快、忽略基础并片面追求难度，以免不能取得应有的效果，还可能造成不必要的运动伤害。

5. 系统性原则

系统性原则指动作的构成、进步与运用都是一个有机整体，动作练习应该循序、系统、连贯地进行，以便保证对动作有系统的认识、理解，以及动作各要素能够系统、整体地改进与提高。系统性原则是整体观念的集中体现，系统论认为任何一个系统都是一个有机整体，它不是各个部分的机械组合或简单相加，系统的整体功能会表现出各要素孤立状态下所没有的性质，即"整体大于部分之和"。

身体动作是一个复杂的体系，大到身心协调一致，小到身心各层次的结构（从大分子、细胞、组织、器官等)的参与配合；动作水平的增长更是依赖于身心各层次结构功能的累积及其相互协调运行的状态。因此，动作练习不仅要将各个操作置于动作系统中，整体考虑动作的结构及其要素功能，还要将动作置于身体活动系统、能力发展系统，统筹考虑活动类型、内容、要求、效果及身体能力发展目标等因素，有目的地安排练习内容与方法、强度、次数及难度等。

五、应用环节

应用环节是对科学知识应用的过程。主要是依据已有的知识去解决有关的问题，与知识的领会、巩固共同构成掌握知识的全过程。知识的应用以知识的领会和巩固为前提，它也使知识的领会和巩固得到检验与发展，既是检查学生对知识的掌握与保持的一种手段，也是加深理解、巩固知识和使知识进一步系统化的重要方法。

在体质健康领域，应用环节主要是学生将所学知识转化为行为，全方位运用到个体相应的社会生活环境中，在日常生活中养成良好的健康行为意识，全面提高体质健康水平，形成积极的生活方式和习惯的过程。

与一般性理论知识在作业中的应用相比，体质健康领域更注重理论联系实际，依据相关知识去解决实际问题。一是体质健康知识需要转化为日常生活中吃、喝、住、行等过程中的具体行为，不仅需要根据原理得到目标结果(通过计算、推理、分析、总结等形成相对唯一需求的作业结果)，更重要的是需要用行为去实践知识，如有无数种能量摄入与消耗情况可计算，但吃动平衡是唯一的目标结果，因而更为重要的是践行吃动平衡；二是行为的效果也不可能有立竿见影的结果，通常需要积累一定的时间或有一定量的积累，如对于BMI的目标效果问题，明确理论上的范围值相对简单，但当要控制好身体形态时，即使我们不去考虑能量摄入与消耗的广泛途径及其相互可能转化的其他变化，也需要在纷繁复杂的长期过程中才可能达到预期的效果；三是即使我们只看具体单一行为的执行效果，不去关注长期才能实现的健康过程、积久才能养成的行为方式及需要多次重复练习才能形成的自动化动作等长久过程，仅从单一动作运行本身来看，也存在多种变量因素及多种条件控制"度"的因素。如立定跳远的起跳动作，如果是单一的理论问题，大多数情况下，我们可能仅需要计算起跳的角度、速度等就可完成相应的理论作业。然而在实际的动作运用中，仅力的方向问题也不可能仅是单一的质点运行，身体重心受手臂、腿及身体核心控制等多重因素制约，需要整体合力才能找到有效的运行方向或各种条件、参照下的起跳角；如果考虑到起跳速度，更会因人而异，速度快时身体与地面的起跳角大一些，身体在空中的运行时间会长一些，而速度慢时则可能很快进入自由落体阶段。

总之，体质健康知识的应用环节是一个将知识转变为行为的具体过程，涉及多方面的内容和多重复杂的因素，是一个巩固知识技能、改善身体质地、追求健康效果的复杂过程，需要知与行的高度统一。

(一)体质健康知识应用的特点

1. 这个环节是科学的社会实践活动过程

相对于无意义的行为或错误的动作而言，能够符合客观规律的行为或动作在数量上相对会少，如日常坐姿问题，当我们低头看书、仰卧后躺时可能形成成百上千种不同的姿态，但维持骨骼肌肉正常生理结构的姿势是相对唯一的；在投篮、射门或与目的相联系的跑、跳、投动作中，有效的合理动作一定是符合力学、生理学、解剖学及心理学等其他特定规律的动作，否则可能无法达成目的。从大的方面来看，体质健康的实现就像培养人一样，我们没有过多试误的机会。如果使一个错误的动作技术习惯化了，那么大概率是会一直持续下去的；少数能够纠正过来的，一定会付出比掌握这个错误动作更多的心智参与和强化次数。同样，如果在日常生活中养成了一个有害健康的行为方式，通常是需要为之付出惨重的代价；即使存在可能减少危害的办法或情况，那一定需要其他方面更多地弥补。因而，体质健康的实现不是试误的过程，是以科学理论为指导进行社会实践的过程。

2. 这个过程只能通过自身改造来实现

也许我们会错误地将健康水平归结于社会发展和物质水平条件。但是，当我们具体到每一个人当前的时代，就会发现健康是一个个体参照概念。即在相同历史条件下审视健康时，健康是个体间相互比较的产物。在大体相同的时代特征、环境氛围、物质条件下，在同一群体中，有健康的，自然就有不健康的。显然，个体的健康水平大体是源于个体本身，而非群体性的共性。对于个体而言，个体的饮食、睡眠、身体活动等日常行为内容存在千差万别，因而在身体形态、身体机能、运动能力、心理发展、社会适应等方面存在显著不同，这些共同造就了个体身体能力与状态的不同，即体质健康水平的个体差异。而个体的日常行为是自己操作完成的，而非别人完成的，别人只可以影响自己，但永远不能代替自己。

3. 这个过程是以身体为手段来改造身体的

尽管体质健康包含了从身体到心理、社会等多领域的内容，但其基础性的着力点在物质性的身体质地。即物质性的身体质地首先是身心赖以存在的物质性躯体，其次才是物质性载体承载的心理及身心参与的社会互动。因而，体质健康水平的改善，首先是躯体性结构功能及其运行效应的改善，包括了骨骼肌肉、神经、心肺等器官单独和整体的功能与状态。而躯体性生理功能的改善必须遵循生物体用进废退的基本原理，即需要通过"用"而实现。用身体时，身体即成为手段，身体功能的实现成为目的。用身体的形式是动作和操作，其过程就是身体活动的过程。因此，"用"身体活动来改善身体系统功能与状态就是体质健康促进的基本手段，至于在身体活动中可以收获快乐体验、愉悦心理、参与社会互动、融入社会等，这些要么是对身体活动结果的感受，要么是对身体活动过程的体验，要么是身体活动实现形式的产物，它们首先是以身体活动为基础和前提的。

4. 这个过程是在比较中"超越"自我实现的

不可否认，人体可以在自然生长过程中实现新陈代谢，维持生长与发育。但体质健康是一个以个体为参照，相互比较的概念。当我们与他人相比较时，个体身体质地的能力与状态存在差别；当我们与自己相比较时，追求的是身体质地的改善与提升。从相互比较的本质来看，无论是与他人还是与自己的比较，追求的都是"更"的体现。而"更"的体现是结果，这一结果又必须遵循生物体用进废退的基本原理，在身体活动的过程中来实现。身体活动过程的表现在于身体活动的类型、方式、量与度等。当我们处于统一的教学内容与教学背景下，参与身体活动的类型与方式等变量相差不大时，身体活动效果则体现在量与度方面，同时也决定了体质健康水平上的差异。因而，体质健康水平的实现，必须在身体活动过程中追求"更快、更高、更强"等"更"的要求，通过不断超越自我，实现与自己比较、与他人比较的相对能力与状态。

5. 这个过程受个体"知行水平"的高度制约

"子非鱼，安知鱼之乐?"是《庄子》关于自我认知的哲学思辨。在体质健康领域，一是新陈代谢的规律决定了大多数青少年很少能感到身体不适，都会认为自己是健康的。即使因肥胖导致各种身体能力下降，因沉迷于网络而出现视力、体力、器官功能下降、在日常生活中经常有头晕现象、在较小体力活动中就会出现气喘等现象，他们对健康的自我认可度也会较高；二是由于体质健康具有多内容体系，即使在具体指标上能够比较出来的身体能力的相对差异，往往也依旧会感觉良好，甚至还会归因于其他优势的存在；三是个体仅能感受到自己的身体状态，并且是有什么样的能力就有什么样的理解和感受，缺乏对更好状态的认知。因而，对于因外部表现而导致内部感受的差异，个体往往仅停留在自己的认知范围。即使出现外部能力的比较差异，也因无法感知到别人内部感受，对此种状态难以有足够的感知。也会因受外部能力表现的制约，对更高一级身体能力与运行状态难以有切身的体会，进一步促进健康的内驱力也往往表现不足。这一点在体育运动中更为明显，由于个体在力量、速度、技战术等方面有不同的身体能力与状态，个体对外部活动时间与空间上的感知、对时机与位置的选择都会有不同的表现，且是难以逾越的认知障碍。

6. 这个过程的终极目的是实现身体更大的自由

自由是永恒的追求。自由首先是物质性躯体的自由，它影响着内在的知、情、意，影响着外显的精、气、神，它们以躯体为载体，一起构成了身体的自由。在健康领域，越健康的人，身体自由度越大、免疫力越强、适应能力越好、自我修复能力更完善，各种禁忌就越少。如在身体活动方面，强健的体质会使个体在活动的形式、时间、空间，以及量与度等方面有更大的范围，实现"更高、更快、更强"突破；在饮食方面，可摄取的营养更全面，禁忌范围更小；在睡眠方面，睡眠质量更高，受时间、地方等的限制少；在适应性方面，可适应的环境范围广、适应的能力强；在身体自我保护方面，身体的耐受空间增加，受伤的可能性也会减小。总之，自由是与限制相对应的矛盾统一体，自由度越大、受的限制越小。如果没有身体质地的改善和提升，身体就不可能朝着自由方向发展，实现更大的自由。

(二)应用的目的

体质健康知识的应用，既具有一般知识应用的特点，如应用已有知识解决问题，检查知识的掌握程度，使已有知识进一步巩固、升华和系统化等；也是为了通过实践过程达成实际需求，是将学习到的健康与健身规律应用于日常生活，在实践中检验并指导日常健康与健身行为，最终达到内化观念、升华知识、提升健康水平、养成健身习惯、形成健康的生活方式的目的。为了能够明确目标、起到直观的引导作用，我们从最为主要的外在效果来看，主要有以下两个方面。

1. 提高体质健康水平

首先，身体是一个整体，体质健康水平首先突出的是一个整体概念。其次，它的基础是物质性躯体各个部分的功能，体现在身心整体的协同运行状态。因而，它既依赖于躯体各个部分的基础能力，也依赖于各个部分间的协同运行水平。如外显的动作姿态一定与内在的意识水平、深层的神经调节、骨骼肌肉能力等同为一体。

但是，躯体性的生理结构有多结构内容，各部分都处于自身的运行系统中，并有各自的运行机制，因而各个系统的能力及其运行既会相互影响，也必然会相互弥补。就像个体身心发展的互补性一样，个体某一方面的机能受损甚至缺失后，可通过其他方面的超常发展得到部分补偿。例如，失明者可通过听觉、嗅觉等方面的超常发展得到部分补偿。同样，在体质健康领域，也不一定会因个别或部分能力较差而导致最终结果较差。如在800米或1000米跑中，可能会在动作姿态、心肺功能、肌肉力量与耐力、意志水平等因素之间形成互补。

因此，体质健康是一个多内容整体概念，既强调身体状态的整体效应，各部分之间也存在互补效应。显然，如果停留于此，提高体质健康水平的目的便是一头雾水，难以确立具体目标。相关研究表明，与健康密切相关的因素主要有BMI、心肺功能、肌肉力量与耐力、身体柔韧等。为易于在日常生活中感知、实现具体化的分类目标，将体质健康水平的关键子目标进行分类，主要有：

①改善身体形态。
②完美动作姿态。
③提升心肺功能。
④强化骨骼肌肉。
⑤提高身体柔韧。

当然，如果将以上子目标与外在活动相联系，通常就会全面地展现出体质健康的领域内容。因为，以上子目标通常是在身体活动过程中实现的，同时也会必然地在身体活动中体现出相应的身体素质与运动能力，以及个体的适应能力与相应的心理发展水平。

2. 养成健康的生活方式

健康生活方式，是指有益于健康的习惯化的行为方式。其一，在内容上，是指有益于健康的良好行为，从而否定了不良行为；其二，在类属上，是习惯化的行为方式，而非偶尔出现的短暂行为；其三，在内涵上，行为方式包含了饮食、睡眠、日常行为、专门的健身活动等众多行为。

越来越多的证据显示，尽管体育锻炼是增强体质最好的手段，但是体质健康不是偶尔锻炼的结果。从大的方面来看，饮食、睡眠、身体活动是影响体质健康水平的主要因素，而这些是日常生活的主要行为内容。因而，养成健康生活方式的主要子目标有：

①保持充足睡眠。
②合理营养膳食。
③参与身体活动。
④避免不良行为。

如果进一步从习惯的形成来看，只有具备一定的领域知识才能内化观念，规范行为方式，并且只有当行为经过长期的保持或持续之后，才能形成习惯化的行为方式。因此，掌握健康知识、内化健康观念、融入日常生活等都是养成健康行为方式的必要条件。

相关的研究成果显示，青少年的身体活动因素（包括家务劳动、步行、骑车、身体锻炼、体育竞赛等）是影响体质最为关键的因素。因而在以上子目标中，参与身体活动是相对最为关键环节。这一子领域对体质健康贡献最大的是有规律的身体锻炼，即健身、运动或锻炼习惯。同时，当身体锻炼成为习惯之后，就会成为生活方式的一部分。

(三)应用的环节

知识的应用总是要针对一定的问题，如果没有问题就谈不上解决问题，也不需要专门应用相关的知识经验。如果知识的应用已经存在着，那只是自然的存在现象或行为而已，或是规律等待着被发现，或是知识已经转变为行为，与有目的的应用无关。

当问题明确之后，不同的问题涉及不同的领域，需要不同的方法策略。首先需要的是在意识层面寻求到解决问题的办法及需要遵循的规律，而这依赖于头脑中已有的知识经验，如果没有相关的知识经验自然也就谈不到应用问题。

因而，知识的应用涉及一定的程序过程，这些相互关联、不可或缺的程序过程就是知识应用的环节。通常情况下由以下3个环节组成。

1. 审题

审题是审查课题，就是明确课题的任务和条件，在头脑中建立课题的初步印象。课题的任务就是问题所在，课题中要解决的问题是知识应用的目标，也是确定思维方向的目标。

爱因斯坦（Einstein）曾经说过："如果给我1个小时解答一道决定我生死的问题，我会花55分钟来弄清楚这道题到底是在问什么。一旦清楚了它到底在问什么，剩下的5分钟足够回答这个问题。"这足以显现审题的重要性。

在身体活动领域，受惯性思维和环境影响，干扰现象无处不在，甚至成为影响活动效果的重要因素之一。如跑步速度的快慢取决于步幅与步频，但是能够清楚地知道自己在田径场跑一圈需要多少步的学生却没有几个。

2. 联想

联想是相应知识的重现，解决课题必须利用已获得的有关知识。它是在分析课题的条件和问题的基础上，通过联想，激活头脑中已有的有关知识而实现的。

同样，反向的示例也比比皆是。如游泳的速度取决于减小身体阻力与增大动作推进力的效果，然而一旦进入水中，身体的舒展、平衡，动作的慢收、快蹬（蛙泳动作技术）等要求都会抛之脑后，更不用说浮力、阻力等基本知识了；即使知道击打的动量与质量和速度有关，可是在学习相关击打动作（球类撞击动作、格斗击打动作等）时，身体重心跟进却往往难以引起重视。尽管类似的现象有多方面的原因，但对相关知识的重视确实是一个较大的挑战。

3. 课题类化

课题类化就是依据头脑中重现的相应知识去分析课题的性质特征，找到它与相应知识的关联，把当前的课题纳入相应的知识系统中去，使课题归类，然后找出解决问题的方法，使课题得到解决。课题的类化是在了解题意、知识重现的基础上进行的，是抽象知识具体化的中心环节，实际上课题类化是运用知识过程中的知识迁移问题。如仰卧起坐主要测试腹部肌肉的收缩能力，知道了腹部主要肌群是腹直肌、腰大肌、腰小肌、髂腰肌、腹内外斜肌等，就可通过上固定、下固定、两头收缩等多种形式进行练习。

（四）应用的类型

知识应用是所需心智动作的具体化，具体化是指把抽象的上位知识推广到同类的下位的具体事物上去，或把下位的具体事物纳入原有的上位的抽象的认知结构中去，使抽象的知识与它所反映的具体事物之间建立联系，从而充实原有的抽象结构。

与一般性知识应用的类型相同，主要有直接应用、迁移应用、创造应用3种类型。

1. 直接应用

直接应用是将所学的知识、技术直接应用到相同环境中去的一种方式。如计算食物分数、分量与热量,设定睡眠段与时间,根据目标选择锻炼内容的时间、次数与强度,直接运用动作技术完成某种单一任务等。

2. 迁移应用

迁移应用是将所学知识、技能应用到类似环境中去的一种应用方式。这是最为主要的一种应用形式,广泛存在于技术、战术、身体能力、心理品质等多方面,如技术层面的动作结构、力学原理、肌肉运行规律及影响动作表现的基础能力等;战术层面的时空感知、时机、判断、反应、技术选择,以及发挥优势等;身体能力层面的力量、速度、耐力等身体素质,平衡、协调、顺畅等动作表现,以及身体控制、自我防护等;心理品质层面的感知、注意、情绪、态度、意志等。

与学习迁移不同,学习迁移是学习过程中的规律或发生的一种现象,而迁移应用是运用已有知识、技能解决实际问题。基础知识和基本技能是迁移应用的基本条件,加强基础知识和基本技能的实际运用是促进学习迁移的有效条件。一般来说,应用过程中存在着迁移,但迁移并不都是知识的应用;迁移应用主要是一种顺向的、正迁移过程,负迁移就不是知识的应用。

3. 创造应用

创造应用是根据一定的目的和任务,运用已知信息,发挥创新能力,产生新认识,创造新事物的一种方式。相对而言,这种应用更多集中于该领域有丰富经验的人,依赖于创新意识、创新思维和创新技能等,包括创新概念、理论、方法、技术、手段等,如因信息技术的发展而创造出新的运动监测手段;因科研进展创造出通过柔韧活动降低血压的方法;因竞赛需要在体操、武术等运动中创编新套路;因获胜目标革新动作技术、创造新战术等。当然,广义地来看,日常生活中也不乏创造应用的示例,如因消除不良行为需要而采取的符合个体情况的办法、策略;因锻炼需要而因地制宜、就地取材制作的新器具或借助的新途径等。

(五)应用的形式

应用的形式是指体质健康知识应用时具体表现出来的形式或样子。与应用的类型不同,类型是根据应用现象抽象出来的一般共性,具有抽象性和高度概括性;而形式则是外在表现情况,较为显性和具体。

一般性的知识应用主要有3种形式。一是应用已学知识完成有关的口头作业或书面作业;二是应用已学知识完成实际操作或实地作业;三是去发现或解决生活或生产中的现实问题。

在体质健康领域,除了布置相关理论作业之外,更为注重实际操作。但是,相比之下,解决实际问题,将健康规律融入日常生活才是体质健康领域的终极目的。基于体质健康促进需要,主要有以下具体应用形式:

①指导健身过程。
②参与体育竞赛。
③融入日常生活。
④观察社会现象。
⑤参与社会活动。
⑥帮助他人与团体。

(六)效果的保障

效果的保障是确保学生体质健康知识应用的实际效果能够达到应有的目标。

1. 影响应用效果的因素

从影响知识应用效果的因素来看，通常可分为主观因素和客观因素。主观因素主要指学生对知识的理解和保持的水平，学生的认知策略和解决问题的能力。如知识理解得越深、掌握得越牢固，则知识的应用就越迅速和易于正确，否则就会混乱不清，易产生错误；如果目的明确，能够思维缜密地逐级分类提取信息，就能避免盲目、紊乱、遗漏、含糊不清等现象；如果掌握解决问题的策略，能够明确问题特征，抓住关键点，细化分解目标，就能避免不知从何下手、束手无策等现象。

客观因素主要指课题的性质或需要解决问题的类型、难易程度等客观任务。相比之下，与原有抽象知识有较大相似性的课题，学生容易使课题类化到原有知识中去。同时，以抽象形式提出的课题比以具体情节出现的课题更容易应用，如热量、运动量计算等套用公式的题；而具体的课题应用则比较困难，需要经过分析、综合、排除无关干扰后才能实现课题类化，如将力学、生理学、解剖学等规律运用到身体监控、动作展现、竞赛过程。

2. 保障应用效果的措施

同样，保障应用效果也需要从主客观方面同时加强。在客观方面，需要有良好的健康氛围、完善的设施条件及选择适合的课题任务等。如选择合适的课题任务，即无论是力量、速度、柔韧等的练习，还是日常步行、做家务等习惯的培养，目标任务要稍有难度，又能通过自己的努力而完成。

在主观方面，需要不断改善认知策略、提升解决问题的能力、强化动机、坚定信念、转变态度、调整情绪、付出意志努力等。如提升解决问题的能力，则无论是完成健康子领域的目标任务，还是应用规律实践动作，或是运用动作达成活动效果等，都要注重从平时活动中累积能力。首先要认清问题的实质，定向问题的核心所在；其次要快速与已有知识建立联系，形成解决方案，并能抓住主要矛盾，解决关键问题及其关键点；最后要及时总结、归类，积累经验。

为方便学习者能够抓住应用过程的主要环节，顺利将学习内容应用于日常生活，现从个体内部活动程序的角度，将不同应用现象的共性进行简要归类，以便指导应用过程，确保应用效果。这些措施有：

①设定合理目标。
②制订完备计划。
③严格监控实施。
④及时调整改进。

第六章 体质健康促进的原则与方法

第一节 体质健康促进原则与一般方法

一、体质健康促进

(一)健康促进

健康促进(health promotion)是1986年11月21日,世界卫生组织在加拿大渥太华召开的第一届国际健康促进大会上首次提出的,是指运用行政的或组织的手段,广泛协调社会各相关部门及社区、家庭和个人,使其履行各自对健康的责任,共同维护和促进健康的一种社会行为和社会战略。

后来,美国《健康促进》杂志将其表述为:健康促进是帮助人们改变其生活方式以实现最佳健康状况的科学(和艺术)。最佳健康被界定为身体、情绪、社会适应性、精神和智力健康的水平。生活方式的改变应得到提高认知、改变行为和创造支持性环境3方面的联合作用促进。三者当中,支持性环境是保持健康持续改善最大的影响因素。

1. 健康促进的五大领域

①制定能促进健康的公共政策 健康问题涉及很多部门,不仅要求卫生部门制定相应政策,也包括非卫生部门实行健康促进政策。

②创造支持性环境 创造安全、满意、愉快的生活和工作环境,支持人们采纳有利于健康的行为。

③加强社区行动 充分发动社区力量,积极有效地参与卫生保健计划的制定和实施,挖掘社区资源,解决社区的健康问题。

④发展个人技能 提高人们的卫生保健知识和能力。

⑤调整卫生服务方向 强调个人、社会团体、卫生人员与部门、其他机构、政府等共同分担健康责任,建立有助于健康的卫生保健系统。

2. 健康促进的基本策略

基于健康促进的概念和活动领域,可以将健康促进的基本策略分为倡导、赋权、协调和社会动员,其中倡导、赋权、协调是《渥太华宣言》明确提出的三大基本策略,而社会动员则是联合国儿童基金会在开展致力于改善妇女、儿童健康状况的过程中提出的健康促进策略。

①倡导 主要强调的是针对政策决策者运用倡导的策略,促进有利于健康的公共政策的制定和出台。

②赋权　开展社区及人群的能力建设，使其具备维护健康的意识，掌握科学的知识和可行的技术，激发社区和个人的潜能，最终使社区、每个家庭和个人具备承担起各自健康责任的能力，并付之于行动。

③协调　健康促进涉及政府、各部门、社会团体、非政府组织、社区、个人，使各方面力量有效发挥作用，并能互相支持、配合，需要运用协调策略，关注到各自的利益与行动，形成促进健康的强大联盟和社会支持体系，努力实现维护和增进全社会健康的共同目标。

④社会动员　社会动员策略主要的对象是社会各方面的力量、社区及个人，有效的社会动员需要以远大的目标感召人们，以各方利益得到最大满足与妥协来打动人们，促使各方积极行动，产生切实的成效。

3. "知、信、行"的健康促进模式

"知、信、行"理论模式由英国人柯斯特（Kirst）于20世纪60年代提出。他将人类行为的改变分为获取知识（knowledge）、产生积极的态度和信念（attitude/belief）和形成行为（practice）3个连续过程。其中，知识是行为改变的基础，信念和态度是行为改变的动力。只有当人们获得了有关知识，并对知识进行积极思考，具有强烈的责任感，才能逐步形成信念；知识只有上升为信念，才有可能采取积极的态度去改变行为。

以戒烟过程为例，改变一个人的吸烟行为，使其戒烟，首先要使吸烟者了解吸烟的危害和戒烟的益处，掌握如何戒烟的方法；从而使吸烟者形成吸烟危害健康的信念，产生自觉、自愿戒烟的积极态度；最终才可能产生戒烟的行为。

该理论是解释个人知识和信念如何影响健康行为改变最为常用的模式。可以肯定的是，过去很长一段时间内，该模式都从指导健康教育工作者首先从宣教服务对象健康知识和改变健康信念入手，帮助患者形成正确的健康知识，增强其健康的信念，从而愿意主动采取积极的预防性措施，达到防治疾病的目的。

（二）体质健康促进

1. 从增强体质到体质健康促进的演变

半个世纪以来，我们习惯性以增强体质来代表青少年体质的发展内容与方向。随着"健康第一"思想的确立，学生体质健康成为体质朝着健康方向发展的专有名词。近二十年来，我们使用频率最高的应该是增强、提高或提升学生体质健康水平。如果再往下位概念追索，会发现还有增强或提高身体素质、提升运动水平或能力、改善身体形态、完美身体姿态、增强社会适应、发展身体机能、提高生理机能等不同层次的概念。显然，面对如此庞大的内涵，以往的词汇都难以概括、兼容，需要一个更为包容的概念才能满足这一领域的特殊发展需要。直到近年来，受健康促进的影响，人们才开始接受并使用"促进"这个词汇，以体质健康促进或促进体质健康来描述体质的内涵、发展。

与健康促进一样，体质健康促进概念的应用，是社会发展和人们对体质健康认识水平提升的标志，体现出从重结果到重过程、从只关注个体到关注社会整体氛围、从单一体质到多维内涵领域等多方面认识的转变，也体现了更大的包容性。

①包容体质发展的多维内涵　当提高、改善、增强、维持、保持体质健康水平等概念不足以涵盖推动体质朝着健康方向发展的方方面面时，推动发展和进步的"促进"进入人们的视野。"促进"不仅可以涵盖少年儿童的自然发展、中青年的保持、老年人的延缓衰退等

不同的主观需求，更为重要的是能够涵盖所有朝着正向发展的需求，符合人们主观能动性的健康推动方向。

②包容健康累积的行为过程　随着社会和科技的发展，人们越来越明确健康除了包含身体、情绪、社会适应性、精神和智力健康等多维内容之外，健康能力或状态是长期行为过程累积的必然结果，其内在规律是健康的生活方式和行为习惯。即有什么样的行为、什么样的行为过程，一定会有什么样的健康结果。因而，只谈健康不谈行为过程是一种徒劳的假象。而"促进"既具有主观的推动性，又能体现过程性。

③包容多方主体的共同作用　站在人类历史进程和全社会范围的维度，生活方式与习惯性行为的产生与持续，往往不以个人意志为转移。因而，世界卫生组织强调"创造支持性环境"，这种支持性环境包括了社会相关部门、社区、家庭和个人等多方主体。与以往的概念相比，增强体质等概念多是基于体质发展本身，且易于与个体相联系，难以调动多方主体。相反，"促进"的运用则涵盖了个体、社会、家庭等多方主体，也易于体现多方主体的社会责任。

④包容多个领域的多重影响　朝着正向发展的方向改变行为是增强体质的本质所在，然而考虑到行为习惯的养成、多方主体的共同作用，在宏观管理方面涉及公共政策、支持性环境、社区行动、个人技能、卫生服务等多领域内容；在内在影响方面涉及健康相关的知识与技术、参与身体活动、体质健康成分、社会行为、价值观念与社会责任、营养饮食等多个领域。只有"促进"更能包容认知、行为及其影响因素等多方面的领域内容。

2. 体质健康促进的概念

尽管体质的概念涵盖了所有人群，反映着人体的质量。但体质健康源于《标准》，是《国家体育锻炼标准》在学校的具体实施，适用于全日制普通小学、初中、普通高中、中等职业学校、普通高等学校的学生。因而，在此我们狭义地将其理解为青少年学生的体质健康问题，其他人群可以有选择地参照。

基于此，体质健康促进是在教育过程中促进学生的体质健康水平，是为了促进学生体质健康而进行的教育。尽管概念表述不同、侧重不同，但二者殊途同归，实质均为学生体质健康，且各自侧重的策略、过程都需要相互借鉴、配合使用。

二、体质健康促进的基本定位

1. 体质健康促进的基本定位

世界卫生组织关于健康促进的概念，站在全球范围，立足于管理视角，重在运用手段促使人们履行健康责任的社会行动或社会战略；美国《健康促进》杂志则立足于健康本身，涵盖健康的4个维度，重点在促进生活方式的改变，涉及提高认知、改变行为和创造支持性环境3个方面的联合作用。

对于学生体质健康而言，一是基于我国非常重视青少年的健康成长问题，将"健康第一"作为学校体育的根本指导思想；二是基于教育要影响、改造学生个体的基本立足点。因此，体质健康促进的侧重点不再从公共政策、社区行动、卫生服务等大环境着眼，而是从学生个体入手，通过学习知识、掌握技能、养成习惯等促进个体行为与技能，同时反哺社会健康氛围、社区健身活动、家庭健康素养。

因此，体质健康促进是教育的一部分，是体育教育的重要内容，也是立足于学生体质健康领域自身的发展规律,立足于学生个体发展的促进过程。当然,其既不能否认政策制度、支持性环境等大环境的作用,也需要"家-校-社联动"等的支持,只是在方向上侧重于从"个体-社会"的路径。

2. 体质健康促进的关键策略

体质健康促进的人群范围主要限定于青少年学生,其内容范围主要限定于体质的健康发展,健康促进的主要维度、涉及领域、基本策略同样适用于体质健康促进。基于个体发展需要,主要的关键性策略有:

①改变生活方式是体质健康促进的根本所在。
②"知、信、行"模式是体质健康促进的基础模式。
③持续积累的行为过程是体质健康促进的基本途径。
④支持性环境是影响体质健康促进的最大因素。

3. 体质健康促进的领域内容(见第四章 第一节,学生体质健康领域内容)

4. 体质健康促进的社会导向

支持性环境在健康促进过程中占据着重要的作用,影响健康行为的开始、保持与持续。因而,在体质健康促进过程中,要重视引导学生养成良性的社会性行为,这既是保证能够通过社会活动增强体质健康的基本方法,也是保证支持社会健康氛围,进一步促进体质健康的基本策略。注重引导学生:

①承担个体健康责任,并付之于行动。
②积极展示健身与健康技能,并帮助他人与团体。
③树立健康与健身榜样,感染、号召他人。
④关注相关社会现象与政策,倡导社会健康氛围。

三、体质健康促进的原则

体质健康促进的原则是人们对体质健康发展目标和活动规律的总结与升华,是对体质健康促进活动的总体把握,也是活动过程应该遵循的基本要求。它反映了人们对体质健康促进活动的本质特点和内在规律的认识,是体质健康促进过程中总体性指导原则和行为准则,对体质健康促进活动起着指导和制约作用,能够保障体质健康促进过程的目的性、科学性和有效性。

1. 自主性原则

自主性原则是指行为个体按照自己的健康意愿独立自主地作出选择与决定,自觉、自愿、主动、积极地实施体质健康行为。

自主性具有人能动性的哲学意义,在学习行为中体现了需要的方向、自我的认知、结果的预期,预示着个体调动策略、努力程度、自我监控与调节等一系列自觉的意识,是最为主要的主观因素。尤其体质健康具有明显的个体性特征,需要个体通过自身行为去实现。其一是个体认知水平、领悟能力一定会影响行为选择与过程;其二是即使在相同类型、方式的身体活动中,也会因个体行为量与度的差异造成不同的健康效果。因而,个体的动机、观念、意志水平、克服困难和持之以恒的过程等主观因素在行为过程中占据着重要的位置,甚至直接决定着可能达到的健康结果。这就需要个体在充分理解健康行为目的、意义的基础上,在健康行为选择、规划、实施、管理及承担个体健康责任等方面,有强烈的自主意愿,自觉地实施过程,负责任的自我监控与实施管理策略。

2. 适宜性原则

适宜性原则是指个体选择的健康行为符合体质健康目标，合乎时宜，实施过程有适度的运动负荷，能够收获最佳的健康效益。

适宜是恰当、不冲突、相吻合的意思，适宜性是采取的健康行为与期望目标和个体基础条件等的吻合程度，也是对目标和条件之间的行为过程标准的恰当性描述。它要基于对健康、健身规律的掌握程度，是有效达成健康目标的条件性因素。如果选取的运动类型、采取的方法、实施的量与度等都能与个体目标、条件相吻合，就能有效地达成健康目标，否则就可能会因不合规律的行为而难以达到目标，还可能会因不合时宜的举措而导致意外伤害。其中除了目标的合理性和条件判断的准确性，最为重要的是对健康行为过程的适度把握，如难度、强度、运动量等，既要防止过"大"引起的意外伤害，又要防止过"小"而无法达成目标。

3. 渐进性原则

渐进性原则是指行为内容、方法和运动负荷等的顺序安排要由易到难、由简到繁，保障体质健康水平在循序渐进的过程中逐步改善、提高。

体质健康的促进依赖于相应的行为，人们对健康规律的认识是一个由简到难、由低级到高级、由直观到抽象的有序过程，对健身动作的掌握是一个由简到难、由生疏到熟练、由初级到高级的逐步过程，健康的形成更是一个由弱到强、由低到高、由点滴到聚集的不可逾越的有序阶段。它是健康促进的方法性因素，要求在体质健康促进的过程中，总体上要求：内容与方法由简到繁，程度控制由易到难。在具体过程中，开始部分的动作幅度与力量要由小到大，动作节奏与速度要由慢到快，肌肉与神经强度参与要由弱到强；反之，在行为过程的结束部分则需要逐步地平静下来。此外，动作行为的渐进不仅需要主观的"知"，更依赖于客观的"行"，尤其对行为过程的认知和领悟，否则既难以感受到程度的变化，也无法控制。

4. 全面性原则

全面性原则是指体质健康包含多种成分内容，每一成分都是健康不可或缺的重要组成部分，要全面发展，而不能顾此失彼。

体质是身心共存的物质性基础质地，涵盖了身体形态、生理机能、运动能力、身体素质、心理发展和适应性等众多内容。体质健康所指的不是肌肉发达、四肢发达，而是包括了生理上骨骼肌肉、器官、神经等多种内容的质地和功能状态，以及达到良好功能状态所需的心理发展水平及整体的运行状态和适应能力。而且，无论是身体形态、生理机能状态的表现水平，还是生活中体现出来的身体能力和良好适应，或是感觉、知觉、情绪、意志等心理发展水平，都是健康缺一不可的基本内容。因而，在体质健康促进的过程中，要首先全面了解体质健康成分内容的广泛性，这是确立健康促进目标的前提性要素，也是选择体质健康行为内容的基本前提。

5. 整体性原则

整体性原则是指体质健康的多种成分内容是一个有机的整体，整体与部分、部分与部分之间存在着规律性的联系。

整体性是身体系统的本质特征。身体是系统存在的有机整体，体质健康也是身体器官生理机能、运行水平和表现状态等的综合体，且缺一不可。在身体活动中，上下肢、躯干、头部等各部位扮演着各自的角色，任一部位表现不佳都会影响动作效果；各个系统更是相互依赖，动作发起者是肌肉收缩，肌肉需要骨骼支撑，肌肉的能量来源是能量供应系统，肌肉的代谢产物需要排泄系统排出；即使单就肌肉收缩本身而言，任一简单动作的完成也需要主动肌、对抗肌、固定肌和协同肌等多种肌肉协同参与。因而，体质健康的多种成分不是简单的机械组合，是各种健康成分相互作用的整体效应，它们之间也相互影响、相互制约。在身体活动过程中，身心整体参与完成了活动内容，与此同时，骨骼肌肉、心肺机能、神经功能、消化与代谢水平等各个部分也得到了改善和提高。

6. 前瞻性原则

前瞻性原则是指体质健康是长期行为习惯积累的结果，只有立足于当前，着眼于长远健康发展，才能避免出现未抓住"关键期"、阶段性发展不足、为未来健康埋下隐患等不良后果。

首先，从健康的形成规律来看，良好健康状态的形成不是一蹴而就的，与前期的行为积累存在着必然的因果关系。其次，不良行为是损害健康的罪魁祸首，而且一旦形成就很难改变。再次，身心发展具有明显的"关键期"效应和"认知牢笼"现象，如果抓不住"关键期"会导致身心在本应快速发展的时期不能得到应有的发展，如果停留在原有的"认知牢笼"会导致个体不能有更加长远、开阔的眼界。最后，病理学的相关研究表明："许多生活方式疾病都是发病于成年，形成于青少年"，即青少年时期肥胖等不良体质健康状况会为未来的健康埋下巨大隐患。因而，前瞻性原则强调要为未来长远的健康发展打好基础，是重要的认知因素，需要对健康、健身规律有更深的理解和把握。

7. 生活性原则

生活性原则是指注重在日常生活中增加体力支出，养成良好的生活方式与习惯，增强体质，促进健康，获得幸福。

"生活得健康，健康地生活"是生活该有的样子、是社会的基本形态，也是体质健康促进服务于生活的价值归属。日常生活中有吃、喝、住、行等丰富的身体活动，动作内容，方式更为广泛、能量支出形式更为多样，既能保证每日生活所需、维持终身，同时也能有效限制久坐不动、视屏时间过长等不良行为，且是每日能量消耗的主要方式，同时也是生活乐趣所在、是幸福的基本源泉。与生活性的日常行为相比，健身或锻炼行为有着更为明确的目的、有短时间更大能量消耗的效果，但它不能代替生活的全部，也满足不了生活的目的。因而，在借助专门性训练作为辅助锻炼的同时，要避免主次不分、以偏概全及其他不良行为的产生，注重将身体活动融入日常生活中，享受生活的乐趣。

第二节　改善心血管系统机能水平的方法

一、心、肺系统的功能与特征

心肺功能包括血液循环速度、心脏跳动的强度及次数、肺部容量等，体现在心脏泵血及肺部吸入氧气的能力，影响着全身器官及肌肉活动，是反映人体心脏及肺部负荷能力的重要指标。

1. 体循环与肺循环

心肺系统的功能由体循环和肺循环两个途径实现,构成完整的循环系统(图 6-1)。其中心脏是动力器官,推动体循环和肺循环,血管是流通管道。

体循环的途径是固定不变的,由左室泵出血液流入主动脉,由此再流入周身中小动脉,再流入毛细血管网,接着流入中小静脉,再进入上、下腔静脉,最后进入右心房。肺循环是由右心房的血液进入右心室,再进入肺动脉后流入肺部的毛细血管网,最后汇集到肺静脉,流入右心房。当心室收缩时含有丰富的氧及营养的鲜红色的血液从左心室流出,经主动脉和中小动脉到达周身各处的毛细血管进行物质交换,血液变成含有组织代谢产物的血液,再经中小静脉,最后流入上、下腔静脉,流回右心房。体循环的主要特点是路程长、范围广,而肺循环流程短、范围小。

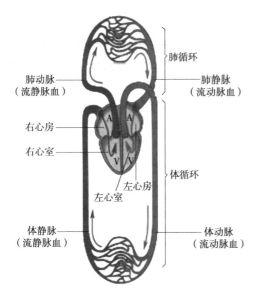

图 6-1　体循环与肺循环

2. 心脏

心脏是循环系统中的动力。人的心脏大小如本人的拳头,外形像桃子,位于横膈之上,两肺间而偏左。主要由心肌构成,有左心房、左心室、右心房、右心室 4 个腔(图 6-2)。左右心房之间和左右心室之间均由间隔隔开,故互不相通,心房与心室之间有瓣膜,这些瓣膜使血液只能由心房流入心室,而不能倒流。心脏的作用是推动血液流动,向器官、组织提供充足的血流量,以供应氧和各种营养物质,并带走代谢的终产物(如二氧化碳、尿素和尿酸等),使细胞维持正常的代谢和功能。

3. 血管

血管是指血液流过的一系列管道(图 6-3)。人体除角膜、毛发、指(趾)甲、牙质及上皮等处外,血管遍布全身。

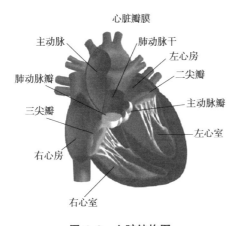

图 6-2　心脏结构图

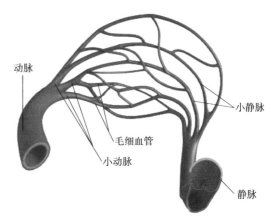

图 6-3　血管的构造

按血管的构造功能不同，分为动脉、静脉和毛细血管3种。动脉起自心脏，不断分支，口径渐细，管壁渐变，最后分成大量的毛细血管，分布到全身各组织和细胞间。毛细血管再汇合，逐级形成静脉，最后返回心脏。动脉和静脉是输送血液的管道，毛细血管是血液与组织进行物质交换的场所，动脉与静脉通过心脏连通，全身血管构成封闭式管道。血管在运输血液、分配血液和物质交换等方面有重要的作用。

4. 肺

肺是呼吸系统的重要器官。机体为了维持生活所需的能量，必须从外界吸取氧气，并排出机体新陈代谢产生的二氧化碳。肺就是完成这种气体交换的器官。外界空气通过肺泡与肺毛细血管进行气体交换，血液从肺泡吸取氧气并将组织细胞带来的二氧化碳排出去，这个过程称外呼吸，由肺来完成。血液中的气体通过细胞膜与组织进行气体交换，血液中的氧释放出来供细胞利用，并将代谢后的二氧化碳带走，这个过程称内呼吸。内呼吸与外呼吸密切配合构成完整的呼吸生理。

肺由支气管、细支气管、呼吸性细支气管、肺泡道和肺泡构成。肺分左右两肺，分别位于两侧胸腔内，表面覆以胸膜脏层，左右两肺隔以纵隔。右肺分上、中、下三叶，上、中叶之间隔以右肺副裂，中、下叶之间隔以叶间裂。左肺分上下两叶，两叶间隔以叶间裂（图6-4）。

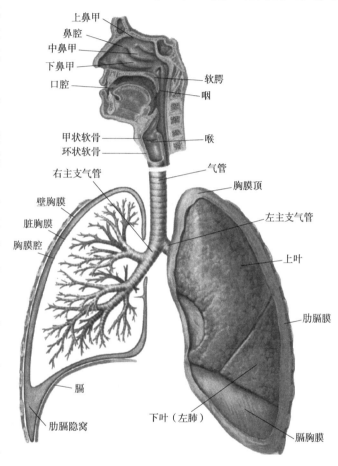

图6-4 肺的结构

肺具有呼吸和代谢两种功能。肺的呼吸功能主要包括：肺容量、通气、换气、呼吸动力、血液运输和呼吸的控制与调节等环节；肺的非呼吸功能包括：储血、过滤和代谢功能。

二、改善心血管系统机能水平的方法

身体活动对改善心肺机能水平的重要作用已经得到了全球范围的普遍认可。经常参与身体活动可以使人体的心肌收缩能力、血管弹性增强，心脏容量增大，提高血液每搏输出量；可以使气管和支气管更为通畅、胸廓的扩张和回缩能力增强，提高每分通气量和最大摄氧量等通气能力和效率；使机体需要的氧气和营养物质得以满足，保证二氧化碳、代谢产物等及时排出体外，并使人体可以承受更大的身体活动负荷，增加身体活动承受范围和生存空间，从而提高人体的整体健康水平。

(一) 改善心血管机能水平的活动类型

1. 改善心血管适能水平的活动类型

耐力性有氧运动对增强呼吸系统摄氧能力、心血管系统载荷、输送氧气和营养物质的能力，以及组织有氧代谢、利用氧气的能力等有显著的作用。

在运动时，由于肌肉收缩而需要大量养分和氧气，心脏的收缩次数便增加，而且每次压送出的血液量也较平常多；同时，氧气的需求量增加，呼吸次数比正常时多，肺部的收张程度也较大。所以当运动持续、肌肉长时间收缩时，心肺就必须努力地工作以给收缩肌肉提供更多的氧气，并运送肌肉中的代谢废物。这种持续性的有氧运动，可提高心肺的耐力。当心肺耐力增加了，身体就可从事更长时间和更高强度的运动，而且不易疲劳。

2. 有氧运动的种类

有氧运动是指人体在氧气充分供应的情况下进行的身体活动或体育锻炼，即在运动过程中，人体吸入的氧气与需求相等，达到生理上的平衡状态。简单来说，有氧运动是指任何连续性的运动，其运动时间较长（约30分钟以上），运动强度在中等或中等以上的程度（最大心率值60%~80%）。

常见的有氧运动项目有：快走、慢跑、滑冰、游泳、骑自行车、打太极拳、跳健身舞、做韵律操等。有氧运动特点是强度低、有节奏、不中断和持续时间长。同举重、赛跑、跳高、跳远、投掷等具有爆发性的非有氧运动相比较，有氧运动是一种恒常运动，是持续5分钟以上还有余力的运动。

(二) 身体活动的时间与强度

在改善心血管耐力水平的身体活动中，一般要求保持中等以上的运动强度，持续30分钟以上。衡量这一活动强度的指标可以用代谢当量（MET）、身体活动水平、主观体力感觉等多种指标，通常心率是最简便易行的方法，青少年应该在150次/分。

结合我国《标准》的内容指标，我国"阳光体育运动"对大、中、小学生每天锻炼一小时的要求，以及《中国人群身体活动指南》(2021)和世界卫生组织《关于身体活动和久坐行为指南》(2020)，青少年学生应以每天60分钟中等以上强度身体活动为参照，在满足有氧运动、体育锻炼、骨骼肌肉活动的基础上，有选择地安排步行交通、社会交往、休闲娱乐等日常身体活动。具体建议如下：

① 每天1小时中等以上强度的身体活动，且以有氧运动、户外活动为主。

② 每周至少有3次剧烈或高强度有氧运动，以及强化骨骼肌肉活动。

(三) 身体活动过程中一般策略

1. 身体协调与控制

身体协调能力或协调性，是指在完成身体动作的过程中，身体各部位在动作的方向、顺序、节奏、幅度、范围及力量、速度等方面能够以恰当的时机顺畅衔接、自然过渡、默契配合并表现出动作整体的一致和流畅，是身体部位、肌群等部分之间协调配合的能力。如果说人体是一个精确运转的机器，大脑是这个机器的指挥中心，骨骼肌肉是这个机器的运行组件，神经是信息接收与传递系统，那么协调性就是在中枢神经系统控制下，与特定运动或动作相关的肌群以一定的时空关系共同作用，从而产生平稳、准确、能够有效控制地顺畅运动。与其相反的是协调运动障碍，如笨拙的、不平衡或不准确的异常运动，不随意运动,肌肉痉挛、肌肉肌腱挛缩等造成的运动异常。

身体协调与控制是身体的基本能力,是人体身心协同运行、高效运转的一项基础功能,是身体高效完成动作的前提条件,能够增强动作的实效性和经济性,是良好身体姿势、动作姿态、动作有效性的必要条件。同时,这种能力是身体本体感受器的感受能力、神经兴奋与抑制交换能力、肌肉放松与收缩转换能力以及大脑形象思维和抽象思维的能力的综合体现,与少年儿童的智力、个性等心理发展有很大关系。

改善心血管机能水平的身体活动多为自主性随意运动,即在意识支配下受大脑皮层运动区直接控制的躯体运动,如快走、跑步、骑车等周期性重复动作或有氧操、舞蹈等节律性成套动作,其难度不大,易于感知、易于实现对动作的控制,也需要对动作之间的衔接、节奏的变换、用力部位的过渡、重心的稳定等内容进行有效的控制,才能确保实现健康目标。

2. 步幅与步频调整

步幅与步频是田径运动的基本术语。步幅指脚步的幅度或一步跨越的距离或长度;步频指脚步的频率或一步所用的时间或单位时间内的频率。二者共同决定着走、跑的速度。在 100 米的比赛中,同样跑出 10 秒以内成绩的运动员,世界著名短跑运动员博尔特(Bolt)的步长达到了 2.44 米,步频只有每秒 4.28 步(表 6-1);我国短跑运动员苏炳添的平均步长只有 2.08 米,步频却达到了每秒 4.73 步。

表 6-1 博尔特 100 米技术特征

时间	地点	成绩(秒)	全程步数(步)	平均步长(米)	平均步频(步/秒)	步长指数范围
2008	北京	9.69	41.1	2.433	4.241	1.241~8.313
2009	柏林	9.58	41	2.44	4.28	1.244~8.388
世界最高水平均值($n=9$)		9.902	45.06	2.22	4.55	1.240~8.154

在改善心血管适能水平的身体活动中,步幅与步频同样是决定快走、跑步等速度的具体指标,并预示着身体活动的强度。如在跑步时,当跑步频率不变时,通过增加每一步的跑步幅度即可提升跑步速度;当步幅不变时,加快跑步的频率也可提升跑步速度。通过调整步幅与步频就可实现目标速度,这一速度会体现出相应的目标强度。当然为了增加能量支出,也可以调整摆臂幅度,当摆臂幅度加大之后,心率也会随之增加。如果是跑步以外的其他身体活动,也可以通过具体的臂、腿等幅度、节奏变化适度调整运动强度。

3. 运用主观体力感觉

现实中不同的人参与身体活动时,会因个人的锻炼经历和体质水平不同,有不同的锻炼感受和锻炼效果。如同一速度和距离的跑步,偶尔锻炼的人可能感觉是中等强度,经常跑步的运动高手只会感觉到较低强度,而对某些虚弱的人可能已经算高强度了。因此,个人体质不同、运动经历不同,所能承受的运动负荷也会不同,所以根据自己的感觉判断运动强度就显得尤为必要。对于大部分青少年来说,中等强度活动的自我感觉有:心跳和呼吸加快,用力但不吃力,可以随着呼吸的节奏连续说话,但不能放声歌唱,如尽力快走时的感觉。实践中,常用自我感知运动强度量表评价主观体力感觉(表 6-2)。

表 6-2　身体活动强度与主观感觉

身体活动水平	主观感觉	MET 值	活动类型
低强度	无须过多用力 呼吸均匀 心率变化不大	1.5~3METs	洗碗、做饭等简单家务，坐着钓鱼、弹奏乐器
中等强度	需要努力 呼吸加快 心率明显加快	3~6METs	拖地、擦窗、搬运物体等更累的家务，上下楼梯，快走，跳舞，园艺，家务，传统打猎和聚会，与儿童一起游戏和体育活动(休闲羽毛球、网球等)，带宠物散步，一般建筑工作(铺瓦、刷油漆)
高强度	需要大量努力 呼吸急促 心率显著加快	6~9METs	铲雪、挖地、搬运重物(20千克以上)等大体力家务，跑步、快速上坡、爬山、快速骑自行车、游泳、跳绳等有氧运动，竞技体育运动(跆拳道、篮球、排球、足球等竞赛活动)

第三节　强化骨骼肌肉的方法

一、骨骼结构与特征

(一) 骨骼

骨骼是人或动物体内或体表坚硬的组织。骨骼的成分之一是矿物质化的骨骼组织，其内部是坚硬的蜂巢状立体结构；其他组织还包括了骨髓、骨膜、神经、血管和软骨(图6-5)。人体的骨骼起着支撑身体的作用，是人体运动系统的一部分。成人有206块骨。骨与骨之间一般用关节和韧带连接起来，有支持躯体、保护体内重要器官、供肌肉附着、作运动杠杆等作用，部分骨骼还有造血、维持矿物质平衡的功能。

骨骼对身体活动的重要作用首先体现在对内脏、脑等器官的保护功能；其次，由骨骼构成骨架，维持身体姿势，起到支持作用；最后，骨骼、骨骼肌、肌腱、韧带和关节一起产生并传递力量使身体运动。

骨骼会因营养不良、大量饮用碳酸饮料、久坐不动、受冻等产生不良的健康影响，如骨质疏松、骨骼变形、关节炎等病变，青少年还可能产生骨生长发育不良现象。保持良好的饮食习惯、经常参与适当的力量训练，可以增加骨密度、促进骨骼生长，有效防止日常生活中因摔倒而发生的骨骼受伤事故。

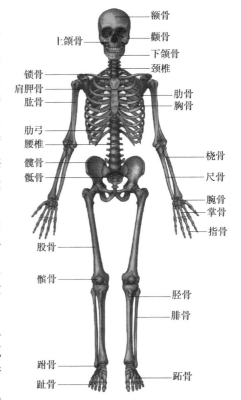

图 6-5　人体骨骼图(全国体育院校教材委员会，2005)

(二)基本骨骼技术

1. 人体动作的 3 个面(轴)(图 6-6)

(1)人体动作 3 个轴

人体运动系统主要由骨、骨连接(关节)和骨骼肌 3 种器官所组成。人体外显运动主要是围绕关节的旋转运动,旋转运动经常是绕着 3 个轴来进行的。

①垂直轴 又称纵轴,自头顶至尾端,与地面垂直的轴。

②矢状轴 自腹侧面达背侧面,与垂直轴呈直角相交。

③冠状轴 人体两侧同对称点之间的连线,与地面平行。

(2)人体动作 3 个面

同样,人体外显动作在特定的具体阶段也会体现出一定的平面特征,与 3 个轴相一致,主要有 3 个面。

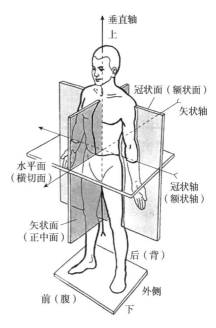

图 6-6 人体动作的 3 个面(轴)
(全国体育院校教材委员会,2005)

①水平面(横切面) 与水平面平行,把身体上下两个部分分开,如各种旋转动作。

②矢状面(正中面) 与水平面垂直,把身体左右两个部分分开,如各种屈伸动作

③冠状面(额状面) 与水平面垂直,把身体前后两个部分分开,如各种外展、内收动作。

2. 关节运动方式

围绕人体动作可能的 3 个轴,关节的运动方式主要有屈、伸、内收、外展、旋转及环转等(图 6-7)。

①屈和伸 围绕冠状轴的运动。

②外展和内收 围绕矢状轴的运动。

③旋内和旋外 围绕垂直轴的运动。

④环转 是围绕屈、外展、伸、内收联结起来的动作,即近侧端不动、远侧端做圆周运动。

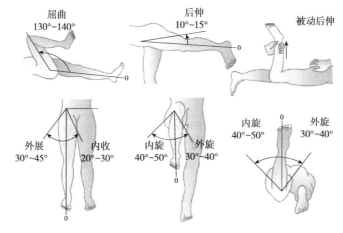

图 6-7 关节运动方式

二、肌肉及其收缩

1. 肌肉

肌肉（muscle）主要由肌肉组织构成。肌细胞的形状细长，呈纤维状，故肌细胞通常称为肌纤维。

人体肌肉约639块（图6-8），按结构和功能的不同又可分为平滑肌、心肌和骨骼肌3种。平滑肌主要构成内脏和血管，具有收缩缓慢、持久、不易疲劳等特点；心肌构成心壁，两者都不随人的意志收缩，故称不随意肌。骨骼肌分布于头、颈、躯干和四肢，通常附着于骨，骨骼肌收缩迅速、有力、容易疲劳，可随人的意志舒缩，故称随意肌。

骨骼肌是运动系统的动力部分，分为白、红肌纤维，白肌（快肌）依靠快速化学反应迅速收缩或者拉伸，红肌（慢肌）则依靠持续供氧运动。在神经系统的支配下，骨骼肌收缩时，牵引骨产生运动。人体骨骼肌分布广，约占体重的40%，每块骨骼肌无论大小如何，都具有一定的形态、结构、位置和辅助装置，并有丰富的血管和淋巴管分布，受一定的神经支配。因此，每块骨骼肌都是一个器官。

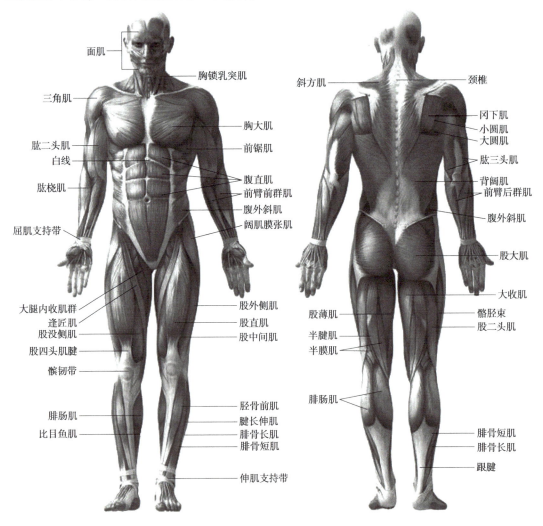

图6-8 人体主要肌肉（全国体育院校教材委员会，2005）

2. 肌肉与身体活动

人体运动系统由骨、骨连结和骨骼肌3种器官组成。骨以不同形式连结在一起，构成骨骼，形成了人体的基本形态，并为肌肉提供附着。在神经支配下，肌肉收缩，牵拉其所附着的骨，以可动的骨连结为枢纽，产生杠杆运动。从运动角度看，骨是被动部分，骨骼肌是动力部分，关节是运动的枢纽，即肌肉是实现身体活动的动力来源。

肌肉主要由肌肉组织构成。肌肉组织由肌细胞（肌纤维）和结缔组织组成。肌肉组织由特殊分化的肌细胞构成，许多肌细胞聚集在一起，被结缔组织包围而成肌束，其间有丰富的毛细血管和纤维分布。主要功能就是通过收缩完成机体的各种动作以及体内各脏器的活动。

如果肌肉功能不足，一是身体活动的能力会受到限制；二是维持头、颈、胸、腹、四肢基本形态的支持功能会受损；三是保护关节、腔体等能力会不足。具体可能会产生肌肉粘连、肌肉僵硬、肌无力、肌肉萎缩及其他功能性障碍，更易于出现因肌肉保护不力而导致各种与关节相关的疾病。

肌肉力量是肌肉收缩时克服或对抗阻力的能力。肌肉耐力是肌肉在一段时间内持续工作的能力，即对抗疲劳的能力。肌肉力量与耐力是人体健康水平和运动能力的主要标志，可以通过身体练习改变肌纤维类型，增强肌肉弹性，改善肌肉耐性和肌肉供能水平，从而提高肌肉能力。

3. 肌肉收缩

肌肉收缩是运动系统的动力来源（图6-9）。运动系统的肌肉附着于骨骼，又称骨骼肌，在神经系统的支配下收缩或舒张，牵动骨骼进行随意运动，形成基本的人体运动。肌肉收缩主要有3种形式。

①等长收缩　是指长度保持恒定而张力发生变化的肌肉收缩。

a. 特点：张力等于外加阻力，肌长度不变。

b. 作用：支持、固定、维持某种身体姿势。其固定功能还可为其他关节的运动创造适宜条件，如站立、悬垂、支撑等动作。

②缩短收缩　又称向心收缩，是指肌肉收缩产生张力而缩短的收缩状态。

a. 特点：张力大于外加阻力，肌长度缩短。

b. 作用：是肌肉运动的主要形式，也是实现动力性运动的基础，如屈臂、抬腿等动作。

③拉长收缩　又称离心收缩，是指肌肉在收缩产生张力的同时被拉长的收缩。

a. 特点：张力小于外加阻力，肌长度拉长。

b. 作用：缓冲、制动、减速、克服重力，如蹲起运动、下坡跑、下楼梯、从高处跳落等动作，相关肌群做离心收缩可避免运动损伤。

人体运动时，肌肉牵动骨骼围绕关节运动形成外显动作，遵循肌肉收缩规律，符合杠

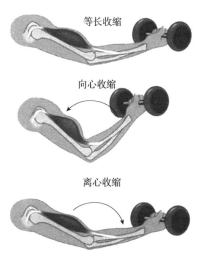

图6-9　肌肉收缩

杆运动原理，肌肉在正确的方向上收缩、舒张就能增加做功效率，展现动作协调与技巧，也能避免不必要的肌肉拉伤、扭伤；同时在动作运行过程中，随着角度的变化也会使骨杠杆效率不同，充分利用最大效率的关节角度，肌肉就能发挥最大张力。

4. 主动肌与对抗肌

在人体运动中，即使一个简单动作，也需要主动肌、对抗肌、协同肌、固定肌4种肌肉共同参与才能有效地完成动作，并有赖于神经系统的协调和平衡。

①主动肌　又称原动肌，是直接完成动作的肌群，起主导作用，如屈肘动作中的肱二头肌(图6-10)。

②对抗肌　又称拮抗肌，是与主动肌作用相反的肌群，起拮抗作用，如屈肘动作中的肱三头肌。

③协同肌　或中和肌是帮助主动肌完成动作或限制主动肌发挥其他功能的肌肉(图6-11)，起增效作用，使动作更加准确、有效。以手拿水杯为例，控制屈指动作的屈指深、浅肌是主动肌。但是，为了保证腕关节在伸的状态并加强屈指的力量，伸腕肌亦收缩协同参与；同样，为了保证水杯口朝上，肘关节需要保持屈的状态，这就需要肱二头肌协同参与主动收缩。那么，此时的伸腕肌、屈肘肌就起到协同增效作用。

④固定肌　指固定主动肌附着骨的肌肉，起固定作用，保证附着骨不受主动肌牵拉而移位。对于固定肌的理解需要先了解主动肌的起点和止点，如肱二头肌有两个头，即长头和短头，长头起于肩胛骨盂上结节，短头起于肩胛骨喙突，止于桡骨粗隆和前臂筋膜。那么屈肘动作中需要起点固定，与肩胛骨相关的斜方肌、菱形肌、肩胛提肌、前锯肌、胸小肌等肌肉就成为固定肌。

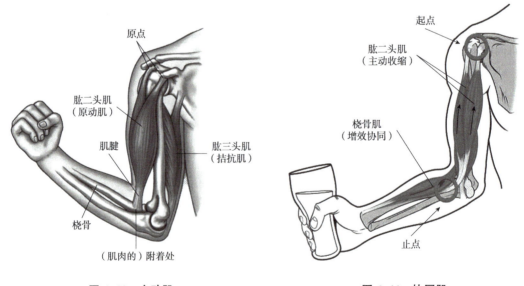

图6-10　主动肌　　　　　　　　图6-11　协同肌

需要进一步理解的是，主动肌和对抗肌不是固定不变的，常因动作需要而互换角色。如在屈肘动作中，肱二头肌主动收缩(主动肌)，肱三头肌随之伸展(对抗肌)；而在伸肘动作中，肱三头肌主动收缩(主动肌)，肱二头肌随之伸展(对抗肌)。

三、强化骨骼肌肉的方法

1. 运用抗阻力形式

阻力主要指给肌肉自身以外的外力,或妨碍肌肉做功的作用力。抗阻力活动主要指通过给肌肉活动增加阻力,让肌肉通过对抗比自身更大的外在力量来发展肌肉的形式。抗阻力活动的原理是神经、肌肉在对抗阻力的过程中会产生适应,肌纤维在超负荷地工作之后会得到"超量恢复",即肌纤维的收缩能力会比训练之前更强。

抗阻力训练是肌肉力量训练的主要形式。可以给肌肉增加阻力的方法很多,可以是克服自身重力,可以是对抗外界阻力,也可以二者同时或组合进行。当然,也可以利用肌肉收缩速度、距离和时间的变化来增强肌肉的收缩或持久能力。

①对抗自身阻力身体活动　深蹲、平板支撑、俯卧撑、纵跳、仰卧起坐、两头起、引体向上等。

②对抗外界阻力身体活动　推举杠铃、哑铃、提拉壶铃、弹力带及其他器械类负重运动等。

③两者结合进行的身体活动　负重仰卧起坐、俯卧撑、引体向上、蹲跳等。

2. 确保重心稳定

重心稳定是身体活动的基础能力,涉及身体重心与平衡问题。人体活动是复杂的多关节活动,身体重心会随着动作姿势的变化随时变化,如向前抬腿或体前拿重物时身体重心会自然后移,向后摆腿时或背后拿重物时身体重心会自然前移,只有这样才能维持平衡,保持稳定。在连续的动态身体活动中,重心需要随时保持动态平衡,确保力量的准确传导,通常作用较大的是核心稳定性。由于人体各个部位都会主动地收缩调整,对重心的感知能力、变化调整能力,以及肌肉本身的收缩能力等就决定了身体保持重心稳定的能力。

在大部分身体活动中,即使在某一特定时间只有部分肌群主要做工,但是身体作为一个整体,其他肌群都会以各自应有的状态在特定的时机参与到活动中来,并保证最后的整体效果。如用拳击打物体时,最后体现的是拳的击打动量,但在前期会有蹬地、转髋、转肩等的发力顺序,并且各个部位会在特定的时机以特定的力量、速度等表现出该有的状态。这是一个协调统一的过程,如若某个部位发力时机、方向、力量、速度等不能与拳击打的整体动作保持一致,那么就会产生分力、泄力现象。为了保证动作的协调用力,必须先保持重心稳定,只有这样各个部位的力与速等才能顺利传导,并保证重要部位在关键时刻的力、速方向。

除此之外,在肌肉力量与耐力的练习中,保持重心稳定可以使其他肌群不产生无效的做功,保证锻炼肌群以正确的方式收缩做功;减少不必要的能量消耗,保证锻炼肌群能有更大的锻炼空间,较大限度地发展力量与耐力;使注意力和能量分配能有效集中于工作状态,减少因重心不稳而导致的滑倒或拉、撕、扭伤等意外事故。

3. 区分负荷强度

影响肌肉输出功率的因素主要有肌肉的横截面积和肌纤维类型。增大肌肉横截面积就能够使肌肉力量增加,但是肌肉过度肥大会降低肌肉的活动能力以及关节活动范围,它也可能使肌肉的最大功率产能能力降低。肌纤维主要有快肌纤维和慢肌纤维两种类型,快肌纤维收缩速度快,收缩力强,抗疲劳能力弱;慢肌纤维收缩速度慢,收缩力小,但却能够持续很长时间不疲劳。快肌纤维的输出功率大于慢肌纤维,提高肌肉中的快肌纤维所占的百分比有利于肌肉输出更大的功率。

肌肉力量的增加需要较大负荷的抗阻力练习,威尔逊(Wilson)等人比较了3种训练方式(传统大阻力训练深蹲,深度跳和最大机械输出功率负荷下的爆发式蹲跳)对运动能力(30秒冲刺,立定跳和反向运动跳)的影响,尽管所有训练组都显示立定跳成绩有所提高,但爆发式蹲跳的训练组在立定跳成绩比其他的训练组(大阻力深蹲和深蹲跳均为7%)有显著提高(15%)。结果表明:大阻力训练(最大力量的80%以上)和爆发式阻力训练(小于最大力量的60%~80%)在提高肌肉力量和运动能力方面,爆发式阻力训练有很好的优越性(表6-3)。

力量会因人而异,故而力量训练的负荷强度常用个性化的标准,一种是以最大力量的百分比作为参照标准,如最大用力的40%以下、40%~60%、60%~80%、80%以上;另一种是以能够最大重复的次数作为参照标准,如用RM(repetition maximum)表示最大重复次数,即当你使用某个重量进行练习的时候,最多能够重复的次数。通常情况下因发展肌肉力量或耐力的目标不同,在增进肌肉力量锻炼时要保证肌肉能够产生最大的张力和牵拉效果;在增进肌肉耐力锻炼时要通过组数、次数延长肌肉持续收缩的总时间或单次持续等长收缩的时间(表6-4)。

表6-3 大阻力训练和爆发式阻力训练对比

对比项目	增加的跳跃高度(%)	增加到最大力量(%)
大阻力训练	7	16
	7	30
爆发式阻力训练	15	NS
	21	7

注:NS=没有显著性。

表6-4 肌肉力量练习的负荷强度

负荷强度	最大用力	最大重复次数	特征与功效
很小	40%以下	20RM以上	重复次数很多,可有效发展耐力型力量,适合长跑等项目
小	40%~60%	11~15RM	重复次数较多,可有效发展速度耐力,适合400~800米跑等速度耐力项目
中	60%~80%	6~10RM	负荷适中,动作速度较快,可有效发展速度性、爆发性力量,适合短跑、跳跃等项目
大	80%以上	1~5RM	重复次数较少,动作速度较慢,可有效发展绝对力量,适合举重和投掷等项目

此外,一是肌肉力量或肌肉的输出功率是力和速度相结合的产物,只有在最大肌力和速度达到相互均衡的状态下肌肉力量才能达到最大,因而需要二者并重;二是大多数身体活动是多关节运动,选择多关节的运动训练有利于肌群间、肌内及神经等多系统之间的协调配合,效果要优于单关节运动训练模式;三是肌肉训练会牵动骨骼,但如果需要有意强化骨骼时,要确保骨骼能够直接参与并有一定的强度刺激才会起到更大的作用;四是在较大力量的快速训练时,在整个单次运动范围的中间环节加速的受伤风险较小,但在运动范围的末端需要减速释放,防止关节受到过大应力而产生伤害。

4. 掌握器械练习的技巧和方法

近年来，各种健身器材得到快速普及，小区、公园随处可见漫步机、转腰器、划船器、云梯、秋千、单双杠、上肢牵引器、肩关节康复器、太极揉推器等户外健身器械；好多家庭也配备了拉力带、柔力球、握力器、吊环、腹肌轮、腹肌盘、引体杆、跑步机等家用健身器材；健身房中更是从哑铃、杠铃等到跑步机、椭圆机、健身车、健身凳、组合练习器、各种阻力训练器等一应俱全；与运动项目相关的一些器械，如轮滑、滑板、平衡车等也受到青少年的普遍青睐。

在器材类型上，有室内的和室外的，有家用的和专业的或商用的，有固定的和可移动的，有单功能的和多功能的，有健身用的和康复用的；在布置范围上，遍及家庭、学校、小区、商场、公园等青少年能够活动到的各个区域。总之，健身器械已经成为大家健康生活的一部分，涉及健身相关的各种领域，能够满足各种人群的锻炼需求。

但是，每种器材都有自身独特的结构特征和目标功能，也有各自适用的范围和使用方法，需要练习者根据自身的目标需求选择合适的器材类型。在使用健身器材时，首先需要详细地了解说明书，明确基本功能和安全注意事项；其次是明确基本操作方法，在可能的情况下寻求专业人员的指导和帮助，掌握正确的练习方法；最后是在坚持练习的过程中不断学习和探索更为精确的方法和技巧，确保实现健康目标，防止因不当使用而不能达到应有的效果或造成不必要的意外伤害。

5. 强化骨骼与肌肉的差异

骨骼内部是坚硬的蜂巢状立体结构，处于肌肉内层。因而，简单的小力量练习对骨的刺激较小。骨骼强化活动是要给骨产生刺激的活动，如负重训练、跑跳练习或武术中通过击打木板、砂石等硬物，以改善骨的血液循环，使骨径增粗，肌质增厚，骨质的排列规则、整齐，并随着骨形态结构的良好变化，骨的抗折、抗弯、抗压缩等方面的能力会有较大提高。同时，还可以增加关节面软骨和骨密度的厚度，并可使关节周围的肌肉发达、力量增强、关节囊和韧带增厚，增加关节的稳固性。

肌肉是身体活动的直接动力来源，在主动收缩完成活动的过程中就可增强自身收缩能力。有目的的力量训练能够增加肌纤维的数量和粗度，柔韧练习可以增加肌纤维可伸缩长度和韧性，耐力练习可以提升肌肉耐力，速度训练可以提高肌肉的收缩速度。即使一般性的身体活动，也能防止肌肉退化，保持肌肉活力，增强肌肉的感知与反应能力，增强肌肉的做功效率及肌肉之间协同配合能力，体现出更好的肌肉力量。

一般情况下，由于肌肉附着在骨上，运动因肌肉牵拉骨骼而实现，即肌肉与骨骼同时参与运动，强化肌肉与骨骼的效应会同时并存。但相比之下，骨骼处于深层，相对需要更大的刺激，如强度更大的跑、跳，以及专门的抗拉、抗压练习。

第四节 发展柔韧的方法

一、柔韧

1. 柔韧及其作用

柔韧是肌肉、肌腱和韧带等弹性组织的伸展能力。肌肉通常附着于较大骨骼周围，有较大的延展性，决定了动作所能达到的最大幅度；韧带多集中于关节处、骨连接处，延展性相对较小,决定了动作可能达到的活动范围。

柔韧能力决定了身体动作的幅度和关节的活动范围,同时弹性组织的收缩、伸展能力也与速度、力量密不可分,因而柔韧称为柔韧素质,是身体素质的一项重要内容。在运动领域,身体素质主要有力量、速度、耐力、灵敏和柔韧5种基本素质。柔韧素质或柔韧性对掌握运动技术、预防运动伤害、保持肌肉弹性和爆发力、维持身体姿态等方面都具有很重要的意义。近年来,健康领域的相关研究证实,柔韧对心血管系统有尤为重要的健康益处。

需要注意的是,柔韧不同于柔软,柔韧是既柔且韧,而柔软只是柔和软;柔韧要求在大幅度的动作中具备速度和力量要素,而柔软仅是幅度大,却缺乏速度和力量,做动作时绵软无力。

此外,儿童时期是发展柔韧的最佳时期,但也易于将保护关节的韧带发展过度,使关节过度伸展;少年时期仍有一定的发展空间,但难度较大,韧带拉伸时会有强烈的痛感;青年以后柔韧素质就会停滞发展。

2. 柔韧的分类

柔韧素质从其与专项的关系看,可分为一般柔韧性与专项柔韧性。一般柔韧性是指为适应一般技能发展所需要的柔韧素质,具有普遍性和基础性的特征,是重要的体质健康成分;专项柔韧性是指专项运动特殊需要的柔韧性,具有专项的特殊需求性。因此,同一身体部位具有的柔韧性由于项目需求不同,在幅度、方向等表现上也差异较大。

柔韧素质从其外部运动状态表现看,可分为动力性柔韧性和静力性柔韧性。动力性柔韧性是指肌肉、肌腱、韧带根据动力性技术动作需要,拉伸到解剖学允许的最大限度能力,随即利用强有力的弹性回缩来完成所要完成的动作。所有爆发力前的拉伸均属于动力性柔韧性。静力性柔韧性是指肌肉、肌腱、韧带根据静力性技术动作的需要,拉伸到动作所需要的位置角度,控制其停留一定时间所表现出现的能力。如体操中的控腿、平衡动作、劈叉,体育舞蹈中的各种形体练习,跳水运动员保持体前屈的姿势等都是这种能力的体现。一般情况下,动力性柔韧性建立在静力性柔韧性的基础上,但必须要有力量素质的表现。而静力性柔韧性好,并不代表动力性柔韧性一定好。

二、发展柔韧的技术和方法

1. 基本拉伸技术

柔韧发展主要依靠对弹性组织的拉伸完成。在日常锻炼中,大多数人将肌肉拉伸作为身体锻炼或体育运动的辅助练习。但是,越来越多的证据显示:柔韧练习不仅能够增强身体弹性组织的伸展能力,拉伸肌肉还能促进血液循环、排除体内代谢产物、增强血管弹性、有效预防和改善心血管疾病,拉伸运动或以拉伸为主的瑜伽等项目被很多人作为直接目的性活动进行练习。

无论是素质练习还是目的性活动,拉伸活动的主要拉伸对象均包括肌肉、肌腱、韧带等弹性组织,拉伸部位会因需求不同涉及身体各个部位与关节,如上下肢、腰背等部位,肩髋膝踝等关节。常用的拉伸方法主要有动力性拉伸和静力性拉伸,根据拉伸部位的主动和被动状态又可分为主动性拉伸和被动性拉伸(表6-5)。

常用的几种肌肉拉伸方法:

表 6-5　常用肌肉拉伸种类

拉伸种类	主动性拉伸	被动性拉伸
动力性拉伸	依靠自己的力量，将肌肉、肌腱、韧带等软组织拉长，提高伸展性	依靠同伴或外界助力来拉长韧带、肌肉的练习
静力性拉伸	依靠自身肌肉力量保持静止姿势	借助外力保持固定姿势来固定肌肉、韧带长度的练习。

2. 保证充分热身

充分热身是进行拉伸的必要前提条件。身体没有有效预热之前，肌肉黏滞、蜷缩、僵硬，不能较大伸展。只有当体温升高后，肌肉、韧带等活性才能增强，肌肉黏度才会降低，拉伸活动才能有效进行，并且在保证弹性组织能够最大伸展的同时，能够有效防止肌肉撕裂、拉伤等意外事故。

为升高体温，可以通过快走、慢速跑等动作简单、强度较低的全身活动来实现。目前国际上主流的热身标准是体温达到 37.8~38.8℃，心率调整到最大心率的 70%~80%，就能达到很好的热身效果。

3. 拉伸主要肌群

人体肌肉约有 639 块，通常都跨越关节附着在骨面上，通过牵拉骨骼完成身体活动。由于肌肉的大小不同，大块肌肉在牵动骨骼运动的力量、速度等能力方面表现更强，小肌群对动作熟练后的精细掌握则尤为重要。如上肢的二头肌、三头肌，下肢的股直肌、缝匠肌等都是大肌群；指掌部位掌短肌、蚓状肌、拇短展肌、拇短屈肌、拇收肌等都是小肌群，但决定着对动作的精细掌握程度。

同是大肌群，在身体活动中的作用也不尽相同（图 6-12）。对关节活动能力影响较大的是牵动关节的肌群，如三角肌、肱桡肌、髂腰肌、半腱肌、半膜肌等；对稳定性影响较大的是腰腹部的核心肌群，如腹直肌、腹内斜肌、腹外斜肌、背阔肌、髂腰肌等肌肉群。

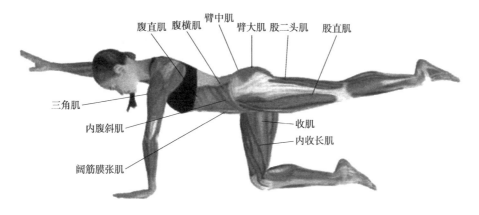

图 6-12　人体常用大肌群

从健康的角度考虑，人体大肌群参与活动较多，大肌群中的血管聚集、血液丰富，既有利于血管弹性，也能够及时排出体内代谢产物。因而，又称为主要肌群。在活动后的拉伸过程中（表 6-6），一是普通人群应以拉伸大肌群为主，以拉伸小肌群为辅；二是要保持肌肉、心态等达到放松状态，避免因紧张而难以最大伸展；三是注意动静结合，避免因静

表 6-6　不同身体部位的主要肌群及拉伸方法

身体部位	肌群	拉伸方法
颈部	胸锁乳突肌、斜方肌	头部转、屈伸、内展外收
臂部	肱二头肌、肱三头肌、三角肌	臂体前交叉拉伸、上屈肘拉伸、侧拉伸、后牵拉
胸部	胸大肌、胸小肌、前锯肌	扩胸、上举、后仰
背部	背阔肌、大圆肌、冈下肌、腹外斜肌	转体、跪撑伸臂、体前屈
腹部	腹内斜肌、腹外斜肌、腹直肌	转体、俯卧撑起、跪撑后倒、侧展、后倒
髋部	髂腰肌、臀大肌、臀中肌	分髋、屈腿、后伸腿
大腿部	股直肌、股二头肌、股四头肌、缝匠肌、大收肌	分腿、体前屈、后伸腿
小腿部	腓肠肌、比目鱼肌、胫骨肌、腓骨肌、趾长伸肌	屈脚、伸脚

注：以上拉伸方法中的屈、伸、分等可以是立位、卧位或四肢的折叠回收、完全伸展，也可以借助物体、器械。如分腿可以是立位的横叉、纵叉，可以是坐位的分腿坐；可以是前后开的弓步，也可以是左右开的仆步；可以是整条腿完全伸展，也可以把小腿回收折叠。

态拉伸过多而使肌肉变得弹性不足、绵软无力，或因破坏身体本能的保护机制而防护能力不足。

4. 防止关节过度伸展

骨与骨之间连接的地方称关节，能活动的叫活动关节，不能活动的叫不动关节。通常所说的关节是指活动关节，如四肢的肩、肘、指、髋、膝等关节。关节周围有许多肌肉附着，当肌肉收缩时，可做伸、屈、外展、内收及环转等运动。尤其膝、肘等关节，如果过度伸展，则很难回复。在日常生活中维持身体正常姿势时，关节稳定性就会下降；在身体活动过程中，关节朝着伸的方向过多受力，外展肌群就难以起到应有的保护作用，可能导致关节受损。因此，肌肉拉伸时一定要防止关节过度伸展。

5. 不忘活动后拉伸

因为肌肉本身是具有自我保护机制的，在平时训练过程中，当肌肉受到被动的、不自然的牵拉时，感受器官会立刻促使肌肉收缩，保护自身。但是当在训练前进行了拉伸，再进行训练或运动时，这些器官由于习惯了肌肉被拉伸，再遭遇什么不正常的牵拉时，它们的防卫作用就无法正常启动，于是就可能更容易受伤。

相关研究表明，活动后拉伸，能够有效地放松肌肉和韧带，减轻肌肉的压迫，防止肌肉扭伤，增加肌肉、韧带的柔韧性，使身体不会因年龄的增长而变得越来越僵硬。提高人体协调性和平衡性，促进血液循环，加速代谢产物的排出，缓解肌肉酸痛症状。当肌肉被拉伸，能提高肌肉群整体协同性，可加速肌肉合成，增加肌肉量。同时，也使得肌肉能够从紧张的程度逐步过渡到放松状态，有利于肌肉、神经的快速协调转换。

因而，运动前拉伸的主要目的在于热身，而活动后拉伸则有更为重要的健康意义。

第七章

身体活动参与

第一节 身体活动及其意义

一、身体活动

(一)什么是身体活动

身体活动原本是人与生俱来的生命表现形式，但是随着社会的发展，身体活动的内容、方式等都会发生重大的变化。尤其现代文明出现以后，机器代替了农业、手工业，身体活动的量越来越少、方式越来越单一，不但出现普遍性身体围度增加、身体素质和能力下滑、亚健康人数与身体疾病增多，还可能因知行不统一、身心失衡等产生严重的心理问题。正如世界卫生组织的调查结果：缺乏身体活动是心血管疾病、糖尿病等慢性病发生的一种独立的高危因素，每年造成的死亡人数在逐年增加。而且因发达国家有更高的科技水平，有更多的人采用人—机对话、高科技办公等形式保持长时间坐姿、小幅度手指办公，有更多的人饱食大量动物脂肪、动物蛋白和碳水化合物，有更多的人用汽车、电梯等方式代替日常必要的骨骼肌肉活动，同时还有更多的人没有响应加强体育锻炼的号召，因而久坐不动现象明显增加。在这种情况下，世界卫生组织提出"身体活动"的概念，倡导人们在日常生活中增加身体活动以避免因缺乏身体活动而产生的危害。

根据世界卫生组织的定义，身体活动是由骨骼肌肉产生的需要消耗能量的任何身体动作。这些身体动作是人有效生存，主动与世界进行互动，能量交换的具体表达方式。身体活动是相对于心理活动而言的，有明显的客观、外显、活动的形态特征，受心理活动的支配，是心理内容的本质源泉，是心理活动的具体表达。同时，身体活动与人的生命特征存在必然联系，人的生命特征是人生物属性所表现出来的共同特征，如人体成分与结构、新陈代谢、生长发育、遗传变异、应激与进化等，具有人类群体共同的抽象、恒定和统一性；身体活动则是在人类基本生命特征的基础上由骨骼肌肉产生的具体、直接、外显的身体动作，是生命存在的体现、运用与表达。

(二)身体活动的类型

身体活动是人体骨骼肌肉的外显动作，包含了举手投足的全部，有着广泛的内容，其概括的程度包含了不同内容、范围和层次的外显形态动作。其能量消耗的多少，不仅取决于动作内容或类型，还取决于动作的幅度、时间、频次及其强度等基本变量，甚至还受主观的积极、消极、投入或紧张等不同程度状态的影响。同时，也会因目的、方法、标准不同产生不同的分类标准和具体内容。

基于骨骼肌肉、能量代谢、心肺功能等基本的物质性身体健康目标，即出于健康目的，2020 年的《WHO 体力活动和静态行为指南》中专门罗列了与身体活动不同的静态行为（sedentary behaviour），包括坐着和任何能量消耗非常低的行为，如坐在办公桌前工作或开会、卧在沙发上看电视、靠在床头看书、躺在床上听音乐等都属于静态行为，这些静态行为对健康的意义非常有限。

在此，从身体活动能够促进体质健康的角度来看，提出以下不同的类型，以便能够给不同需求的人提供参考。

①从完成动作的身体部位来看　可分为头部、躯干(胸部、背部、腰腹)和四肢(上肢与下肢，上肢可进一步细分为肩、肘、腕关节、大臂、小臂、手掌、手指等部位，下肢可分为髋、膝、踝关节、大腿、小腿、脚掌、脚趾等部位)的具体动作，可根据需要选择相应部位的恢复性、功能性练习。

②从参与活动的主要肌群来看　身体不同部位的活动都需要依赖于该部位的主要肌群，如上肢的二头肌、三头肌、三角肌；躯干的大胸肌、背阔肌、腹直肌；下肢的臀大肌、股直肌、股后肌群、比目鱼肌、腓肠肌等，这些肌群会在不同活动中得到发展，可有意识地发展需求的肌肉功能或个性化的身体形态。

③从人体参与活动的基本方式来看　可分为走路、跑步、跳跃、投掷、攀登、爬行等，还可进一步分为具体的悬垂、支撑、提拉、上举等，这是较为传统的分类方式，在不同目的的动作中都会体现出相应的动作方式。

④从每日经常参与的活动内容来看　主要包括家务劳动、每日交通、工作学习、交流交往、日常健身等活动；同时，每一日常活动都有下位内容，如家务劳动有洗衣、做饭、打扫卫生、园艺活动及其他生活需要的劳作活动，日常健身可能是竞技目标的体育运动、健身目标的身体锻炼或休闲娱乐的体育游戏等。可以通过增加日常活动的内容或增加活动的量与强度达到能量消耗的目的。

⑤从身体活动的能量消耗或来源看　人体通过营养物质的摄入和能量消耗来维持能量代谢的平衡，能量消耗途径主要包括基础代谢、身体活动和食物生热效应 3 个方面，其中身体活动是能量代谢途径中可变性最大的部分，可以分为有氧代谢运动和无氧代谢运动。有氧运动有助于增进心肺功能、降低血压和血糖、增加胰岛素的敏感性、改善血脂和内分泌系统的调节功能、减少体内脂肪含量、控制体重；无氧运动能够增强肌肉的爆发力、增加骨密度、提高身体器官与组织的功能能力。

此外，还有许多其他的分类方式，如从身体活动需要克服阻力的角度看，有克服身体自身重力的活动，有运用器械或外界物体的抗阻力活动；从身体活动的直接目的来看，有关节类活动、身体部位类活动或肌群类活动；从体质健康的角度来看，可分为身体形态类活动、心肺功能类活动、运动能力类活动、身体素质类活动、社会交往类活动等。当然，每一类型活动都有相应的下位内容，如身体素质类活动包括发展力量、速度、柔韧、耐力、灵敏等的动作或活动。

(三)身体活动与相关概念的异同

身体活动原本是人与生俱来的生命表现形式，是人体骨骼肌肉产生所有外显动作的统称，也是一个高度归纳、概括的抽象性词汇，在人体参与活动的不同领域、不同角度、不同层次都有相应的具体体现形式。身体活动有着极其广泛的内容，并与许多相似的概念存在着千丝万缕的联系，易于混淆，如与体力活动、体育活动、身体锻炼、竞技运动等。

1. 身体活动与体力活动

在英语中,身体活动和体力活动都是 physical activity,即二者相同。但在中文环境中,一种是学界普遍接受的,二者同指由骨骼肌收缩引起的导致能量消耗的身体运动,只是翻译不同而已;另一种是大众普遍认可的,基于对体力的传统解释,即体力是指身体的力量,由此将体力活动与体力劳动相联系,从而成为身体活动的从属概念。

2. 身体活动与体育活动

体育的名称来源于 physical education,简单理解,体育就是对身体的教育,是以身体活动为基本手段,以教育为目的的一种有意识的社会活动。体育是人类特有的文化现象和文明成果,这明显区别于无目的、无意识的身体活动;同时,体育的教育性质使其具有特殊的社会性特征,多出现在教育环境中,而身体活动则无特殊的群体性指向;此外,体育活动非走楼梯、弯腰、抬腿、举手等随意性的一般身体活动,而是经实践证明了能够达到教育目的的特殊的身体活动,具有专属的科学性。

3. 身体活动与身体锻炼

身体锻炼(physical exercise)即体育锻炼,是指人们根据身体需要进行自我选择,运用各种体育手段,并结合自然力和卫生措施,以发展身体、增进健康、增强体质、调节精神、丰富文化生活和支配余暇时间为目的的体育活动。与身体活动相比,身体锻炼更具体,方向、内容更明确,也更倾向于个体性。同时,身体锻炼采取的身体活动通常具有科学依据,是通过有组织、有计划的重复锻炼,以保持、提高身体的健康水平。

4. 身体活动与竞技运动

竞技运动或竞技体育(sports)、体育运动,是以竞技为目的的最大限度地发挥个人和集体在体力、智力和运动能力等方面的潜力,为创造优异运动成绩而进行的一种竞赛活动过程。其典型的特点是竞技性和规范性,竞技性使竞技运动的身体活动具有更高的标准和要求,并且要在竞争比较的过程中获取排他性的优胜;规范性使竞技运动的身体活动在运动项目、竞赛规程等范围内进行活动。身体活动则更为泛化。

总之,在内容属性上,身体活动是一个高度归纳概括的词汇,包含了所有的骨骼肌肉外显动作,范围更广,而其他范畴的身体动作都从属于身体活动,内容相对减少;在功能属性上,身体活动没有特殊倾向性的目的和规范性的形式,而其他范畴的身体动作在各自领域内有自己特有的方式和规范性的要求。

二、身体活动的健康意义

仅就身体动作概念本身而言,相对于体育活动、身体锻炼、竞技运动等有明显具体指向的身体活动手段,身体活动本是一个无特殊指向的概括性词汇。然而,当身体活动与更大范畴的生命相联系时,生命就必然赋予了个体存在的生物学和社会学意义。如身体存在的质量和状态、动作展现的能力和形态、躯体与自然互动的劳作效果、肢体参与社会交流的价值等,这些都脱离不了身体活动的生命表现。

如果我们将身体活动看成是人的生命表现,那么这些表现的完好状态我们可称为健康,健康就必然涉及身体活动展现生命的状态与能力等内容,这就是人类健康所追求的实质。反过来,这一实质又要通过身体活动的手段来实现,如体力活动、体育活动、身体锻炼、竞技运动,以及所有的日常身体活动都需要借助或以身体活动为手段。即健康这一完好的生命状态需要借用身体活动来体现,同时健康的能力与状态只有在身体活动的过程中才能逐渐形成。

(一) 缺乏身体活动的危害

据世界卫生组织的预计,全球约有31%的青少年和成年人身体活动不足(男性28%,女性34%)。在发达国家,41%的男性和48%的女性身体活动不足,在欠发达国家,18%的男性和21%的女性身体活动不足。其中,日常家务劳动少、工作久坐不动多、平时被动交通多、空闲身体活动少等成为日常生活体力支出减少的主要原因。以至于缺乏身体活动已经成为全球第四大死亡风险的因素,造成6%的死亡,仅次于高血压(13%)和烟草使用(9%),其风险水平与高血糖(6%)相同,每年约有320万人因缺乏身体活动而死亡(2021年《柳叶刀》最新发表研究表明该数值已预计超过500万)。在许多国家,缺乏身体活动还在呈上升趋势。这更加剧了非传染性疾病负担,并影响着全球人口总体健康。

相关报道显示,与一周4天以上每天从事至少30分钟中等强度身体活动的人相比,缺乏身体活动的人死亡风险会增加20%~30%。有关疾病的研究显示,由于缺乏身体活动,会造成21%~25%的乳腺癌和结肠癌,约27%的糖尿病,约30%的缺血性心脏病。人体由于长期缺乏运动,会使组织器官机能下降30%,可引起基础肌肉萎缩和呼吸循环功能低下,使颈部、腹部、腰背部及大腿部的肌肉力量降低,引起肩酸痛、腰痛、膝关节痛等症状;呼吸循环功能低下,即使轻微劳动也会发生心悸和呼吸困难。总之,长期运动不足主要有八大危害,包括:癌症、心血管病、心力衰竭、骨质疏松、脑卒中、高血压、糖尿病、肥胖。

世界卫生组织关于缺乏身体活动的重要事实列举如下:
①缺乏身体活动是全球第四大死亡风险因素。
②每年约有320万人因缺乏身体活动而死亡。
③缺乏身体活动是心血管疾病、癌症和糖尿病等非传染性疾病的一个主要风险因素。
④身体活动对健康有着显著好处,并有助于预防非传染性疾病。
⑤全球三分之一的成年人缺乏身体活动。
⑥世界卫生组织56%的会员国实行了关于缺乏身体活动问题的政策。
⑦世界卫生组织会员国商定到2025年将身体活动不足流行率减少10%。

在我国,从1991—2006年,工作相关的体力活动不论是在男性还是女性中都明显下降。但很有意思的情况是,休闲运动即我们常说的健身,从1999年开始在男性和女性中都是明显增加的,尽管如此,却无法代偿那些在工作中减少的运动时间。2016年,体力活动不足的比例显示,越是在收入高,社会经济发展水平高的地方,体力活动不足的情况越是严峻。《中国心血管健康与疾病报告2019》预计2020年和2030年中国成年居民平均身体活动总量还将继续下降(图7-1)。

事实上,即便我们每天去跑步机或者椭圆机上走半个小时或者1个小时,也无法补足本来在通勤路上乘车或者静坐工作所减少的热量消耗。况且,每周7天,能坚持天天去健身房的人只是极少数。即便我们感觉到自己和身边的人更多地在谈论健身,或者总在去健身房的路上,但实际上总体力活动却是在一直减少。

相对于成年人和老年人而言,青少年因缺乏身体活动而直接导致死亡和疾病的现象较少,但肥胖、营养过剩、感觉统合失调、身体自尊差、身体能力弱、亚健康等现象会给个体后续人生和社会未来发展带来巨大灾难。相关的研究表明:心血管疾病、糖尿病等很多

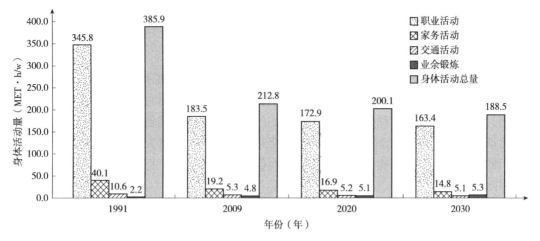

图 7-1　1991—2030 年中国成人身体活动量变化趋势
（中国心血管健康与疾病报告 2019）

疾病发生于中老年，但形成于青少年。同时，对于青少年而言，更为可怕的是缺乏身体活动会导致身心难以得到全面发展，生理机能、身体素质与能力、心理发展、社会适应等都不能有更大的横向和纵向发展空间，必然影响生存的自由度和未来的社会发展空间。此外，也必然影响对身体了解程度、感知能力，对身体活动类型、方式、量与度的认知水平，以及身心的协调状态和健康习惯的养成。总之，对于青少年而言，缺乏身体活动除了会导致相关的疾病之外，更为重要的是会影响身心的活动空间，限制青少年身心发展高度。这些主要体现在：

1. 缺乏身体活动的直接后果是体质健康水平下降

①出现身体赘肉、肥胖、瘦弱等不良身体形态。
②导致无力、扭捏、不符合骨骼肌肉特点或力学特征等不良动作姿态。
③血管弹性变差、器官功能下降、代谢水平降低等生理机能减弱。
④肌肉力量与耐力下降，速度、柔韧等身体素质下降。
⑤骨骼密度、抗拉、抗压等强度、韧度下降。
⑥身体平衡、协调、灵敏、爆发力等运动能力下降。

2. 缺乏身体活动会间接影响心理过程与内容缺失

①信号传递减弱，神经反应变慢。
②时空感知、肌肉本体感觉能力变差。
③动作、符号、空间等记忆不足，快速思维、判断、决策过程缺失，智力水平难以开发。
④注意范围、灵活、集中等状态难以提升。
⑤坚持、努力等克服困难的意志过程不足。
⑥快乐、成就等情绪情感体验减少。

3. 长期缺乏身体活动更容易造成运动性损伤

①反应迟钝、肌肉收缩慢、身体调整能力差，难以应对突发事件。
②对动作时间和空间的感知能力差，缺乏准确判断能力和危险识别能力。
③对动作运行规律的认识水平和掌控能力差，易于产生扭伤、拉伤等现象。

④对心、肺器官等自我感知能力差,认知与能力不符,易于导致"过劳"危险。

⑤对抗摔、碰等意外事件的防护意识、能力差,难以主动自我防护。

(一)久坐不动的危害

人类身体独特的构造让我们能够轻松流畅地做各种动作,使我们能够对抗地心引力,笔直地站立,我们的血液需要活动才能合理地循环,身体活动同时也能给神经细胞带来好处,而且我们的皮肤是有弹性的。所以,我们的每一寸身体都准备好了,并期待你去做更多的运动。但是,久坐不动已然成为现代社会很多人的常态。研究表明,久坐不动不但会使我们的生理机能、运动能力下降,还会让我们认知能力下降,记忆力衰退,甚至直接导致众多疾病的产生:

①颈椎病、腰椎病 长期坐姿不良会对颈椎和腰椎造成巨大伤害,引起颈椎病、腰肌劳损、腰椎间盘突出等病症,使人出现失眠、头痛、头晕、腰背酸痛、脖子僵硬等症状。

②肢体麻木、下肢水肿 久坐时,骨骼周围的肌肉、神经和动静脉无时无刻不在承受着压力,当神经被挤压时,就会阻断神经信号的传导,导致肢体麻木,而且下肢的血流速度也会减慢,使下肢水肿。

③肥胖 长期久坐不动,还会影响身体热量的消耗,引起身体的脂肪堆积,久而久之,就容易引发肥胖,不但会影响身材,还是引发各种慢性病的风险因素。

④脑供血不足 久坐时驼背的姿势,会缩小胸腔空间,通过肺进入血液中的氧就会变少,还会使全身血流速度变缓,时间一长,就会造成脑供血不足,导致脑供氧量和营养物质减少,使人产生注意力难集中、记忆力减退、困倦、乏力、失眠等症状。

⑤糖尿病 长期久坐不动(如看电视、久坐类工作、开车等行为)会大大增加2型糖尿病的患病风险。如果人体长时间久坐不动,处于懒散状态下的肌肉细胞对于胰岛素难以充分反应,于是胰腺便会分泌更多的胰岛素,使胰腺活动过度,就可能会引发糖尿病。

⑥心血管病 久坐时肌肉消耗的脂肪较少、血流不畅,使脂肪酸更易引发心脏栓塞,加重中老年人的心脏病,对于动脉硬化的中老年患者来说,久坐血液循环减慢,还有诱发心梗和脑血栓的风险。此外,久坐还跟高血压、胆固醇水平升高有关,有研究发现久坐时间较长的人群罹患心血管疾病的概率相比久坐较少的人群高达两倍以上。

⑦消化道疾病 长期久坐不动容易造成肠胃蠕动变慢、消化液分泌减少,引发人体出现食欲不振、便秘、消化不良等消化道疾病。此外,坐这个动作能造成直肠附近静脉丛充血,对于有痔疮的人来说,长期久坐不动会加重痔疮的病情,甚至会导致大便出血、肛裂等,使人备受折磨。

⑧大肠癌 长期久坐工作的人,他们的体力消耗相对较小,肠蠕动减弱,这样摄入脂肪、蛋白质等营养物质以后消化和排泄的速度较慢,肠代谢产物就容易在肠道内滞留,其中的某些有害物质就会较长时间地刺激结肠黏膜和肠壁,久而久之就会影响肠道健康,极易引发大肠癌。

⑨肺栓塞 久坐不动,会压迫下肢的血液循环,使血液黏滞度增高,极易引发静脉血栓。如果久坐后猛起身,血栓极易脱落形成血栓栓塞,如果血栓游离到肺部就会引发肺栓塞,严重者甚至会危及生命。

(三)身体活动的健康效益

"生命在于运动",这句话完美诠释了身体活动对生命价值的根本意义。概括来说,身体活动对各年龄段的健康益处都是普遍存在的。对于中老年人而言,大量的研究证明,规律性的身体活动不仅有助于预防和管理非传染性疾病,如心脏病、中风、糖尿病和多种癌症;还有助于预防高血压,保持健康的体重,并可以改善心理健康、生活质量和幸福感。对于婴幼儿来说,身体活动不仅是身体生长发育的必须,更是智力增长的重要保障,还是活泼开朗、积极主动等个性体现和发展的重要形式。对于青少年而言,身体活动是增强体质的重要保障,是情绪调整、意志培养、社会融入的重要手段。

尤其对于少年儿童物质性躯体发展意义重大,其益处主要体现在:
①改善身体形态与动作姿态。
②改善生理机能。
③提高身体素质与运动能力。
④促进心理发展与健康。
⑤促进社会适应。

具体到生理层面,经常参与身体活动有助于:
①增强肌肉弹性、力量与耐力,改善肌肉功能状态。
②强化骨骼,改善骨骼生长。
③提升肩、髋、膝、踝等关节活动水平和颈、腰等脆弱部位的抗风险能力。
④改善心脏、肺等器官功能。
⑤增强血管弹性,提升循环、代谢水平。
⑥提高肢体动作的协调适应能力和做功效率。
⑦完善生理系统的整体协调运行状态。

第二节 身体活动参与要求

一、全球青少年身体活动参与不足

2021年《柳叶刀》研究显示:被确诊患有心血管疾病、代谢疾病和心理疾病等非传染性疾病的年轻人越来越多。全球青少年身体活动的调查显示:自2012年以来,在加强青少年身体活动方面没有取得任何进展,全球80%的在校青少年仍然没有达到世卫组织推荐的每天60分钟身体活动量。其中,40%的青少年从不步行上学,25%的青少年除了坐着上课和做作业,每天坐着的时间还要多出3小时以上。研究人员还在38个欧洲国家中调查了青少年观看屏幕的时间,发现60%的男孩和56%的女孩每天花2小时或更多时间看电视;51%的男孩和33%的女孩每天花2小时或更多时间玩视频游戏。而且,青少年对于身体活动不足对心血管代谢和心理健康有何影响知之甚少。

英国剑桥大学的斯勒伊斯教授(Esther van Sluijs)表示:"我们迫切需要探讨身体活动不足对青少年的短期和长期影响,并找到促进身体活动的有效方法,特别是在COVID-19大流行的情况下。线上教学和保持社交距离大大减少了人们的身体活动,增加了屏幕使用时间,这些变化所造成的结果可能持续一生。"她补充说:"世界近四分之一的人口是青少年。我们正在努力确保他们在一个支持身体活动的社会和自然环境中成长,从而帮助他们改变现在的健康状况,进而改善他们未来的健康状况,并对下一代的健康产生积极影响。"

二、身体活动参与

(一)影响身体活动效果的客观变量

身体活动效果是参与身体活动所要达到的期望结果。一方面,我们要通过身体活动达到生理机能、肌肉功能、身体素质、运动能力、心理调节等正向的体质健康效应;另一方面,身体活动也存在着潜在的危险,要防止因不当运动而产生骨骼肌肉损伤、代谢异常、血液与器官受损、环境危害等身体活动的反向效应。

通常在对身体自身条件、运动场地、运动装备与器材等能够有正确的认识和准确的判断,并且掌握了一定运动技巧的情况下,身体活动对健康的影响主要取决于它的方式、强度、时间、频度和重量。现有的证据显示:

①平常缺乏身体活动的人,如果能够经常(如每周3次以上)参加中等强度的身体活动,其健康状况和生活质量都可以得到改善。

②强度较小的身体活动也有促进健康的作用,但产生的效益相对有限。

③适度增加身体活动量(时间、频度、强度)可以获得更大的健康效益。

④不同的身体活动形式、时间、强度、频度和总量促进健康的作用不同。

(二)身体活动的方式

身体活动的方式是根据需要选择的身体活动类型及其方法。健康促进是个性化的具体问题,因而必然会涉及因人、因时、因地等具体的实施、操作问题,归根结底就是在目的的导向下选择适当的身体活动类型,遵循相应的方法要求,这是健康促进面临的首要问题。

与类型不同,身体活动的方式更为具体。此时,当与个人具体要实现的目的相联系时,除了前面提到抽象的身体活动分类之外,身体活动的类型要进一步细化,并与即将采取的方法相联系,如瘦身减肥类、器械健美类、休闲娱乐类、体育竞赛类、心肺耐力类、肌肉力量类、身体素质类等。与此同时,各种目的类的具体身体活动方式五花八门,如以缓解久坐不动为目的,可以是站立、走动、展腰、伸臂,以及其他各种强度类型和方式的身体活动;以参与体育竞赛为目的,可以是篮球、排球、足球等多项体育竞赛;以提高身体素质为目的,可以是跑、跳、投等类属性活动方式,也可以是跑步、深蹲、跳跃、俯卧撑、引体向上、健身房器械练习等具体身体活动方式。

(三)身体活动的内容选择

1. 参与多种形式的日常身体活动

随着科技快速发展、城市化进程加快,社会分工越来越细,工作模式越来越趋于单一,自动化、信息化使得学习、工作中体力支出行为减少,汽车等交通工具的发展使得步行的机会越来越少,电气化、家政服务等代替了烦琐的家务劳动。总体的趋势是社会越高度发达,日常身体活动的行为内容越单一、数量越来越少,久坐不动行为越来越多,屏幕时间不断增多。

在这种情况下,人们的健康意识越来越强烈,健身行为的地位也越来越突出。于是也就产生了许多关于健康的假象,如将健康完全归结于健身行为,或将健身行为等同于健康(尽管行为和状态的属性不同);甚至将健身房的力量练习等同于健康(肌肉力量仅是健康的部分内容),将特定的二头肌、胸大肌等部分肌肉形态同于肌肉力量与耐力。

尽管,健身或锻炼行为有着更为明确的目的,有更大能量消耗的效果,但它既代替不了身体活动行为的全部,更不能代替健康生活的全部。需要特别明确,人离不开生活,生活也是人区别于动物生存的重要标志。在生活中,有生存所需的吃、喝、住、行等行为,有因此而产生的学习、工作、劳作、交流、交往等丰富的社会关系和社会活动,因而也产生了丰富的日常身体活动行为。无论是从身体活动内容的丰富性而言,还是从生活本身而言,在全球人口缺乏身体活动的情况下,我们更不能忽视日常生活中的身体活动,其有不可替代的作用:

①日常行为是每日生活必须,能够终生持续。
②日常行为的动作形式更多,内容、方式更广泛。
③日常行为的总体数量更多,能量支出形式多样。
④日常行为的持续时间更长,能量消耗更多。
⑤日常身体活动更能避免久坐不动、缺乏交流、屏幕时间等不利于健康的现象。

越来越多的人意识到:身体活动既是生活产生的行为,也是满足生活所需的行为,同时也是人们达到健康、更好生活的行为或重要手段。倡导将身体活动融入日常生活中,人们活动身体的需要就可能变成生活中默认的选择,在提高身体活动水平、增加能量消耗、获得健康的同时,步行、公共交通、走楼梯的后效更环保,洗衣、做饭、养花、种草、打扫卫生使得家庭更美观,积极交流、交往、帮助他人使得个人社会关系更为融洽,生活也有了该有的样子。

2. 重视参与中高强度的体育锻炼

从宏观角度来看,身体活动作为一个抽象概括性词汇,包含了吃、喝、住、行等举手投足的所有身体动作,对实现健康具有绝对性意义,甚至是实现健康的唯一途径。然而,身体活动作为一个有现实意义的具体内容,一是各种身体活动内容是一种复杂的共存关系,它们之间存在有效组合,以及其活动的量与度的适当效果,同时也存在生理效应、心理效应之间的相互补偿效应;二是部分较小能量支出的身体动作对健康的价值有限,或是难以得到科学证实的健康效应;三是部分必要或约定成俗的身体动作,能量支出的可调节变量较小,对身体形态、动作姿势及其他健康成分的意义不大。因而,并非所有的身体活动都能成为我们关注的焦点,只有得到科学证实、易于实现,并对健康促进有着巨大意义的身体活动才有更重要的价值。

尤其青少年的身体活动,已经超出了普通意义上"平衡"的健康范围,肩负着物质性躯体质地提升的需要,智力发展、心理完善、个性塑造等的需要,身心协调统一发展的需要,社会理解与融入的需要。此时,不仅身体活动的内容形式要更为广泛,身体活动的量与强度也需要超出普通意义上一般身体活动,否则难以达到应有的价值。正因为如此,体育课、运动竞赛、身体锻炼或健身行为等特殊形式的身体活动就具有了更大的价值。青少年学生的生理机能、身体能力尚未完全停滞发展,从物质性的"体质"来看,身体潜能尚待开发,"发展"才是硬道理,这就需要通过"超越或突破"原有状态,在"更高、更快、更强"的身体能力展现过程中不断打破原有的"平衡"。因而,在青少年增强体质的道路上,不能以简单的"平衡"来代替该有的"发展",更不能给青少年加以"平衡"的限制。

与此同时,大量的研究表明:与体质直接相关的肌肉能力、骨骼强度、器官功能、身体素质与运动能力,身体活动所依赖的神经反应、本体知觉、运动记忆、快速思维、注意状态、意志过程、情绪体验,以及身心协调统一的整体运行状态和社会融入等都可在专门性的身体活动中得以开发,且都需要在超出日常活动范围的身体活动中去改善、提高。因而,青少年经常参与中高强度的身体活动是增强体质、促进身心发展的充分和必要条件。

3. 积极参与健康相关的身体活动

在欧美国家,通常用"体适能"来概括人们日常工作、生活中应具有的身体适当能力,指人体所具备的有充沛的精力从事日常工作(学习)而不感疲劳,同时有余力享受康乐休闲活动的乐趣,能够适应突发状况的能力,被视为衡量身体适应生活、运动与环境(如温度、气候变化或病毒等因素)的综合能力。体适能包括健康体适能和技能体适能两大类,其中健康体适能是指与健康相关的身体适能,主要有身体成分适能、肌肉适能、心血管系统适能和柔韧适能。

在我国,《标准》采用"体质"的概念来强调身体质地对健康的重要程度,突出体质的基础性、根本性、物质性。在内涵上包括身体形态、生理机能、身体素质与运动能力、心理发育和适应能力5个方面,给青少年学生设置了6类具体指标:体重指数(身体成分)、肺活量(呼吸系统机能)、1 000米或800米跑(心血管耐力)、引体向上或仰卧起坐(肌肉力量)、坐位体前屈(柔韧)、50米或立定跳远(身体素质与运动能力)。

可以看出,各国设计健康指标的基本逻辑是由"健康→能力→指标",导向健康的基本思路是"指标→能力→健康"。显然,在逻辑上,"健康、能力、指标"与身体活动并非相同属性,通常出现在大众面前的只是具体的检测指标和相应的评分标准。但是,具体到指标上,就能发现其中一部分指标仅是能力指标,不涉及该能力发展的身体活动,如体重指数、肺活量;而另一部分指标本身就是通过身体活动测量的,这些身体活动既是测量身体活动能力的手段,也是能够发展该能力的身体活动,如坐位体前屈、1 000米或800米跑、引体向上或仰卧起坐、50米或立定跳远。

尽管,指标可以反映身体能力,身体能力也需要指标来衡量,但是二者并不等同。同一身体能力可以通过不同的指标来测试,如心肺耐力可以通过1 000米或800米跑、3分钟台阶实验、1英里[①]跑、12分钟耐力跑等进行测量,这些作为测量手段的身体活动也同样可以发展心肺耐力。同时,测试指标是有目的选取的,具有一定的代表性,但并不代表全部,如柔韧测量肌肉的伸展度,预示着肌肉伸缩能力及动作能够有更大的范围和幅度。测量柔韧的指标是坐位体前屈,坐位体前屈也可以发展柔韧,但是坐位体前屈并不能发展所有部位的肌肉伸缩能力。此外,由于健康的生活性和生活中身体活动的多样性、复杂性,也决不能以偏概全,将测量手段的身体活动作为发展该能力唯一的身体活动。

相对而言,与健康密切相关的体质健康成分及其身体活动主要有:

①发展身体成分的身体活动。
②发展呼吸系统机能的身体活动。
③发展心血管耐力的身体活动。
④发展肌肉力量的身体活动。
⑤发展柔韧的身体活动。
⑥提高身体素质与运动能力的身体活动。

当然,大多数身体活动是不能完全单独分割开来的,如果说身体活动是形式或手段,

---

① 1英里=1 609.344米。

健康维度中的身体能力是目的，那么同一目的可以采用不同的活动形式，运用不同的实现手段，同时同一形式或手段也可能达到多重目的，如耐力跑在增强心肺耐力的同时，同样也在提高运动能力，发展肌肉力量，强化骨骼，改善身体形态。

4. 选择参加竞争性的体育竞赛

体育竞赛是各种体育运动项目比赛的总称，是按统一的规则要求，组织与实施的运动员个体或运动队之间的竞技较量，是竞技体育与社会发生关联，并作用于社会的媒介。竞技体育是指在全面发展身体，最大限度地挖掘和发挥人(个人或群体)在体力、心理、智力等方面的潜力的基础上，以攀登运动技术高峰和创造优异运动成绩为主要目的的一种运动活动过程。

体育竞赛是一种规则化或制度化、体系化的竞争性体育活动。这种竞争是规范的合理竞争，这一过程是竞技、争胜的过程，在这个过程中体现的是背后的努力，考验的是临场的发挥，既要有团结协作的大局观，又要承担个体责任并展现个人价值和精神风貌，是社会化竞争的浓缩。能够体现出合作与竞争、集体与个体、过程与结果、辛勤与收获、目标与策略、方法与效果、自由与限制、规律与运用等社会活动中抽象出来的基本理念，是个体理解社会的最好途径。同时，这一竞争过程具有激烈的对抗性和竞争性，能够充分调动个体的体力、智力和心理方面的潜力。对于最大限度挖掘青少年个体能力、促进身心发展具有无可比拟的重要作用，是日常身体活动和其他健身活动难以企及的。

总体而言，在体育竞赛中除了一般性的技术、素质与能力之外，运动中的人与人、人与物的关系及空间概念、时间与时机观念、合理竞争等对个体的社会性发展具有重大的意义；同时，具有一般身体活动难以经历或体现的智力因素、情绪情感因素、意志努力过程，是个性塑造与心智修炼能够达到更高境界的良好途径；此外，在竞赛中不但能够感受到获胜的喜悦，更应该接受失败的洗礼，学会合理归因，体会身体自尊，广泛地认识自我，完善自我。

5. 广泛参与社会性的身体活动

社会属性是指生物作为集体活动中的个体或社会活动中的一员而表现出来的有利于集体和社会发展的特性。动物有寻找异性的本能，人离开社会，内心就会感到不安、痛苦或者遗憾。人有合群和交往的倾向，同时群体中的个体间也必然存在矛盾与冲突，随着人融入社会，对社会的认识能力和解决问题的能力不断提高，个体间的冲突就会减小，体现人社会化程度的利他性、协作性、依赖性、自觉性等社会性就会自然显现。

身体活动扮演着除语言、文字以外，人们参与社会最为重要的方式，是社会活动依赖的基本手段和形式。在参与社会的过程中，我们既要运用身体活动作为基本手段，同时也要发展身体活动的社会性内容，如合群性、协作性、利他性。社会性的身体活动无处不在，如参加体育协会、跑团等群体组织，参加各种娱乐性、竞赛性体育活动，主动邀请他人旅游、登山或健身，和家人、朋友、同学一起跑步、游戏、打扫卫生或其他体力活动，给院校、社区的运动团体或个人提供力所能及的帮助，在与他人交往中充分沟通、交流并积极展现自我，实现自我价值。

即使仅就活动、动作本身而言，列昂捷夫、皮亚杰等心理学家、教育学家将活动、动作看成意识、智力发展的源泉。

(四)身体活动的强度

身体活动强度是指单位时间内身体活动的能耗水平或对人体生理的刺激程度,分为绝对强度(物理强度)和相对强度(生理强度)。为了便于理解,也可通俗地认为是身体活动做功的速率或进行某项活动或锻炼时所用力量的大小,或简单地认为是完成活动的用力程度。

1. 绝对强度与相对强度

(1)绝对强度

绝对强度一般指身体活动的绝对物理负荷量,而不考虑个人生理承受能力,衡量指标是代谢当量 MET(也称梅脱)。

$$1MET = 3.5mLO_2/(kg \cdot min)$$

(基础代谢时的耗氧量,每公斤体重1分钟消耗3.5毫升的氧气)

通常在用代谢当量表示身体活动的强度时,MET 是一个人工作时的代谢率与基础代谢率之间的比率,比率越大活动强度就越大。如与基础代谢相比,一个人在进行中等强度活动时消耗的能量是基础代谢的 3~6 倍,其他不同运动强度的代谢当量值见表 7-1 所列。

表 7-1 代谢当量值与运动强度

MET 值	运动强度	MET 值	运动强度
≤3MET	低强度活动	6~9MET	高或大强度活动
3~6MET	中等强度活动	≥9MET	超高或极大强度活动

(2)相对强度

更多考虑了个体生理条件对某种身体活动的反应和耐受能力,衡量指标是最大耗氧量或最大心率的百分比,也可通过自我主观感觉来判断。

相对于耗氧量而言,心率更易于测量。最大心率的确定,可简单地表示为:

$$最大心率 = 220 - 年龄$$

用最大心率的计算方式充分考虑到了年龄问题,年龄增大后,身体活动强度要相应降低。如 20 岁时,最大强度的心率可以到 200 次/分,而 60 岁时,则只能到 160 次/分。通常用心率来衡量运动强度时,既要考虑年龄大小,又要考虑运动时长,即年龄大的人,尽管心率较低,但时间持续长时,运动强度、运动量也会大。为了方便,一般也可认为心率在 120 次/分以下的运动强度为小,心率在 120~150 次/分的运动强度为中等,心率在 150~180 次/分的运动强度为大。

用自我主观感觉来衡量活动强度时,充分考虑到个人以往的锻炼经历和相对健康程度,常用主观体力感觉量表衡量运动强度。也就是说,同一项运动,比如快走,对大部分不怎么锻炼的人可以算作中等强度,但对运动高手就算较低强度,对某些虚弱的病人就算高强度了。个人体质不同,所能承受的运动负荷也不同,根据自己的感觉判断运动强度更方便实用。中等强度活动的自我感觉有:心跳和呼吸加快,用力但不吃力,可以随着呼吸的节奏连续说话,但不能放声歌唱,如尽力快走时的感觉。实践中,常用自我感知运动强度量表评价主观运动强度(表 7-2)。

表 7-2 自我感知运动强度量表

RPE	主观感觉特征	强度(%)	体力(%)
6	安静	0.0	—
7	非常轻松	7.1	40
8	—	14.3	45
9	很轻松	21.4	50
10	—	28.6	55
11	轻松	35.7	60
12	—	42.9	65
13	稍吃力	50.0	70
14	—	57.2	75
15	吃力	64.3	80
16	—	71.5	85
17	很吃力	78.6	90
18	—	85.8	95
19	非常吃力	—	100
20		100	105

2. 身体活动水平

身体活动水平是每日身体活动的能量消耗水平，是人体总能量消耗与基础能量消耗的比值。目前在国际上，普遍使用身体活动水平（physical activity level，PAL）来对每日身体活动进行量化和分类。PAL 的定义是人体 24 小时总能量消耗（total energy expenditure，TEE）除以人体 24 小时的基础能量消耗（basal energy expenditure，BEE），即

$$PAL = \frac{TEE}{BEE}$$

根据 PAL 值的不同，身体活动的强度一般按表 7-3 分类。

表 7-3 身体活动强度

活动状态	例子	PAL
非常不活跃	卧床的人	≤1.40
低度	很少运动的办公室工作人员	1.40~1.69
中度	每天跑步 1 小时的人	1.70~1.99
强度	每天游泳 2 小时的人	2.00~2.40
高强度	自行车赛手	≥2.40

3. 具体方式中的活动强度

世界卫生组织从健康的角度推荐中等以上的活动强度，并明确表示："成年人制订的中高强度运动目标应高于推荐水平。"青少年学生体质有很大的发展空间，而增强体质或提

高身体能力需要依赖更大的运动强度，这就需要在世界卫生组织推荐的"至少"基础上尽可能地增大运动强度。实现增大运动强度的目的，可以从"单位时间内完成的运动量"来考虑运动强度问题。具体到不同的运动形式，可以体现在单位时间内速度、距离的变化，可以通过改变动作的次数、幅度及用力大小等有效控制运动强度（表7-4）。

表7-4　具体动作方式中的调节变量

动作的可调节变量	举例
次数	俯卧撑、仰卧起坐或持械动作的重复数量
幅度	深蹲、屈臂撑或持械动作的单个运行距离
节奏	健美操、舞蹈等节律性动作的变化节奏
力量	拳击、踢击等动作用力程度或身体核心的整体用力
重量	器械练习等借助外力的重量大小

（五）身体活动的时间

由于健康的形成是一个缓慢的过程，需要长期持续的身体活动，因而时间作为影响身体活动效果的重要变量，既要考虑阶段性的问题，也要考虑每次活动持续性的问题，还要考虑多种健康目标分段实现的问题，自然也会包括多种时间计算方法。同时，由于中等以上强度的身体活动才具有更大的健康意义，因而除特定的情况外，一般都是针对有中等以上活动强度的身体活动而言。

①每次活动时间　即一般意义上的身体活动时间，指连续、不间断进行一次身体活动而用的时间，通常用分钟表示，如每次30分钟。由于推荐时间的主要依据是：身体活动总能量消耗与各种健康效益之间的关联，因而考虑到具体活动强度差异，通常情况下活动强度大时，时间相对要短；活动强度小时，持续时间就要长一些。

②累积活动时间　指为达到某种身体活动目标，而将特定时段内的每一次活动时间进行累计，称为累积时间。由于动作掌握、体质增强、健康改善等目标都需要持续一段时间，量化这些身体活动就必须要进行累计。通常以每天、每周为时间段，用分钟累计，如每周5天每天1小时的身体活动可以表示为每周（累计）300分钟。

③分段活动时间　考虑到现实情况，并非所有的人都能连贯、持续完成每天1小时的身体活动，同时也需要通过分段活动来限制长时间久坐不动、避免视屏时间过长及活动关节等现实需要，可以将每天的活动任务分解计时。如一项活动分为3段，每段10分钟，3段共30分钟的身体活动，其能量消耗的效应与持续30分钟的身体活动相当。

④组合活动时间　健康是多种身体能力的集合体，需要不同类型和强度的身体活动组合完成，这就需要分类、分段，必须组合累计。如身体活动类型、方式之间，主要肌群涉及上下肢、腰腹等多部位，强化骨骼涉及身体多部位骨骼和多关节活动，需要多种活动的组合才能达到强化骨骼和肌肉的目的。如每周300分钟中等强度或150分钟高强度有氧活动，可以为200分钟中等强度和50分钟高强度有氧活动的组合，或100分钟中等强度和100分钟高强度有氧活动的组合。

⑤持续活动时间　指一项活动连续、不间断的活动时间，主要强调一项活动的持续性。中等以上，尤其高强度身体活动通常需要循序渐进、逐步进入活动状态，如果从静态突然进入高强度状态很有可能会对身体产生危害。同时，促进健康的身体活动往往也需要

持续一定的时间才更有意义,如改善心血管健康水平时,每次至少需要爬5层楼梯。因而活动内容可以是不同行为的连贯组合,但并非偶尔的即兴行为。

⑥不良行为时间　不良行为对健康的损害是共识的,减少不良行为的时间本身就具有健康意义,同时也需要用其他类型的身体活动来替代。限制屏幕时间、久坐时间,对青少年和成人都具有重要的健康意义。众多的证据显示:用任何强度的活动(包括轻度运动)来代替久坐行为都可产生健康益处。

⑦推荐活动时间　尽管身体活动的健康效应具有合理的区间,但是却也存在因人而异的差别,同时现有证据表明,健康目标不同,剂量效应关系和所强调的活动时间、强度也不同。如维持体重,要达到一个身体活动能量消耗值,需要每日60~90分钟的中等强度身体活动量。如以降低各种慢性疾病的风险为目标,30分钟中等强度的身体活动对于体重正常或是肥胖者都有效果。因此,世界卫生组织在推荐活动时间的表述上采用"至少",强调应该"更多"。

(1)每周身体活动时间的推荐区间

目前的研究结果综合显示,身体活动持续的时间对健康的益处不是呈线性关系,世界卫生组织推荐成年人每周参与150~300分钟中等强度的身体活动,以此带来最大的健康益处;推荐儿童和青少年应该每天平均至少做60分钟的中-高强度运动,其中每周至少应该有3天做剧烈的有氧运动及增强肌肉和骨骼的运动,并应该限制久坐时间和视屏时间。如果时间过短,则健康益处不大,如果超长时间运动则可能带来伤病风险。但是随着运动经历的增加,可以循序渐进地加大运动强度和持续时间,并专门强调制订的中高强度运动目标应高于推荐水平。

(2)对青少年身体活动时间的建议

结合我国《标准》的内容指标,"阳光体育运动"对大、中、小学生每天锻炼一小时的要求,以及《中国人群身体活动指南》(2021)和世界卫生组织《关于身体活动和久坐行为指南》(2020),青少年学生应以每天60分钟中等以上强度身体活动为参照,在满足有氧运动、体育锻炼、骨骼肌肉活动的基础上,有选择地安排步行交通、社会交往、休闲娱乐等日常身体活动。具体建议如下:

①每天1小时中等以上强度的身体活动,且以有氧运动、户外活动为主。
②每周至少有3次剧烈或高强度有氧运动,以及强化骨骼肌肉活动。
③每周至少应有一次体育课或体育锻炼活动。
④每周应参加一次体育竞赛活动。
⑤每周应组织或参与一次休闲或娱乐性社交性活动。
⑥每次静态行为持续不超过1小时。
⑦每天视屏时间累计少于2小时。

三、参与身体活动的原则

合理选择有益健康的身体活动量(包括活动的形式、强度、时间、频度和总量),应遵循以下4项基本原则:

①动则有益　对于平常缺乏身体活动的人,只要改变静态生活方式,增加身体活动水平,便可使身心健康状况和生活质量得到改善。
②多动更好　低强度、短时间的身体活动对促进健康的作用相对有限,逐渐增加身体

活动时间、频度、强度和总量，可以获得更大的健康效益。

③适度量力　多动应以个人体质为度，且要量力而行。体质差的人应从小强度开始锻炼，逐步增量，体质好的人则可以进行活动量较大的体育运动。

④贵在坚持　机体的各种功能都遵循"用进废退"，只有经常锻炼，才能获得持久的健康效益。

四、合理运用主观变量

在身体活动中，主观变量是不可或缺的因素，其内容主要包括兴趣、态度、目标、动机、注意、情绪及整体状态等，主要体现在期望与抵触、积极与消极、主动与被动、投入与散漫、高涨与低沉等极性不同的状态或程度水平。这些主观参与水平不仅直接影响身体的动作表现，还会间接影响伴随身体活动的感知、思维等心理内容与过程，在参与同样活动的情况下会因主观状态的不同产生不同的身体活动效果。这一点，在体育课、体育兴趣班及多人一起参与的健身或训练过程中都会显现得淋漓尽致，即使在运动内容、强度、时间等完全一致的情况下，长期效果一定会产生显而易见、因人而异的差别，甚至连短期的一次活动也会有出汗量截然不同的差别。

总体而言，正向的主观状态有利于起始的驱动，过程的感受与策略调动，结果的总结与反思；在效果上，更有利于提高生理器官和肌肉的本体感知能力，改善心智参与水平，提升动作表现水平和完成效果，增加能量消耗水平和有效地预防运动损伤。反之，负向的主观状态则不利于身体活动的表现和效果。

五、科学的身体活动过程

(一) 身体活动前的准备

1. 检验、评估体质健康状况
①根据体质健康的内容或指标评估个人状况。
②对个人身体能力和现有活动内容与活动量作出基本判断。
③认识目标活动中的潜在风险，做好保护措施。
④制订安全防范措施应对意外风险。

2. 制订合理的身体活动计划
①客观了解个人和环境信息。
②科学制订阶段性运动目标。
③合理选择搭配运动的形式。
④适度可行的运动强度、时间。
⑤循序渐进的运动计划进度。
⑥合理预防运动意外和伤害。

3. 完备场地、器材等基本装备
①选择安全的场地设施和环境。
②配备好项目需求的器材和装备。
③准备好安全防护所需的条件和装备。
④配备好意外事件所需的应急装备。

(二)身体活动过程三步走

1. 热身活动

热身活动是身体活动前的准备部分,通常在体育课、健身活动、运动竞赛等强度较大的身体活动前必须要有充分的热身准备,主要意义在于身体能够逐步进入活动状态,避免正式活动时肌体受伤或身体不适。从生理学角度来分析,准备活动的意义有以下几点:

①提高中枢神经系统兴奋水平,以适应机体承受大负荷强度刺激的需要。

②增强氧运输系统的机能,使肺通气量、摄氧量和心输出量增加,心肌和骨骼肌中毛细血管扩张,有利于提高工作肌的代谢水平。

③使体温升高,氧离曲线右移,促进氧和血红蛋白的解离,有利于氧供应。

④降低肌肉的黏滞性,增加弹性,预防肌肉损伤。

⑤增强皮肤血流,利于散热,防止热应激伤害。

热身活动的主要内容与方式有:

①生理系统预热　如慢跑、小步跑、后踢跑等周期性动作。

②中枢神经系统适应　如各种反应、趣味性游戏。

③活动身体各关节　如颈、肩、肘、髋、膝、踝等关节活动。

④拉伸主要肌群　如压腿、压肩、屈身等柔韧活动。

⑤专项准备活动　如高抬腿、加速跑及与专项技术相近的较大强度动作。

2. 基本活动

基本活动是身体活动的主要内容和主体部分。由于个人目的不同、活动方式不同,基本活动千变万化,难以具体和统一。但无论出于何种目的,采取何种活动方式,总体上可以抽象概括到两个方面,一是整体过程的活动类型、方式、时间、强度等;二是具体动作的结构、路线、幅度、数量,以及动作表现出来的平衡、稳定、协调、顺畅、节奏、力量、速度等特征。

3. 放松活动

放松活动是基本身体活动结束后的恢复部分,尤其在较大强度或剧烈身体活动之后是不可或缺的关键环节,甚至体育界认为:放松活动是通往冠军之路的捷径。主要意义在于使有机体从高度紧张状态松弛下来,缓慢进入日常正常的生理状态,避免造成肌肉僵硬和过度疲劳等状况。放松活动的生理意义主要有:

①防止因突然停止运动而产生血液淤积、代谢产物堆积等现象,及时补偿运动时欠下的"氧债",消除乳酸等代谢产物。

②防止因心脏输出血量突然减少,大脑、肌肉、各内脏器官的血液流速、流量迅速减少而产生的头晕、恶心、眼前发黑等不良症状和危害。

③有效降低交感神经系统的兴奋性,提高副交感神经系统的功能,加快神经系统兴奋和抑制的转换灵活性。

④及时解除大脑皮层因运动需求而形成的特殊肌肉舒张、收缩记忆,及时恢复肌肉功能状态,提高肌肉韧性、张力和动作幅度。

⑤使肌肉、器官等生理系统都能逐步过渡到安静状态,减少因长期紧张而导致的疲劳。

放松活动的主要内容与方式有:

①整体放松　如慢跑、整理运动等让身体整体活动强度缓慢过渡到放松状态。
②肌肉放松　如伸展、拉伸等柔韧活动，抖动、拍打、按摩局部肌肉。
③意念放松　如呼吸、冥想、暗示等降低大脑皮层兴奋度。
④其他恢复性放松　如泡脚、热水澡、按摩、游戏、音乐、瑜伽等促进代谢、缓解疲劳、放松心情。

(三)身体活动中的生理反应

人体承受体力负荷时，心血管、呼吸、神经、肌肉、关节和有关的代谢过程都会发生反应性的变化，如会出现体温升高、心率加快、血压升高、血流加快、肌肉感觉、极点与第二次呼吸等生理反应，并会伴随ATP-CP供能物质、过氧化物、蛋白表达、转录因子等生化反应。这些变化与体力负荷量、机体的适应程度、身体素质与运动能力等因素密切相关，通过测量和分析，可了解机体的耐受、适应程度，并判断产生的健康效益和存在伤害风险的可能性。

理论上身体活动的生理反应是普遍的，不但能够从各种生理、生化指标上反映出来，而且一定会伴随不同程度的主观感觉变化。当然，可用于测量的指标也很多，如心率、血压、血糖、血脂、血红蛋白、激酶、乳酸、摄氧量、免疫球蛋白、尿素氮，以及各种代谢物质等。但是，对于普通日常锻炼来说，指标测量不便实现，而感觉则随时常伴。通常最为直观，可以感受到或易于测量的主要指标有呼吸、流汗、用力程度、总体感觉等。

①总体感觉　轻松、困难、累。
②用力程度　轻松、吃力、非常吃力。
③呼吸状况　自然、加快、急促。
④出汗多少　轻微、较多、大汗淋漓。
⑤柔韧练习　伸展、疼痛、酸痛和麻木。

一般情况下，身体活动的生理反应和主观感觉是一体的，通过这些特征和感觉就能够把握身体活动的健康效益。总体上，活动强度到中等以上健康效益才能更大，强度较小则健康效益不大，强度过大则易于发生运动损伤。需要注意的是，即使强度较小也会好于久坐不动。同时，由于身体的某些损伤是不可逆转的，如软组织、器官等生理损伤会影响终身，所以在日常活动中一定要及时关注身体活动的生理反应，防止因强度过大而导致的伤害风险。

(四)身体活动后的恢复

恢复是指在身体活动之后，身体从疲劳状态恢复到正常生理状态的过程。从健康的角度来看，疲劳、恢复和适应是人体活动过程中的3个关键环节。恢复是中间环节，如果疲劳后不能得到恢复，那么后续的适应则无从谈起，前期的疲劳也就不具有任何意义。身体在经受了偶尔、短暂的疲劳之后，各种生理特征会及时恢复到正常水平。而长期、持续的严重疲劳状态，通常会对身体产生伤害。有益于健康的身体活动必须使身体经历疲劳，并且在机体经历疲劳到恢复的过程后，会对一定体力负荷逐渐适应。

从运动训练的角度看，追求的是超量恢复，即机体在运动时消耗的能量及各器官、系统的机能不仅得以恢复甚至超过原先水平。毫不夸张地说，如果没有超量恢复，就没有肌力的增长，人体就不具有可训练性。同时，超量恢复是建立在充足营养和充分睡眠基础上的。碳水化合物和蛋白质等营养补充是超量恢复的物质基础，充分的睡眠能有效恢复精力，更重要的是大部分能量物质的合成再生，基本上是在睡眠时进行的，因此营养和睡眠是两个重要环节。此外，恢复的程度和出现的时间与运动量密切相关：运动量越大，消耗的物质越多，超量恢复的程度越明显，但出现的时间会延迟；相反，运动量越小，消耗的物质越少，超量恢复的效果也不显著，但出现得较早。

尽管"适应"与"超量"二者在表述上明显不同，适应是对新条件或环境的适应，超量是自身物质或能力的增强。但在本质上，二者都是强调身体的发展，否则无法实现"适应"。

在日常身体活动之后，可以通过睡眠、饮食、休息、放松等方法使机体尽快恢复。恢复的程度会表现在各种生理、生化指标及主观感觉方面，如果恢复的过程缩短，机体有更强的耐受疲劳能力，那么说明身体恢复较好，并对这一体力负荷逐步适应，可以考虑循序渐进地增加活动量；反之，就要及时调整身体活动计划，保证身体及时恢复。

第八章 健康的生活方式与习惯

第一节 日常生活方式与体质健康

一、什么是生活方式

(一) 生活方式由宏观到微观的转变

最初,马克思从人类社会历史的有机整体来看,认为生活方式是人表现或实现自己生活的一定活动方式,而生产方式就是人们为了保证自己生活而采取的手段。生产方式对于生活方式既有基础性和制约性,同时又有工具性和手段性;而生活方式则体现为本体性和目的性,它需要生产方式来实现,并推动生产方式的发展。二者共同构成人的整体生命活动,构成人的社会整体存在形式和社会历史发展的现实基础。基于此,生活方式也成为区别阶级的重要指标,也出现不同的社会生活类型,如原始社会生活方式、奴隶社会生活方式、封建社会生活方式、资本主义社会生活方式和社会主义社会生活方式等。

此后,韦伯(Webe)和凡勃伦(Veblen)都把生活方式视为可观察社会分化的一种现象,作为区别阶级地位的描述性工具。如在古代掠夺性的社会,作为勇武的结果,纪念品或战利品的使用发展成为品级、头衔、勋爵等制度,并以五花八门的徽章之类装饰品显示尊荣。在工业社会,富裕(财产占有)代替勇武成为成功的主要依托,是"有闲"(leisure)的生活方式,讲礼仪、重优雅的生活方式成为有闲阶级借以炫耀自己特殊地位和尊荣的重要标志。后来,受韦伯对"不同阶层地位的人践行着不同的生活方式"判断的影响,西方社会学以"象征研究"的方法依据一个人或家庭拥有的文化、经济收入和物质财富,以及对于社区群体活动的参与情况作为衡量社会地位的尺度。进而通过消费方式认识生活方式,界定社会阶层地位。例如,判断一个人的地位,研究者比较容易获得其居室的面积、汽车的价格、邻居的类别,排列出它们的相对水平,也就得出了他大致的社会地位。

近几十年来,随着阶级、阶层等概念弱化,各种社会现象不断分化及不同学科研究的深入,一是在类型上出现许多亚文化现象、跨学科态势,如极简生活方式、生活方式型移民、生活方式型体育、网络虚拟生活方式、绿色生活方式、可持续生活方式等具体的生活方式;二是在内容上出现生活方式开始回归现象,更贴近生活,接近于普通生活用语,如工作方式、学习方式、消费方式、生活方式等具体日常生活中的活动形式;三是随着教育、科技的发展使人们越来越认识到日常生活规律的"生活"意义,美好的生活不断向更加纵深的方向发展,不仅包括客观的"硬需要"(物质财富、生活条件等),还包括诸如幸福感等内在的"软需要"。如自从考克汉姆(Cockerham)关注到日常生活方式的实践会带来健康的后果，人们开始从健康层面入手来构建生活方式。健康生活方式的概念与当下经济社会发展阶段相适应，与人民群众对美好生活日益增长的需要、人们对健康生活持续增强的期望不谋而合，得到广泛的接纳并不断深入。

（二）生活方式的概念

正如马克思认为生活方式是人表现或实现自己生活的一定活动方式一样，"生活"体现了人的主体能动性，也是人区别于动物"存活"的独特生命形式。当前，这一生命形式如今已突破了阶级、阶层及单一经济视觉等特殊考察方式，与日常生活中的各个领域都密切相关，在经济、政治、社会、健康、教育等不同领域，在学习、工作、语言、行为等不同方面，在一个人、一个家庭、一个群体（如城乡、地域、年龄）等不同范围被更多的人接受、选择并运用。

纵观生活方式的概念，它概括的是复杂、多层次的社会现象，总体而言，生活方式是个回答人们"怎样生活"的概念，是指人们依据一定的文化模式为满足自身生活需要而运用社会环境提供的各种物质的和精神文化资源的活动方式、配置方式。《中国大百科全书·社会学卷》对生活方式作了如下定义性表述："不同的个人、群体或社会全体成员在一定的社会条件制约和价值观指导下，所形成的满足自身生活需要的全部活动形式与行为特征的体系。"通常生活方式概念可分狭义和广义。狭义的生活方式，指个人及其家庭的日常生活的活动方式，包括衣、食、住、行及闲暇时间的利用等；广义的生活方式，指人们一切生活活动的典型方式和特征的总和，包括劳动生活、消费生活和精神生活（如政治生活、文化生活、宗教生活）等活动方式。生产方式制约着生活方式，是生活方式的基础和实现生活方式的手段，具有工具性和手段性；生活方式影响着生产方式，是生产方式的目的和推动生产方式的动力，具有本体性和目的性。

（三）日常生活方式的结构条件

1. 生活方式的结构

从结构上看，生活方式包括3个相互联系的构成要素：

①活动条件　是生活方式活动所依赖的基本条件，包括客观条件和主观条件，客观条件是指特定时期人生活所依赖的自然条件和社会条件（宏观社会条件和微观社会条件），主观条件是指对人活动方式起调节作用观念、态度、经验等主动能动意识。

②活动主体　是实践生活方式的活动主体，在生活方式结构中具有核心地位，依据主体的范围可分为个人、群体（大至阶级、民族等大群体，小至家庭等小型群体）。

③活动形式　是指生活方式外显出稳定的、可见的生活活动状态、模式或样式，由活动条件和活动主体因素交互作用在一起而形成生活方式的具体活动形式，是判断一种生活方式优劣的基本标志。

2. 日常生活方式的结构条件

从宏观社会条件来看，不同时代的具体生活方式的活动条件不同，个体生活方式有明显的时代烙印，如出行方式由步行、自行车到汽车的转变，休闲方式由收音机、电视到手机的转变，娱乐方式由身体活动游戏到电子游戏的转变，饮食方式由单一主食到奶蛋肉蔬果的转变；也有明显的地域性自然条件和群体性社会条件烙印，如南方人具备游泳的条件，北方人具备滑雪和溜冰的条件，不同地区的人饮食食材不同、烹饪方式不同、喜好口味不同。这些活动条件给活动主体提供了便利，也限制了活动主体的活动形式。

从微观的个体生活方式来看，活动主体已经限定为活动者个体，那么在同一时代、同一群体等大体相同的自然条件、社会条件下，影响生活方式的活动条件因素则更多地取决于个体客观的基础条件和主观的能动调节因素，如客观的知识、经济、时间、技能等条件，主观的观念、态度等能动意识。正因如此，由活动条件和活动主体交互作用在一起而形成稳定的、可见的生活活动状态、模式或样式就会出现不同，这种具体生活的活动形式就成为判断日常生活方式优劣的基本标志。

就活动形式外在的显现而言，一是形式，如衣、食、住、行、娱等活动内容或类型，这是领域或范围内容；二是形态，如吃、住、穿、行等的具体形态，这是方法或结构内容，包括程序、时间、次数等量的体现；三是状态，如悠闲或忙碌、积极或消极、充实或空虚，这是活动的程度内容。

二、日常生活方式对健康的影响

由于生活方式在特定时间、范围具有概括性、稳定性和统一性的特征，并且生活方式是具体、可测量的，因而其群体性的社会属性尤为突出，能够反映出一定的文化现象。近年来，随着科技水平的发展、社会生活条件的变迁、人本主义思潮的影响，人们对健康的关注程度达到空前的高度，日常生活方式对健康的影响既是有目共睹的，也取得了前所未有的成果。如暴饮暴食、多油高脂、多盐多糖、烟酒过量、精神压力、视屏时间过长、久坐不动等不良生活方式对健康会造成巨大损害；如饮食清淡、多吃豆果奶蔬、经常锻炼、心情愉悦等良好生活方式有助于改善健康水平。诸如此类，日常生活方式对健康的影响体现出统计学上的意义，研究者甚至可根据某些生活方式有效地预测个体健康状况，个体同样可以根据稳定性规律选取有利于自我健康水平的日常生活方式，以便达到健康水平的改善和提高。

对于大多数群体而言，随着我国经济、科技水平发展及生产力水平提高，当前社会物质生活丰富，在很大程度上摆脱了农业社会受传染病、寄生虫病和营养缺乏症等疾病的危害。然而，现代生活方式的典型特点是生活节奏快、身体锻炼少、精神压力大、营养过剩者多、电子产品使用多、工作形式单一，以及整体环境空气污染严重、工业品使用泛滥，以至于亚健康问题严重，出现许多由于生活方式选择而出现的现代生活方式病。例如：

①情绪紧张刺激增加、饮食营养结构不合理、环境污染、吸烟饮酒人数增多等多方面的因素，导致心血管病、脑血管病、糖尿病、恶性肿瘤等因果性疾病发病率增高，成为早亡、致残的重要原因。

②现代生活节奏加快，时间观念、竞争观念增强，独生子女及离退休职工增多，生活中紧张刺激增加，不良心理因素和情绪反应已成为一个重要的致病因素，引起了一些心理情绪反应性疾病，如考前紧张综合征、离退休生活不适应、情绪性腹泻等。

③缺乏美容化妆的卫生知识，接触性皮炎、染发剂过敏性皮炎、戴耳环引起的感染等发病率在女青年中明显增加。

④现代穿着引起的高跟鞋病、隐形眼镜角膜炎、太阳眼镜病等在男女青年中较常见。

⑤养鸟、养猫、养狗等养宠行为导致动物传染的疾病增多，尤其是狂犬病已在许多地区呈散发性流行。

⑥吸烟人数大增，已成为肺癌、心脑血管病的重要因素；酒精中毒经常发生。

⑦在脑力劳动者中，久坐、用眼、用脑等造成脑力疲劳，视力疲乏的情况较常见。

三、健康的生活方式

健康生活方式是指有益于健康的习惯化的行为方式。表现为生活有规律(劳逸结合、起居有常,一般成人每天保证7~8小时睡眠),无不良嗜好,讲求个人卫生、环境卫生、饮食卫生,讲科学、不迷信,平时注意保健,生病及时就医,积极参加健康、有益的文体活动和社会活动等。主要包括:

①合理膳食　指能提供全面、均衡营养的膳食(中国营养学会的《中国居民膳食指南》可作为权威的指导)。食物多样,才能满足人体各种营养需求,达到营养平衡,促进健康的目的(图8-1)。

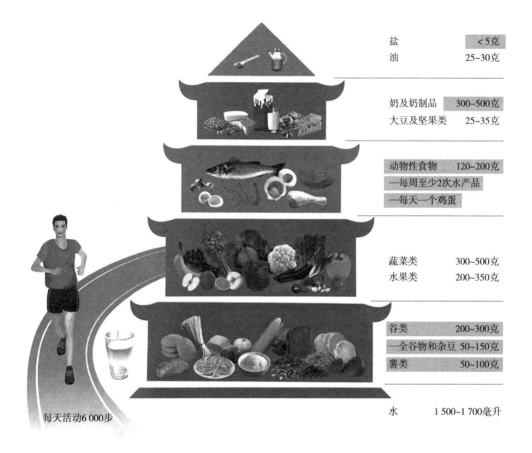

图8-1　合理膳食(《中国居民膳食指南(2022)》)

②适量运动　指运动方式和运动量适合个人的身体状况。健康人运动时的心率一般应控制在每分钟150~170(次)减去年龄为宜,每周至少运动3次,每次运动30分钟以上。

③戒烟限酒　吸烟有害健康,任何时候戒烟都不晚,对身体都有好处;饮酒不宜过量,严禁酗酒,建议成年男性一天的酒精摄入量不超过25克,女性不超过15克,尽可能喝低度酒。

④心理平衡　指能恰当地评价自己,应对日常生活压力,有效率地工作和学习,对家庭和社会有所贡献的良好状态。每个人一生中都会遇到各种心理卫生问题,通过调节自身情绪和行为,主动寻求情感交流和心理援助,或请心理(精神)科医生咨询和诊治等方法均

能获得帮助。

第二节 习惯与体质健康

一、习惯的重要地位

习惯是日常生活中最为重要的概念，我们每个人每天都在重复着同样的思想和行为，既在不断地巩固着习惯，也离不开习惯的约束。好的习惯是规范行为、成就事业、体现道德的重要推手；不好的习惯则会长期伴随，成为事业的绊脚石，奴役着我们的思想和行为。

年轻人在学习习惯，中年人在习惯中学习，老年人在习惯地生活（甚至被习惯奴役着生活）。正因为如此，习惯在健康、教育及心理学领域是一个基础词汇，有着重要的意义。英国唯物主义哲学家、现代实验科学的始祖培根（Bacon）说："习惯真是一种顽强而巨大的力量，它可以主宰人生，因此人从幼年起就应该通过教育培养一种良好的习惯。"我国著名教育家叶圣陶则通俗地阐明："什么是教育？简单一句话，就是要养成习惯。"基于此，教育者一直在教授少年儿童道德习惯、读写习惯、思维习惯、认知习惯、锻炼习惯、健康习惯，全社会都在努力促进学生养成良好的思想、行为及健康的生活习惯。

哲学家们更是将习惯与人的天性作类比，认为习惯是人的第二天性，甚至习惯比天性更为顽固。天性是人先天具有的固有属性，包括生物性的需求及心理性的获得，如管仲说："人爱自己胜爱别人，这是天性。如果有人爱别人胜于爱自己，那就是伪，就是违背天性，不近人情。"然而，当人成为社会中的一员，善的方面需要努力才能办到，恶的方面大多被社会规范加以限制，即与生俱来的秉性需要一定的条件才能完成，如我们需要别人的赞美，那么既需要自身的基础条件，又需要有让人赞美的其他条件，这种获得感才可能收获。而习惯则不同，能成为习惯则已经具备了相应的条件，因而不需要过多的意志努力，在特定的背景下就会自然而然地出现。倘若是好的习惯，那么会有助于人生的成就；倘若是不良习惯，与恶的天性相比，又缺少了加以限制的规范条件，因而更易于出现，也更难以改变，一定会造成更大的危害。

二、什么是习惯

（一）习惯

与生活方式相类似，习惯是一个高度概括性与具体性相统一的词汇，如不同领域工作习惯、生活习惯、学习习惯、语言习惯、写作习惯、锻炼习惯等，常与生活方式相联系。因此，作为大众用语，我们通常接受了其指积久养成的生活方式的解释。与生活方式不同，习惯更多倾向于个体的应对方式。

习惯体现于人类生活的方方面面，常与行为相联系，具有明显的外显特征，也成为我们判断行为方式是否经常的基本标准。就像行为主义将习惯看作为一种"机械化"的行为反应，认为习惯的运转不需要心理加工过程的干涉，它是基于过去的行为频率基础而产生的，当相同的行为反复出现时，就会形成习惯而不需要触发推理或认知上的思考。因此，在生活中我们易于接收到习惯行为的外显特征，也易于接受习惯是积久养成的行为方式的概念。

同时，习惯有具体性、可测量的特征，以至于我们可以衡量某种习惯性方式的好与坏。尤其在健康、教育及心理学领域，习惯更是一个基础词汇，有着重要的意义并被广大学者频繁地使用。当习惯与教育、心理学相结合时，它不再单单是"行为"的问题，必然与"心理"活动建立起某种联系。当然，不是因为教育与心理学的出现，习惯才与心理内容相联系，而是"知、情、意"等心理内容都有各自特定的表达方式，甚至连谦虚、傲慢等态度的表达都具有习惯性的方式，因而习惯不仅可以描述心理方式，甚至连心理发生发展的强度都会因人而异，自然也有习惯的存在。让我们更为吃惊的是，威廉·奥克汉姆将习惯分为道德习惯、智力习惯、感觉欲望习惯3种类型，连我们更为熟悉的行为习惯都不能单独成类，而是将行为习惯看成是以上3种习惯的具体执行。也因此，我们通常见到的认知习惯、思维习惯、道德习惯、个性习惯及奖赏性的动机习惯等就能得以解释，也存在以教育来培养习惯的价值。

因此，我们将习惯看成是积久养成的、无须过多注意的自动化应对方式。这种自动化的应对方式包括身体的行为和心理的反应方式及其强度。

(二) 习惯的类型与特征

1. 习惯的类型

习惯是一个高度概括的中性词汇，没有特殊的倾向性、类别性、层次性，仅是指积久养成的持续性应对方式，强调应对方式的持续重复性。这种应对方式在不同领域中都会有特定的表现，如经济领域的消费习惯、文化领域的道德习惯、教育领域的学习习惯、生活领域的生活习惯、健康领域的健康习惯。在不同视觉下也都有特定的内容，如从行为视觉看，在学习、工作、生活中可以表现出持续性的学习、工作、生活习惯；从心理视觉看，在感知觉(如习得性无助感)、记忆、思维、想象等心理内容，在爱好、态度、动机、个性等个体倾向性，以及情绪、情感、意志等心理过程都会体现出不同的知、情、意及个性倾向的习惯性应对方式。在不同层次中也都有具体的方式，如教育领域的学习习惯，学习下位有思考习惯、读写习惯等，思考下位可能伴随着不同的问答习惯、知觉习惯、思维习惯、想象习惯等，写的过程中必然伴随着握笔、运笔、落笔习惯，也可能伴随着一些无意识的小动作。

人们为了明晰对习惯的认识，在研究中、在生活中都尝试着对习惯进行分类，如奥克汉姆(Oakham)将习惯分为3种类型，一是道德习惯；二是智力习惯；三是感觉欲望习惯。他将行为习惯看作是以上3种类型的外在行为表现。黑格尔(Hegel)依据人的活动方式，也将习惯分为外在形体习惯、行为活动习惯和精神心理习惯，外在形体习惯是指无意识的身体姿态举止，如军人挺立阳刚的身姿及空姐标准的露齿微笑等；行为活动习惯是指习以为常的无意识行为，如日常生活中礼貌、谦让、整洁行为等；精神心理习惯是指无意识的精神心理活动，如人们通常所说的"君子之心"与"小人之心"，以及狂热崇拜与顺从、近乎本能地怀疑批判精神等，都包含着主体的这种精神心理活动特质。此外还有很多其他的分类形式，如有人根据习惯作用在生命中的不同层次，将其分为行为习惯、思考习惯和品质习惯；有人根据习惯预期的结果，将习惯分为过程类习惯(如勤奋、诚信、微笑)和目标类习惯(如理想、信念、早睡早起)；也有人根据习惯的两极性，直接分为好习惯与坏习惯。

2. 习惯的特征

人们把习惯被看成作人的第二天性。与第一天性相比，习惯更依赖于环境条件，第一天性的内容可能因不符合社会规范或无完备条件而无法浮出水面，而习惯的形成一般是具备了社会许可的条件和土壤；习惯的应对方式更为复杂，本能直接的应对方式难以满足社会性需求，习惯则更为间接、复杂，因而不是与生俱来的，是通过后天学习和规范形成的。与一般的应对方式相比，习惯更强调方法和形式，一般的应对方式是混乱或杂乱无章的，而习惯则有特定的规律，表现为有序；习惯更为稳固和持久，一般的应对方式可能是偶然的，而习惯会在特定环境背景下固定、持续地重复出现。

习惯有与众不同的基本特征，这些特征既是习惯的标志，也可能出现正面或负面的效应，群体或个体的差异。我们只有把握好习惯的特征，才能主动利用好习惯来减少疲劳，推动个体成就，避免坏习惯顽固地阻碍前进的方向。具体而言，习惯主要有以下特征：

①后天习得性　即习惯非生而有之，或潜意识中本能的应对方式，它完全是个体后天在自己的生活环境中通过学习、强化而获得的。这是建立语言、音乐、运动等良好习惯和改变不良习惯的理论基础。

②相对稳定性　习惯一旦形成就具有相对稳定的特征，会在特定情境中稳定重复出现。这使生活更为规律、规范并易于长期坚持，但同时也会使不良习惯的改变变得格外困难，甚至易于墨守成规从而失去创造性。

③自动重复性　习惯是动力定型后无意识的自动化应对方式，体现在无须过多注意、意志努力就能自动完成。这在日常常规性事物中具有重要意义，习惯简化了预定结果的所有过程，使应对更加快捷，动作越加精确，并降低身心能量支出，减少疲劳。

④个体差异性　习惯是在一定的环境背景和条件氛围中形成的。同时，能够形成习惯性应对方式，说明具备相应的形成条件。正因为人与人有不同的自然环境、社会文化条件，因而习惯就具有个体差异性，这种差异性一是表现在类型、内容、方式上的不同；二是相同习惯在度的标准上不同，如同样是学习，因标准不同，导致结果差异较大。

⑤结果两极性　习惯作为一个中性词汇，本身不具有极性的特征。但当我们讨论某一习惯时，一定与目的和期望的结果相联系，这就有了好与坏之分。尤其在教育、健康领域，"好"是存在的价值和追求的目标，不但要在类型、内容和方式上培养好的习惯，往往人与人的差距表现在习惯性的程度或标准上，如同是吃、喝、住、行，因标准不同结果也会不同。

(三) 影响习惯形成的因素

1. 习惯的形成机制

(1) 环境促进习惯形成

环境论认为习惯是一种自动化的反应，它是个体在一个稳定的环境中重复表现同一特定行为的过程中形成的。当行为重复出现时，认知、神经及动机上会建立起行为和特定时间、地点或环境背景中的特定记忆联结，这些联结会引导习惯性的行为发生，并由稳定的线索触发，这个过程甚至不需要行为意向的参与。

类似的众多研究揭示了环境对习惯行为形成有重要影响作用，只要在特定地点、先前动作及特定人群等环境背景下就可直接激活习惯性行为反应。在相关的行为预测研究中，也证实了只要被试知觉到背景特征线索，在无须意识、意图的情况下就会触发这种联结反应。其中也包括因在过去行为中获得过奖赏的背景线索，或预示着奖赏出现时，个体就可以建立某种行为联结而不需要激活特定的目标。

（2）态度促进习惯形成

认知行为理论从信息加工的角度解释个体行为的一般决策过程，用于预测未来行为发生。认为行为态度、主观规范、知觉行为控制是行为意向（某一特定行为的采取意愿）的主观变量，态度越积极、他人支持越大、知觉行为控制越强，行为意向就越大，反之就越小。其中，知觉到的行为控制最为重要，它还可以直接引导行为的发生。在特定情形下，并不需要全部条件参与，有时可能只需出现其中的一种或两种就可发生，甚至行为意向可直接决定行为发生。

社会心理学领域大量的研究证实，在饮食行为、锻炼行为、消费行为、烟酒成瘾行为中，行为意向是行为预测的一个良好指标。在体育锻炼习惯形成过程中，个体首先要产生体育锻炼的需要，才有可能表现出体育锻炼行为。其次是他们意识到的体育锻炼的有利性与社会压力也会影响其行为意向，行为意向又进一步决定行为的发生与否。在行为表现后，个体会进一步对该行为进行评价，如果对此次体育锻炼的效果感到满意，就会促进形成习惯，否则重新就会回到知觉阶段。当锻炼习惯初步形成后，会导致个体有再次锻炼的需要，如果此时再次执行与之前相同的行为，就会做出该锻炼行为，否则就又会回到知觉阶段；体育锻炼习惯就是在这几个阶段中不断循环而形成的。

（3）目标促进习惯形成

目标导向行为的观点认为，个体习惯会在一个给定背景中，通过不断重复追求的目标而表现出某种特征行为的过程中逐渐形成。为了证实行为目标的激活可以直接引发习惯行为的表现，研究者设计了一个实验，通过激活出行目标（如去购物）来测量个体的骑自行车习惯，然后接着测量被试者骑自行车去某特定出行地点（如去一个特定的购物大楼）是否合适的反应时。结果表明，只有在出行目标被激活时，有骑自行车出行习惯的被试者反应时才会显著快于没有骑自行车出行习惯的被试者。换而言之，就是当与习惯相联系的目标被激活时，特定的线索—反应联结变得更为通达。此时遇到这样的线索就会自动化地触发习惯性反应。

目标引导行为的观点已被诸多领域的大量研究所证明，习惯不但具有目标—导向的认知结构，同时目标的激活也是做出习惯反应的一种必要条件。但最近却有研究者提出目标与习惯行为的作用可能并不是单向的，一旦习惯形成后，一方面习惯反应不需要认知目标的中介作用（如看电视、购买快餐、开车、骑自行车等）；另一方面习惯与目标是互动的，不仅是目标促进习惯的形成，习惯也可以指引目标。

（4）观察学习

观察学习理论认为习惯不是简单的刺激与反应的联结，它的形成是相当复杂的。一是明确习惯是习得的，即习惯这一行为既不是先天决定或遗传造成的，也不是从潜意识中产生的，它完全是个体后天在自己的生活环境中通过学习而获得的；二是认为习惯的获得要经历注意—保持—复现—动机4个阶段，最后才能达到自动化；三是通过重新学习可以改变不良习惯，通过改变不良的环境条件，采取一定的特殊措施，重新进行系统学习，可使不良习惯得到矫正。

观察学习理论在动作学习与纠正中被证实并被广泛地运用，主要通过获得阶段和操作阶段来实现。其中，注意和保持过程是观察学习的获得阶段，复现和动机过程为观察学习的操作阶段。这一理论在教学中是首先通过教师示范,学生注意榜样行为的模式、特点,把动作表象保持在记忆中完成获得阶段;然后,通过模仿动作、获得反馈,在动机变量控制下把头脑中的榜样行为加以具体化、外化或物化,最后获得自动化的习惯动作完成操作阶段。

2. 影响习惯形成的因素

我们从出生开始,一方面在不知不觉地遵从固有习惯,如父母教会我们吃饭、喝水、穿衣、走路、说话等外显行为和其他熏陶而成的姿态、表情、观念、态度等;另一方面在适应环境条件的过程中不断建立新习惯,如在学校和社会中形成的学习习惯、社会规范习惯等,也包括因"近朱者赤、近墨者黑"而形成的各种群体性习惯和有适宜土壤的个体性习惯。此外,也在主体能动性的支配下不断改变旧习惯,如随着认知水平的变化在主动改变原有习惯内容的结构方式或标准,如群体性移风易俗,如根据需要改变原有睡眠、饮食、认知或其他动作习惯的时间、数量、方式、次数等,如根据目标改变原有学习、运动习惯等的标准(这是相同群体中,学习相同内容时出现优劣差异的主要原因,如同一班级学生,即使时间、数量、方式、次数等相同,因各种主、客观标准不同,学习结果一定会产生差异)。

从习惯的特性来看,习惯被看成人的第二天性,其形成与第一天性存在必然的关系,有利于本能倾向的应对方式相对会易于形成习惯,反之则难;同时,其不能摆脱环境条件而独立存在,必然受自然、社会及个体知识能力等基础条件的制约,环境背景条件越充分则习惯越易于形成。如当家庭或自己身边有读书、写字、喝茶、运动等相应的榜样、氛围和条件时,大体我们也易于形成相应的习惯。

从习惯形成的过程来看,行为习惯的形成一般经历了联结、强化、模仿的过程,在这个过程中联结是前提,强化、模仿就是习惯形成的主要变量。当超越行为,整体考虑身心应对方式时,其形成过程大体经历了注意—反馈—调节—动力定型等阶段,其中注意、记忆、复现是前提,态度、目标、动机、价值观念等倾向性是选择性注意、反馈、调节的动力因素,环境条件等是客观条件因素,自动化的动力定型是所有主客观因素的必然结果。

在此,我们不去讨论不以我们意志为转移的宏观时代环境条件或客观大背景下形成的传统固有习惯,主要看因主观能动性需要而建立新习惯(改变旧习惯本身就是在建立新习惯)的影响因素。毋庸置疑,影响习惯形成的因素是多方面的,归纳起来,主要有以下影响因素:

(1)主观需求因素

主观需求因素是指能够符合个体生物属性和社会属性倾向性的因素,这种倾向性既受生理需求、趋利避害等的本能驱使,也受兴趣、爱好、目标、态度、动机、价值追求、自我实现等认知导向的影响。

(2)条件许可因素

条件许可因素是指习惯形成所具有的环境、氛围、条件等的客观背景或适宜土壤。与第一天性相比,本能直接驱动下的方式或内容大多被社会规范所限制,能显现出来的只有冰山一角;习惯尽管有良与不良之别,但其一是习惯的内容大多是符合社会规范的,其二是习惯的形成具备了优沃的土壤。相对而言,背景条件因素越充分习惯越易于建立,如在有看电视、玩手机等不同家庭氛围环境中,在有玩游戏、运动等同学、朋友的群体氛围中就易于形成相应的习惯。

(3) 程度标准因素

程度标准因素是指具有相同类型、内容、方式的习惯，会因在程度上的差异而产生不同效果。相比于内容、方式等易测量因素，程度标准因素具有更为内隐的特征，与目标、认知、投入及努力程度等联系紧密。如在学习领域会影响学习效果，在运动领域会影响运动效果，体现出人与人的差别。通常情况下，标准要求高，实现难度就大，但因习惯而成就的效果就好；在初期消耗能量、注意、意志等参与度高，易于疲劳，但后期形成习惯之后就会减少能量支出。

(4) 主体体验因素

主体体验因素是指是否符合个体主观需求而产生的感受、感觉或情绪等体验。包括过程体验是否愉悦、快乐及实现自我展示等，也包括结果受到奖赏、认可，以及受到尊重、实现自我价值或能够满足需求等其他意义的直接与间接的获得感。

(5) 意志努力因素

意志努力因素是为了建立习惯自觉组织行为，并与克服困难相联系的过程。在建立新习惯的初期，意志努力起着非常重要的作用，需要知觉行为并不断地控制行为，是个体克服困难的一种努力表现。这是一个艰难的过程，需要持续不断的意志努力，尤其在改变旧习惯时，更要付出巨大的代价。不但要有积极的态度与策略，还要有永不言弃的决心、持之以恒的耐心，积极、主动、自觉地克服困难。

三、日常行为习惯对体质健康的影响

(一) 体质健康依赖于日常行为习惯

通常而言，体育运动对体质与健康具有巨大、独特的贡献，因而我们会夸大体育锻炼的作用，并忽视日常行为能量支出的效果。然而，身体能力的增强、体质的提升是对身体长期运用的结果，并不是体育运动所独有的功能。因而，日常行为的能量支出是基础，体育锻炼是进一发展的最好手段，我们在增强体质健康的过程中一是要注重基础；二是要运用体育运动的手段，并将这些行为形成我们的日常行为习惯。

(1) 在内容上依赖于日常行为

尽管体质不可否认地受遗传影响，当我们从历史的脉络来看身体能力时，不难发现生活环境中日常行为才是决定人身体能力的重要因素，如原始社会的狩猎者一定具有超强的奔跑能力，手工业时代的制作者通常具有灵巧的肢体能力，农业社会的劳作者一定具有强大的身体力量，当前信息社会的人们已经普遍出现上肢力量下滑的现象。假如在当前时代，在相同生活条件下做一实验，让两组不同的孩子从出生开始，一组在少动的坐、躺环境下长大，一组在多动的跑、跳环境下长大，那么两组孩子的身体形态、心肺功能、反应能力、骨骼肌肉、速度灵巧等身体质地一定会有截然不同的表现。

这些在不同环境中表现出来的日常行为是由骨骼肌肉产生的需要消耗能量的身体动作构成的，这些身体动作构成了日常的身体活动，当这些动作长期重复出现时也就成为行为习惯。如果没有或缺少这些日常行为，那么连基本的能量消耗都无法完成，因而日常行为习惯对身体质地的影响是普遍和基础的。在日常生活中，这些能够增加能量支出的行为是广泛的，既包括日常步行、骑车、登山、游戏娱乐等身体活动，也包括在日常工作、学习、做家务、交流交往等过程中通过站立、弯腰、行走、跑跳等形式去实现的身体动作，还包括在举手投足间增大的能量支出。相关的研究表明：微笑、积极交流，欢快的表情及

动作比郁闷、低沉、僵硬的动作更有利于能量消耗。

(2)在方式上要遵循身心规律

主要指身体活动的表现形式要遵循身体骨骼肌肉、器官运行及心理活动的基本规律。如我们常说的睡有睡姿、站有站姿、坐有坐相等,如走路要抬头、挺胸、提臀、收腹等,如要经常参加有利于合作交流、能够自我展现、获得愉快体验等身体活动。这是一个内容广泛的话题,从大的方面来讲,如身体姿势、形态等方面的社会认同规律,社会交往、身心发展等个体发展规律,个体收获、体验等心理需求规律,增进健康、增强体质等能量消耗规律,追求动作效率,防止易受伤的骨骼肌肉运行规律。具体而言,如不同动作的参与肌群不同,要遵循不同的方向、路线、时机,需要不同的力量、速度、耐力、柔韧与灵敏的组合,体现出不同的形象和姿态。

在此,增进健康、防止受伤就是行为方式上最大的要求。从增强体质的范畴来看,一是身体活动的形式要多,增强身体各个部位的活动能力,整体、均衡发展,避免单一动作枯燥和可能引起的疲劳;二是身体活动的方式要规范,这种规范表现在符合动作规律要求、遵循骨骼肌肉特点,否则既无动作效率,也无增强体质的效果,还可能会因错位等不当的发力方式引起不必要的损伤;三是要避免受伤,这要求对动作行为有一定的认知水平、控制能力和防止意外伤害的能力,并要循序渐进地做好充分准备,避免因用力不当、过猛等产生扭伤、拉伤或其他更为严重的事故。

(3)在标准上要满足发展要求

身体健康要遵循的基本原则是吃动平衡,即日常行为等身体活动要保持与饮食的能量摄入相平衡。然而吃动平衡只是建立在身体自然、合理存在的基础上,少吃少动、多吃多动与身体质地的提升并无直接的关系。身体质地不是一成不变的,它能由弱变强,也能由强变弱,其变量是身体活动的量与度,其原则是用进废退,即动则强、不动则退。身体质地要在平衡基础上有方向性地发展就要遵循用进废退的原则。少年儿童需要身体发展,需要的不是简单的自然、合理存在,需要的是增强体质,增大身体的活动空间,从而增大身体存在的自由度。

如此可见,少年儿童要想增强体质,日常行为的基本标准是增加身体活动的量与度。在量的方面有内容、次数、时间上的要求,如我们常说的勤快,多动腿、多劳动、多交流等;在度的方面,一方面要在单位时间内的动作内容、次数更多;另一方面在同一动作上的强度更大、要求更高,如站如松、坐如钟、行如风。那么,此时体育运动就是促进体质健康最好的手段,它易于达到中等以上的运动强度,更能有目的地增加身体活动所需要的量与度。

(二)日常行为习惯对体质健康的影响

1. 对身体形态的影响

身体形态是指身体的外部形状和特征。主要由人体的骨骼、肌肉、关节和外显的皮肤、毛发组成。尽管成人都有206块骨骼和600余块骨骼肌,但除遗传因素之外,可能会因行为习惯不同导致骨骼、肌肉在重量、长度、宽度、围度等外显指标不同,在肌肉、脂肪、水分及骨密度、BMI等构成比例不同,在皮肤、毛发等外部表现不同。而这些既反映了人体的生长发育水平,也必然受行为习惯的影响,会给人留下最为直观的第一印象,如胖瘦、高矮等。以下简单罗列几种不良行为对身体形态的危害:

①过度饮食　肥胖。
②久坐不动　腹部变大。
③单侧用力　腰肌两侧不均。
④长期弯腰　驼背、脊柱失去生理弯曲。
⑤单肩负重　高低肩。
⑥长期低头　颈部失去生理弯曲。
⑦睡眠不足　黑眼圈。
⑧经常皱眉　皱纹。
⑨表情单一　面部肌肉僵硬。
⑩面部不洁　青春痘。
⑪用眼过度　近视。
⑫关节损伤　难以伸展、过度伸展。

2. 对动作姿态的影响

动作姿态指人体动作在时空特征上呈现出来的样子。如果说形态体现的是静态特征，那么姿态则主要指人体动作的动态时空表现，由完成动作的身体部位和动作的方向、路线、结构、顺序整体构成动作的具体方式，动作方式依赖于身体的力量、速度、耐力、柔韧、灵敏、平衡、协调等能力，体现出来力度、速度、幅度、节奏等样子、风格及神态。不仅是人体外在形象的重要内容，也是对动作规律认知水平的体现，更是对身体控制与运用能力的体现。同样，长期的不良行为会对身体姿态造成危害，如走路扭捏、步履蹒跚、重心不稳、身体晃；站坐瘫软无力，形象差；动作生硬、柔弱无力，或是郁闷、低沉、夸张、狂妄等。

3. 对身体质地的影响

身体质地指身体质量，即体质。主要指骨骼肌肉、器官功能及身体具备的相应素质。如在骨骼肌肉的生长中，骨密度更大，抗压、抗弯能力强，肌肉弹性好，力量大、收缩速度快；在器官功能的发展的基础上，心脏、肺、脾、胃等器官的质地更加优良，呼吸、消化、循环、代谢等能力更强；在身体能力发挥时具有更好的潜能，如力量、速度、耐力等身体素质及平衡、协调、顺畅等运动能力。这是动作行为内在的品质或材质内容，也是行为展现的根基和基础。这部分内容主要是在用进废退原则下发展出来的身体潜能，会因行为习惯不同，促进或阻碍身体质地的发展。如产生以下不良现象：

①面色苍白，易出汗。
②肢体乏力，少气懒言。
③饮食挑剔，胃口差，易消化不良。
④睡眠不好、质量差，易疲劳犯困。
⑤气候变化时，易生病。
⑥环境变化时，易不适。
⑦站坐转换时，易头昏目眩。
⑧身体劳累时，恢复慢，情绪波动大。
⑨工作强度稍大时，就会气喘吁吁。

4. 对精神状态的影响

精神状态或精神面貌是一个人相对独特、稳定的生命体征总和。心理学中将一个人的整体精神面貌称为个性或人格，指具有一定倾向性的心理特征的总和，由复杂的心理特征独特结合构成的整体，包含完成某种活动潜在可能性的特征，如能力；心理活动的动力特征，如气质；完成活动任务的态度和行为方式特征，如性格；活动倾向方面的特征，如动机、兴趣、理想、信念等个性。它是所有心理方面有机结合的一个整体，影响着行为动机、选择和模式，影响着态度、情感和情绪体验，对人的行为进行调节和控制。同时，即使同一方式的行为，在强度、速度、稳定性、灵活性等性质方面也会体现出独特的个体差异，体现出一个人的智慧、气质、技能和德行，如一个人的决心、态度，以及乐观、开朗、积极、灵活、自信、勇敢、顽强、果断、坚毅等精神面貌。

第三节　体质健康行为的自我管理

一、自我管理

(一) 自我管理及其特征

自我管理是指个体有目的地对自己心理和行为进行规划、实施、监控、调整，从而达到目标的过程。这个过程通常是指利用个人内在力量和策略，通过自己动员、组织、控制、激励、调节自己，最终实现自我奋斗目标的一个过程。区别于通过施加外在力量，如制度、规范、任务及其他外在压力等约束、限制自己达到某种结果的管控过程。

纵观中华民族的历史文化，"修身""修养""养性""知行合一""因果"等无不涉及自律、自我约束、自我控制与管理的痕迹。儒家文化更是强调"内圣外王"之道，孔子提出"修己以敬""修己以安人""修己以安百姓"，认为修身不仅有利于自己，也有利于社会和国家。《礼记·大学》中："古之欲明明德于天下者，先治其国；欲治其国者，先齐其家；欲齐其家者，先修其身。"该论述不仅将修身作为齐家、治国、平天下的逻辑起点，还提出逻辑顺序和方法论："欲修其身者，先正其心；欲正其心者，先诚其意；欲诚其意者，先致其知，致知在格物；物格而后知至，知至而后意诚，意诚而后心正，心正而后身修，身修而后家齐，家齐而后国治，国治而后天下平。"

尽管自我管理是一个现代词汇，但实质上自知、自律、自我管理本身就是个人修养的重要基础，是中华传统文化的重要内容，如"吾日三省吾身"的自我反省，"勿以恶小而为之，勿以善小而不为""不积跬步无以至千里"的行为管理，"以铜为镜可整衣冠，以史为镜可通古今，以人为镜可正己身"的自我警示，"博学，审问，慎思，明辨，笃行"的知行策略。

自我管理作为管理的一种基本形态，同样需要在具体过程中实现。但与外在约束力的管控相比，自我管理重在由内向外的主动变革；与一般意义上的群体管理相比，自我管理重在个体的内在修养。总体而言，无论是修身、养性，还是具体行为、意识的改进与提升，自我管理有以下基本特征：

①自我管理的实质是革新改进　对于原有良好的认知、行为方式或生活方式，以及与目标无关的习惯性行为方式，通常无须进一步的管理；但当原有的模式、标准等不符合当前目标需求时，就需要改变原有的方式，建立新的准则，最终使之成为一种良好习惯，达到无须意志努力就能自然实现的持久性行为或方式。

②自我管理的途径是自我实现　区别于因法律、条例、制度或其他规范、规程、准则

等外力的约束，自我管理是出于自我变革的需要，主动地对自己进行管理。因而，要有强烈的自我需求，主动地接收反馈和自我监控，积极地自我调整、自我反省、自我坚持，以便实现自己的内在需求。

③自我管理的前提是自我认知　主动变革的前提是认识到不足，有强烈的变革需求；同时管理的内容是进一步的具体实施过程，只有对达成目标的方式、方法、内容和标准有清晰的认识，以及对自己执行过程足够的元认知，即清晰地知道自己在做什么、做到什么程度，才可能进行调整。否则，管理无从谈起。

④自我管理的重点是行为过程　行为过程是实现目标的根本所在，管理行为过程的核心是约束行为朝着需要的方向发展。因而，在管理行为过程中不但要重视方法、步骤，严格执行标准、重视细节，更要付出顽强的意志努力，积极运用抓重点、看优势、多激励、想方法、重坚持等策略。

（二）自我管理的意义与作用

古今中外，我们熟知的司马光、欧阳修、曾国藩、周恩来、鲁迅、拿破仑（Napoleon）、达·芬奇（Da Vinci）、莫扎特（Mozart）都善于自我管理，这在很大程度上也是他们成为伟人的原因。诙谐作家杰克逊·布朗（Jackson Brown）用一个有意思的比喻："缺少了自我管理的才华，就好像穿上溜冰鞋的八爪鱼。眼看动作不断可是却弄不清楚到底是往前、往后，还是原地打转"来说明自我管理的重要性。

现代管理学之父彼得·德鲁克（Peter F. Drucker）曾断言："未来的历史学家会说，这个世纪最重要的事情不是技术或网络的革新，而是人类生存状况的重大改变。在这个世纪里，人将拥有更多的选择，他们必须积极地去做自己。"将积极主动地管理好自己作为人生第一要务。诸葛亮在《诫子书》中告诫儿子："夫君子之行，静以修身，俭以养德，非淡泊无以明志，非宁静无以致远，夫学须静也，才须学也，学无以广才，非志无以成学。"晚清政治家、战略家曾国藩，不但有"盖世人读书，第一要有志，第二要有识，第三要有恒""一曰慎独则心安，二曰求仁则人悦，三曰主敬则神强，四曰习劳则神钦"等名言警句，更有"六戒五勤""修身十二准则"等自我管理的原则与规矩。

对一个优秀的人来说，最重要的莫过于成功的自我管理。对一个卓越的人来说，他不仅能够管理好自己，而且能够影响他人的自我塑造。对于青少年来说，一方面未来的优秀与卓越需要提前自我管理，在重要领域形成良好的方式和习惯，以求长期积累的成效能帮助我们成就更大的事业并减少疲劳或能量支出，使我们有更多精力应对未来层出不穷的新事物。另一方面自我管理的能力也预示着个体自主意识增强、认知水平提高、目标追求明确、决策能力增长、行为方式确立、监控能力增强、社会融入和责任担当意识提升，是自我成长的重要标志，是社会化程度提高、主客观不断协调统一的结果。

在此，从健康目标的实现来看，在良好的生活方式或行为习惯尚未形成之前，不但需要借助外控力量帮助建立良好的方式和习惯，更需要从内在加强自我管理以实现健康目标，其作用主要体现在：

①启动作用　表现在个体清晰地知道自己应做什么。不论自己是否想做，是否喜欢做，主观的我会命令客观的我行动。

②制止作用　表现在个体清晰地知道自己不应做什么。不论自己是否想做，是否喜欢做，主观的我会命令客观的我停止行动。

③监控作用　表现在个体清晰地知道自己做得怎么样。主观的我感知、调节、控制客

观的我，保持主客观的协调统一。

二、健康行为的自我管理

(一)健康管理与健康自我管理

健康管理最初是在美国保险业蓬勃发展的推动下，以商业为目的的管理服务，主要是通过对医疗保险客户(疾病患者或高危人群)开展系统的健康管理，达到有效控制疾病发生或发展，降低出险概率和医疗支出，从而减少保险赔付损失的目的。此后，健康管理的概念脱离了医疗赔付的直接目的，侧重于对健康的技术服务，管理的内容不断细化，管理的方法也明确为"监测、分析、评估""健康咨询""健康指导""健康危险因素干预"。当前，健康管理已被普遍运用于医疗、管理、服务、培训等不同领域，是指对个体或群体的健康进行全面监测、分析、评估，提供健康咨询和指导，以及对健康危险因素进行干预的全过程。

健康自我管理从某种意义上来讲就是自我保健，自我保健是最为古老、最基本的一种医疗保健形式。说其古老是因为在人类出现以后，在欠缺医疗条件的情况下，这几乎是人们解决健康问题的唯一途径；说其基本是因为"春江水暖鸭先知"，当出现健康问题时，人们首先会自觉地自我保健。因此，自我保健是一种自发的群众性自我预防疾病、促进身心健康的活动。世界卫生组织将其定义为："自我保健是由个人、家庭、邻里、亲友和同事等自发作出与卫生有关的决定，并实施的卫生活动。"包括维护健康、促进健康、自我预防、自我观察、自我诊断、自我护理、自我治疗和自我康复等内容。

(二)健康行为自我管理的内容与原则

健康行为指人们为了增强体质和维持身心健康而进行的各种活动，如充足的睡眠、平衡的营养、经常的运动等。健康行为不仅在于能不断增强体质，维持良好的身心健康和预防各种行为、心理因素引起的疾病，而且也在于它能帮助人们养成健康习惯。因为多发病、常见病的发生多与行为因素和心理因素有关，而且各种疾病的发生、发展最终都可找到与行为、心理因素的相关性。并且，通过改变人的不良行为、不良生活习惯，养成健康习惯，可预防疾病的发生。可见，健康行为是保证身心健康、预防疾病的关键所在。

正因为行为对健康促进有如此重要的作用，因而需要对思想支配下表现出来的行为进行有效管理，使之朝着我们需要的方向发展。那么，要进行自我管理，就涉及行为产生的前因后果及其过程等众多内容，包括目标管理、认知管理、情绪态度管理、时间管理、方式方法管理、过程管理，以及能够确保知行统一的反馈、反省、奖惩、强化等策略管理。同时，为了确保需要行为产生的方式、时间、频率、效果等都能够得到科学、有效的控制，需要遵循相应的自我管理原则。

1. 在行为方向上，以体质发展为根本

体质是身体的基本质地，是个体存在及人与自然、人与社会交互运行时的基础物质条件，包括身体形态、生理机能、身体素质和运动能力、心理发育、适应能力五大范畴，每一范畴都有庞大的体系内容，如身体形态有外在的静态体形和动态姿势，也有由内部骨骼肌肉构成的形态和各种身体成分比例；如适应能力是指身心对内外环境的整体协调适配能力，细分有对内、外环境条件的适应能力、应急能力和对疾病的抵抗力等，具体有人体内循环系统、外循环系统及其之间的协调适配，还有各自不同微循环系统的协调运行等。

对于体质,最易于感受到的是身体形态与动作姿势及在身体行为中由速度、力量、耐力、柔韧、灵敏等身体素质表现出来的运动能力;其次是身体感知、神经反应、动作应变、身体控制、心理承受等影响行为表现的能力;最后是难以直观获得,得到科学验证与体质健康密切相关的 BMI(身体质量指数)、呼吸系统机能、心血管系统机能、骨骼强度、肌肉力量与耐力、柔韧等生理性内容。这些体质内容是自然存在的,但其生长衰退表现的程度则与行为密切相关,那么能够有利于体质健康发展的行为就是自我管理行为的基本方向。

2. 在行为目的上,以习惯培养为目标

体质和行为本是不同层次、类型的概念,体质是身体存在的基本质量状态,行为是身体的具体运行方式;体质的能力或状态在行为运行过程中得以体现,行为的运行或表现效果需要依赖于身体的基本质地和能力;行为的运行既依赖、体现体质的水平,同时不同行为的运行水准也在缔造着不同的体质水平。总体而言,体质是随着年龄在自然增长、保持和衰退,但是在这个过程中,一是同一时期的体质水平不同;二是体质增长、保持和衰退过程中的时间变化不同。那么,体质发展的目标就是将体质增长、保持和衰退的过程朝着我们需要的质量和相应的时间方向上去发展。这就需要相应的行为保证。

然而,体质的发展不是偶尔行为变量的结果,而是长期行为习惯坚持的结果。通常而言,少年儿童、成年人、老年人会随着年龄的增长,行为动作的内容、水准会与体质的增长、保持和衰退基本一致。但是,我们每个人都会自然而然地形成自己相应固定的日常行为习惯,假如每天消耗 10 467kJ 能量水平的行为模式为正常水平 B,每天消耗 8 373.6kJ 能量水平的行为模式为较低水平 A,每天消耗 12 560.4kJ 能量水平的行为模式为较高水平 C,那么 A、B、C 3 种行为模式的活动特征一定不同,需要参与 3 种行为模式的骨骼肌肉、心肺功能、代谢水平等也不同,同时因长期习惯性的行为模式也一定会造就不同的体质水平。因此,促进体质健康的行为一定要以行为习惯为目标,追求长期积累的结果。

3. 在行为内容上,以日常行为为抓手

体质的发展是长期习惯性行为积累的结果,一是行为变量的能量消耗因素;二是行为的能力、状态等质量因素;三是行为的长期积累因素。因而,从能量消耗来看(尽管基础代谢能量消耗最大,但难以调控),与短时间、低强度的体育锻炼相比,通常每日生活、工作、学习等日常行为的时间更长、内容更广,是最为主要的能量消耗因素;从行为质量来看,尽管日常行为动作的幅度、范围、强度可能比体育锻炼的要求低,但站、坐、行等姿态调节变量较多,如工作、生活富有激情,积极地与他人交流、帮助他人,蹦蹦跳跳、阔步前行等有更丰富的活动内容及社会性要求,更为常态化,体现出积极、勤快、乐观、坚韧等个性与精神内容;从行为的长期积累来看,日常行为有伴随一生的持久性。

体育锻炼作为专门化的身体活动,在能量消耗、行为质量方面有着得天独厚的优势,只是不能将其作为心血来潮时的偶尔行为,要将其转变成规律性日常身体活动的一部分。因而在行为内容上,一是全面考虑饮食、睡眠、身体活动等个体行为及与其相关的社会性因素;二是增加日常身体活动的体力支出,包括读书、写字、唱歌、跳舞、爬山、旅行等兴趣爱好,包括上下楼梯、走路、骑自行车、与他人交流、娱乐休闲、扫地、做饭、洗衣等日常身体活动;三是充分发挥体育锻炼的优势,将其作为日常经常性行为的一部分。

4. 在行为方式上,以身心规律为依据

行为方式是指人们做事过程中一连串动作的关联方式,是应对方式、动作方法与技巧等时空特征的总和。在此,它是行为内容的空间体现和时间延伸,如锻炼行为的内容要通过走、跑、跳、投等具体方式完成,在完成过程中通过一连串走、跑、跳、投动作方法实现,重点是动作方法。作为动作方法主要依据的是骨骼肌肉运行规律、动作基本原理。但作为行为方式既要考虑动作方法遵循骨骼肌肉特点,还要遵循身心一体特征的健康需求、体质发展方向、心理及社会性规范,如吃动平衡、能量消耗、器官功能、机体能力、交流交往、帮助他人、自我展现、心理获得感等。

从宏观、抽象的角度看,行为是体质发展最为重要的手段。体质发展首先是身心一体的身体发展,其次是心理发展。而身体与心理发展都是动态的,具有阶段性、顺序性、不均衡性、互补性、个体差异性等特征。因而,行为方式、方法不仅要遵循生理、心理、社会性等身心存在与发展的规律制约,更要以身心发展的规律为依据,如行为方式不符合阶段性发展要求就难以达到应有的效果,如动作方法不符合骨骼肌肉特点就可能受伤,如锻炼难度或强度不符合年龄特征、个性特点就可能无法达到应有的效果或造成身体伤害。

5. 在行为标准上,以潜能发展为准绳

体质发展是在身心发展的基础上提高身心原始物质材料的基本质地,这就具有明显的质量性能开发特征,体现在骨骼肌肉、器官、神经等生理性物质的存在和运行状态,以及这些状态表现出的应用能力,如躯体性的形态、姿势、身体素质、运行能力(运动能力、身心整体及各部分之间的协调适配能力);心理性的视、听、嗅、味觉和肌肉本体感知能力,反应、判断、思维能力,注意状态,情绪情感过程和意志特征等;社会性的自我展现、融入共情、协作交流、耐受承压等。

这些躯体性、心理性、社会性的能力是在行为中体现和发展出来的,同时也展现出不同的存在和运行状态,能力和状态的整体特征体现为体质,即不同的行为标准会发展出不同的能力和状态或体质水平。因而,良好的体质水平就要开发身体的能力和状态,就需要有更高的行为标准,即在行为标准上,以潜能发展为准绳。

6. 在行为效果上,以身心自由为目的

身心自由是身心发展的终极目的。尽管,身心自由、体质、行为并不是同一层级或层面的概念,各自都有不同的内涵。但从逻辑的角度看,行为决定着体质的发展水平,体质是身心存在的物质本体,其材质的优劣程度是身心自由的前提或在某种程度上限制着自由的程度。同时,行为与心理互为一体,行为水平在某种程度上影响,甚至决定着心理的发育水平。一方面,行为所要达到的效果,无论是在体质发展的方向上,还是在身心自由的方向上,都扮演着最为重要的角色;另一方面,行为自由符合身心自由终极的目的需求,是身心自由的一部分,这是行为基本的价值方向。

行为自由就是行为具有更大的自由空间。行为的自由空间越大,行为所受到的限制就越少。但是自由是有限度的,行为必须遵循生理、心理及社会性规律的约束。在规律性约束之下的自由是行为特征符合规律的具体表现,是行为自由的真正意义,包含行为的内容、方式、幅度、范围及力、速等其他体现活动空间的特征,这些体现行为自由空间的特征就是行为追求的效果。

(三)健康行为自我管理的步骤与方法

1. 设定目标

目标具有方向性,是人行为的动力和目的,使人能有目的地都朝着一定的方向努力。

目标设定理论认为,目标是引起一个人行为的最直接的动机,设置合适的目标会使人产生想达到该目标的成就需要,因而对人具有强烈的激励作用。重视并尽可能设置合适的目标是激发动力的重要过程,设置目标时要注意:

①目标要有一定难度,但又要在能力所及的范围之内。

②目标要具体明确(如每天跑步3 000米、20分钟等要比试着跑好)。

③必须全力以赴,努力达成目标。及时让更多的人了解你的目标更有助于你坚守诺言,这既有利于展现自己,也有利自己的实现感。

④短期或中期目标可能要比长期目标更有效(如每周日跑步3 000米、每周运动3次要比一年内增强体质好得多)。

⑤要有定期反馈,或者说,需要了解自己向着预定目标前进了多少。

⑥应当对目标达成给予奖励,用其作为将来设定更高目标的基础。

⑦在实现目标的过程中,对任何失败的原因要有正确的认识和客观的态度,防止将失败的原因归因于外部因素,如运气不好、天气影响等。

2. 制订计划

制订计划是将目标从抽象到具体,按照一定的原则、程序将任务进行有效分解、分配到具体内容和步骤的一个整体方案。计划的有效性依赖于对达成目标体系规律的认识水平,计划的可行性依赖于对自我执行力的掌控程度。一个合理的计划要在明确目标的指引下,全盘了解通向目标的基本规律,正确地认识自我的时间、能力、可利用资源等基础条件,合理选择可选方案,具体到锻炼的类型、内容、时间、次数、强度等实践操作层面。制订计划一定要做到:

①计划是为目标服务的,针对性、目的性要强。

②计划是为实施准备的,要细致、明确、可操作。

③合理、有效的计划依赖于高认知水平,对自我、规律的认识要深刻。

④合理有效的计划是管理自我行为的条件和基础。

⑤计划的实施效果依赖于良好的执行力。

3. 监控实施

监控是监督和控制,实施是用实际行动在实践中去实现的过程。监控实施是对既定目标和方案按照一定的步骤、方法和要求付诸实践,并对整个过程进行监视、督促、管理或控制,使其结果达到预定目标的过程。这是体质健康目标实现最为关键的一环,计划能否如期实施、过程是否都在掌控范围、结果是否能够实现预期目标都依赖于这个过程。这个过程既能检验计划的合理性,也能体现行动的执行力和行为过程的管理或控制能力。监控实施的效果与多项因素有关,要做到:

①对实施过程的步骤、方法或流程了如指掌。

②有明确的过程绩效目标或质量要求。

③多途径监测获得反馈信息。

④经常反省自己行为的方式、方法、量与度。

⑤对过程标准严格控制。

⑥主观上运用策略,持之以恒。

4. 调整改进

调整是使计划及时适应新情况和要求。改进是改变原有情况,使效率或效果得到提高，有所进步。调整改进是指在行为实施的过程中，根据具体实施经验对计划和实施过程的具体步骤、方法及质量要求等进行调整、补充和完善，以求完善计划、提高实施效果、达到更好目标的措施和过程。调整改进过程是继前一周期之后新的初始过程，为进一步的目标、计划、决策、监控提供发展的方向和依据，是自我状态、能力、管理水平不断螺旋提高的关键，在管理学中属于过程管理，甚至被认为是比决策过程更为重要的一个过程。这个过程要注意：

①注重实践过程，及时发现问题、提出问题。
②提升认知水平，及时、合理地提出解决办法。
③重视监测、感知、反省、检讨，不断促进知行统一。
④联结前后周期，持续循环往复，不断进入新一轮回。
⑤突破固有格局，打破原有平衡，不断进入新一状态。
⑥重视细微，调整、改善、改进，创新共促量与质的提升。

5. 达到目标

达到目标是原有目标在既定方向上得以实现、获得了阶段性效果，计划的实践活动周期得以完成，行为的自我管理得以实现。这时通常会有较强的主观体验和心理获得感，趁机运用奖惩等措施会增强获得感，有利于巩固、建立自信心，为实现更高目标增加动力，这是行为习惯养成的重要条件。

(四)健康行为自我管理的策略与技巧

健康、增强体质与行为习惯密切相关，这些行为的养成多依赖于自我管理，且自我管理的水平可能预示着最终效果。但是青少年通常无明显不健康的体会，难以有直接的健康需求，健康行为的内容涉及日常生活的方方面面，要达到的健康效果又需要一定的时间过程，不能立竿见影，行为本身缺乏外界制度性控制措施、缺乏客观的明显标准。因而，自我管理的难度较大，除了明确的方法与步骤，还需要有一定的策略与技巧。

对于自我管理，古人有"格物、致知、诚意、正心"的方法策略，有"立志、笃行、慎独、自省、克己"的管控技巧，管理学、心理学有提高认知水平、设定明确目标、调整动机水平、管控情绪状态、坚定意志过程等通用方法。在此，主要从健康行为的角度建议一些技巧策略。

1. 发现自己的兴趣点

孔子说："知之者不如好之者，好之者不如乐之者。"爱因斯坦说："兴趣是最好的老师。"显然，在特长、健康、学习等既定方向上，兴趣对活动进一步持续、深入有明显的推动作用。但是，兴趣不仅仅是从事某种活动的心理倾向，也不是对未经历、感受过事物的好奇心，既不是对事物表象简单的喜欢，更不是活动刚开始时短暂的热情，而是对经历过的活动经过感受、比较、选择后的发现，并预示活动的继续以及有进一步发展的倾向和探究性的行为。

发现自己的兴趣点，一是要勇于尝试不同的东西，增大可选择的范围；二是要多感受不同活动的过程，建立比较选择的可能；三是要主动寻找符合自己的内容，使兴趣易于培养；四是要与目的意义相联系，以使命感、理智行为等增强活动的持续性。

2. 找到合适的方式

在找到兴趣点之后，就要在方式、方法上下功夫了。首先将兴趣点放在日常生活方式中整体权衡，如以养殖、种植、书法、做手工、体育运动、步行交通、家务劳动、社会交往等形式解决久坐不动、身体活动少的问题。整体考量时可使部分内容调整的变量更为明确，易于控制、获得反馈，也相对易于实现，增加获得感；同时，也可防止因体力支出增多随之饮食量增大，或因时间变化过大导致生活规律彻底打乱等不良现象的出现。其次是在具体的兴趣内容的方法上进行改进，如在步行交通时加快速度、加大摆臂、加强核心稳定性，在社会交往活动中增多参与的内容、形式及频率，增加自我展现的机会，在体育锻炼中改进锻炼方式、参加更高层次的赛事等以实现更高层次的发展。

3. 从细微处入手

中国有一叶知秋，失之毫厘、差之千里，防微杜渐，积少成多，积微成著等众多成语，哲理中有"细节决定成败""量变产生质变"的名言警句。当我们看到身边建筑时，易想到"千里之堤溃于蚁穴"；当我们选择物品时，易评论"细节决定品质"。然而，当我们每日一次又一次不断地重复着自己主导着的日常行为时，往往容易忽视健康源于日常生活、源于自己正在主导的日常行为。与此相反，体质所包含的方方面面都体现在细微之处，都是从细微处开始的，能量消耗、脂肪燃烧都是从点滴开始，并源于举手投足之间；身体素质、运动能力、器官功能等质的提升，都是"始于足下、起于累土"；社会性需求的行为规范、身体形态与姿势，都体现在毫厘之间。

4. 及时反馈反省

反馈原本是物理学概念，后来心理学借助这一概念说明学习者及时了解自己的学习结果会更加努力，从而提高学习效率。反省是孔子"吾日三省吾身"的反身内省方法，乃是自我修养的重要方法。二者的"反"是与主体意识作用于客体目标的正向过程相反的过程，是将过程和结果反向回馈给主体意识，是意识主动接受执行信息的方式、方法。在此，反馈是对自己行为进行感知、评价的方法。反省是对自己行为在正确感知的基础上进行主动检查、批评和自省的方法。前者更为具体，强调即时性反向回馈、主动感知；后者更为笼统，强调整体的检查、批评、自省和进一步的改进。二者都是自我行为管控的前提和重要策略，都要落实到对行为的即时监控与改进、调整，从整体与目标相关的步骤方法、到具体的微动作和过程，全程确保对行为进行感知、监控、调整、改进，是管理好行为的前提。

5. 增强过程体验

广义的行为包括外在的动作和内在的思维活动，是产生体验的工具形式。当代哲学认为体验和生命是共生的，是人把握身体与世界的思维图识。中国古代哲学强调在"行"中"悟"，强调在体验中洞察事物的本质；心理学认为在体验中产生认知、情绪，体验是价值生成、产生情感和意义的活动；教育学强调在"做中学"；现代科学证实了神经、器官等一系列生理变化不仅支持和维持着体验，而且影响着体验的强度和维持时间。

行为过程一定会产生体验，体验也影响着行为，如积极的感受会产生愉快、舒适的表情，同时表情的调整与管控有助于改善体验。增强过程体验，一是主动感知活动过程，增强对活动规律的理解和认知水平；二是积极感受行为细节，增强对行为的感知水平和管控能力；三是及时改进行为过程，提升知与行协调统一的能力；四是有意识地增强价值体验，增加心理的获得感、身体的愉悦感、自我实现与享受等积极的情绪体验，以强化、巩固行为体验的强度和快感度。

6. 利用强化手段

行为主义认为强化是行为的主要变量，巴甫洛夫通过经典条件反射实验，"在狗吃东西的同时加入铃铛声音，长期强化之后，只要出现铃声（即使无食物）条件，狗便会产生唾液（未建立神经联系之前不会产生）"，揭示了一些学习行为的本质；斯金纳进一步建立操作条件反射学说，用以说明行为的后果直接影响该行为的增多或减少，认为行为之所以发生变化就是因为强化作用，对强化的控制就是对行为的控制，将强化分为正强化（给予一种好刺激）和负强化（去掉一个坏刺激）、正惩罚（施加一个坏刺激）和负惩罚（去掉一个好刺激）。

管理自己的健康行为时，可以充分利用强化的手段来调节行为出现的频次，引导到预期的行为和状态。如对我们正确的行为出现时运用肯定、表扬、奖赏等方式正强化，对不正确的行为消失时及时停止原有惩罚等措施进行负强化；对不适当的行为出现时直接运用否定、批评、惩罚等方式正惩罚；对不适当的行为出现时不再给予原有的奖励、肯定、支持来负惩罚。

7. 改善环境氛围

大的方面，环境对人类生活和发展的影响自是不必多说；小的空间，我们每个人都有自己相对特殊的生活范围和相应的环境氛围。健康作为一个缺少绝对标准，常以社会常模来衡量的词汇，更脱离不了社会群体、脱离不了周围的环境氛围，这个环境影响着我们的饮食、睡眠、出行方式、能量支出，影响着观念、认知、态度和行为，在某种程度上决定着我们个体健康的发展方向和水平。因而，我们一方面要积极加入运动团体、融入健康群体，以他们为榜样，给自己建立良好的健康氛围；另一方面也要不断为自己所处的环境输入健康的血液，通过自己的言行举止号召、感染、帮助、支持他人，努力改善周围的健康氛围。

8. 坚持使之习惯化

无论是持之以恒、锲而不舍、绳锯木断、水滴石穿等成语，还是"精诚所至、金石为开""不积跬步，无以至千里"等耳熟能详的名言警句，或是"黄沙百战穿金甲、不破楼兰终不还""千淘万漉虽辛苦、吹尽狂沙始到金"等朗朗上口的励志诗句，无不强调"坚持"是通往成功的必经之路、是通向胜利的桥梁，是一种强大的行动力量。健康无法直接实现，需要行为及其过程的中间环节，才能点点滴滴积累；偶尔的行为也难以实现健康的目标，需要持久性的习惯行为，才能进入另一种更高层次的能力或状态。尽管，在习惯形成之后，行为无须过多意志努力，身体进入另一种平衡状态，健康自然而然地实现。但在习惯形成之前，却需要意志努力管理行为，这时坚持就尤为重要，它是毅力、态度、灵魂，有了它，我们才会朝着目标坚定前行，努力寻求解决问题的办法，最终把梦想变为现实。

第九章

安全防护与急救常识

第一节 安全防护

安全防护是上好体育课、参加体育锻炼及其他任何身体活动的首要任务。做好安全防护工作要充分考虑相关场景的所有主客观因素，包括安全意识、学生身体状况、心理素质、场地器材等，只有充分考虑了所有的可能因素，才能在身体活动过程中有效地预防各类伤害事故的发生。

一、加强安全教育，提高安全意识

安全意识是体育课教学、身体锻炼等的前提。因此，做好安全防护的根本原因是思想观念问题，要牢固地、时刻地树立"安全第一"的指导思想，只有意识上高度重视才能杜绝伤害事故的发生。

大学生虽然已经成年，但表现欲望强、做事易冲动，往往做事情只求一时的高兴，很少考虑自身能力能否完成所做动作，如此一来极易发生意外事故。例如，有学生在进行篮球运动时，尝试完成扣篮动作，但自己的身体能力达不到完成此项动作的要求，所以就借助其他物品作为二次起跳的介质，以便助跑起跳完成扣篮动作，而此时可能会出现扭伤、摔伤、砸伤等意外事故。

教师应该在学生身体活动前强调安全防护，加强安全教育，要求学生在体育运动时根据自己身体素质和运动技能水平的实际情况安全活动，以避免伤害事故的发生。

二、充分了解身体情况，避免伤害事故发生

学生的身体素质、运动技能等存在个体差异，在进行体育技术学习、练习和运用时，个体间的差异往往决定了技术动作的学习能力、掌握程度和身体活动的实际效果。在这个过程中，往往个别学生由于好胜心强、表现欲强，可能会尝试完成超出自身能力的一些动作，从而造成意外事故的发生。一旦出现运动伤害，不仅直接影响活动任务的完成情况，更会影响学生的身心健康和运动感受。因此，教师、学生自己在身体活动前都要对身体条件、活动任务等进行充分了解，做好安全评估和应对预案，以避免伤害事故的发生。

三、安全防护原则

(一)运动前

①穿着适合运动的运动衣物、运动鞋，禁止运动中佩戴尖锐易碎的饰品或口袋装有尖锐物品。

②学生了解自身健康状况，学会自我健康监督，随时注意自身身体变化，对于不良情况(疾病)及时与运动组织者沟通，切忌隐瞒病情参与运动。

③做好、做足运动前热身准备活动，使身体神经系统兴奋度、肌肉供血、内脏惰性等生理机能尽可能与将要进行的运动强度相适应，避免出现胸闷、心慌、呼吸困难、动作僵硬等现象。

④体育运动管理者或指导者要积极根据实际情况，做好运动损伤救治预案，备足基本救治器材。

(二)运动中

①掌握运动项目正确动作方法和要领，有效减少技术性运动损伤，同时可以减轻运动恐慌，增强运动自信心和运动兴趣。

②合理安排运动强度与频率，做好运动自我感受把控。运动时如出现脸色苍白、呼吸困难、面色潮红等现象时应及时对运动负荷、频次等进行调整。

③注意对运动时间段、运动天气、运动海拔等因素的掌握，避免中暑、失温等意外事故的发生。

④运动中注意场地器材的检查与保护。

(三)运动后

①运动后的主动自我健康监督，及时对运动状态进行评估，为后续运动调整提供依据。

②适当做肌肉拉伸放、慢跑、推拿按摩、热水沐浴等放松活动。

③适当补充能量，运动前1小时、运动后半小时进餐，运动5~10分钟后适当补充水分。

第二节 急救常识与常见运动损伤

一、急救概述

急救，即紧急救治，是指当有任何意外或急病发生时，施救者在医护人员到达前，按医学护理的原则，利用现场适用物资临时及适当地为伤病者进行的初步救援及护理。

运动创伤急救是指对运动中突然发生的各类损伤进行紧急、初步、临时性处理，以减轻患者痛苦，预防并发症。运动损伤的急救是一项极其重要的工作，如果处理不当，将会严重影响患者的创伤恢复过程。

二、急救原则

①抓住主要矛盾急救　现场急救比较复杂，如果同时出现多种损伤时，必须抓住主要矛盾进行急救。如发现休克，应先施行抗休克措施，即针刺人中、内关穴并进行人工呼吸；如伴有出血时，应同时施行止血，然后做其他损伤的处理。

②分工明确，判断正确　急救人员必须分工明确，并具有高度的责任感和救死扶伤的崇高品德，要临危不惧、判断正确、有条不紊地抢救，要有熟练、正确的抢救技术和丰富的临场经验。

③急救时必须分秒必争，当机立断，切勿犹豫不决，延误时机　待抢救有效后尽快送医院，做进一步治疗。运送途中，应保持患者平稳、安静，消除紧张情绪，必要时进行人工呼吸。

三、急救方法

(一) 止血急救方法

1. 冷敷

冷敷可以使得血管收缩，减少局部充血，降低组织温度，抑制神经感觉，从而有止血、止痛和减轻局部肿胀的作用。

冷敷止血法常用于急性闭合性软组织损伤。最简单的方法是用冷水冲洗伤处后用冷毛巾敷于伤处(图9-1)，有条件的可使用氯乙烷喷射。

2. 抬高伤肢

抬高伤肢，可使得伤处血压降低，血流量减少，以达到减少出血的目的。在采用加压包扎后，仍应该注意抬高伤肢(图9-2)。

图 9-1　冷敷　　　　　　　图 9-2　抬高伤肢

3. 压迫法

压迫法可以分为指压法、止血带法、包扎法等。

(1) 指压法

指压法包括直接指压法和间接指压法两种。

①直接指压法　即用指腹直接压迫出血部位。但由于直接接触伤口，容易引起感染，所以最好敷上消毒纱巾后进行指压(图9-3)。

②间接指压法　即用指腹压迫在出血动脉近心端的血管处，如能压迫在相应的骨头上更好，以阻断血液，达到止血目的。

(2) 止血带法

常用止血带有皮管、皮带、布条、毛巾等。先将患者肢体抬高，在患处上方缚扎止血(图9-4)。缚扎时最好加垫，以防缚扎太紧，造成肢体坏死，一般止血带缚扎时间不超过3小时。

(3) 包扎法

主要用绷带包扎，方法有环形包扎法、螺旋包扎法、螺旋反折包扎法、"8"字形包扎法等(图9-5)。

图 9-3　直接指压法

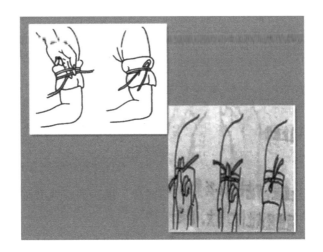

图 9-4 止血带法

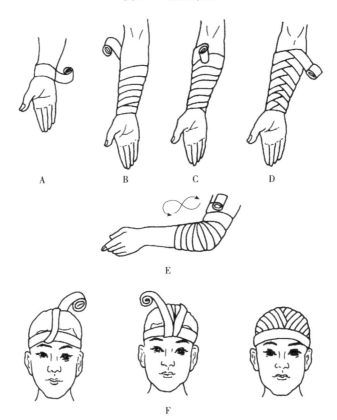

图 9-5 绷带包扎方法(引自王林，2017)
A. 环形包扎法　B. 蛇形包扎法　C. 螺旋包扎法
D. 螺旋反折包扎法　E. "8"字形包扎法　F. 回返包扎法

(二)溺水急救方法

游泳时,有时会因肌肉痉挛或游泳技术上的原因导致溺水。溺水时,水通过口鼻进入肺内,造成呼吸道阻塞,或者因吸水的刺激,引起喉部肌肉痉挛,使气体不能进出,导致窒息或昏迷,胃、腹部也会因吸满水而鼓起,甚至呼吸、心跳停止。如果能够及时救治,就可能挽救生命。

溺水的急救步骤:

①将溺水者救上岸后,立即清除口腔内异物,并迅速采取头低俯卧位进行体位引流,用力拍打背部排出气管内的液体,但不要因过分强调排液而延误抢救时机。

②立即进行人工呼吸,若心跳已停止,应同时施行心脏胸外挤压。首先进行5次人工通气,随后胸外按压和人工呼吸以30∶2的频率进行持续施救。抢救者之间应密切配合,进行积极而耐心的抢救,直到溺水者恢复自主呼吸和心跳为止。

③溺水者苏醒后,应立即送往医院,做进一步的检查和治疗。

(三)心肺复苏(CPR)和自动体外除颤器(AED)操作

心搏骤停一旦发生,如得不到及时抢救,4~6分钟后会造成患者脑和其他重要器官组织不可逆的损害。对于非专业救护人来说,突遇心脏骤停事故发生时,应快速识别和启动应急系统,及时进行高质量的心肺复苏,尽早使用AED除颤,抢夺挽救生命的"黄金4分钟"。急救具体操作步骤如图9-6所示。

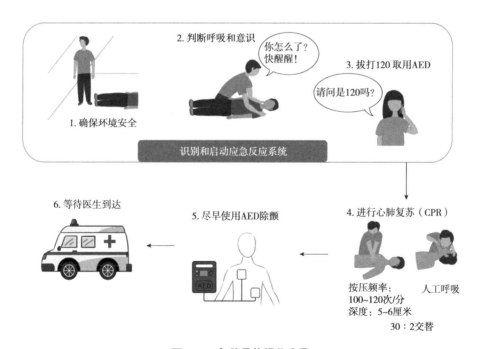

图9-6 急救具体操作步骤

1. 确保环境安全,判断意识

在救助开始前,确保现场环境安全;通过拍打双肩、高声呼叫判断患者是否有反应,如无任何反应判断为无意识。

2. 判断呼吸

用扫视方法判断伤病员有无呼吸，检查时间 5~10 秒。

3. 立即呼救

如患者无意识、无呼吸，应立即高声呼救，及时拨打 120，取用 AED。如有反应，等待 120 的同时保护现场，防止二次受伤。

4. 胸外按压

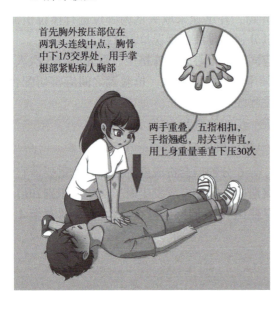

图 9-7 心肺复苏操作流程

如患者无意识、无呼吸，立即进行 CPR 并坚持到 AED 到达（如现场有 AED 可直接使用，根据语音提示进行除颤）。

胸外按压注意事项（图 9-7）：

①按压位置 跪立于患者肩部一侧，双手交叉按压患者胸骨中下 1/3（两乳头中间）处。

②按压应快速（频率 100~120 次/分）、有力（深度 5~6 厘米）。

③每次按压后胸廓充分回弹，但掌跟不能离开。

④尽量减少按压中断，按压中断持续的时间应不超过 10 秒。

5. 开放气道

清除口腔异物和假牙[图 9-8(a)]，用仰头举颌法开放气道。即打开患者呼吸气道，一只手置于患者前额，下压使头部后仰，另一手的食指和中指靠近颌部的下颌骨下方，将颌部向前抬起，帮助头部后仰，开放气道[图 9-8(b)]，之后再进行人工呼吸。

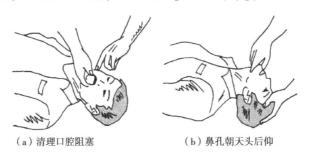

（a）清理口腔阻塞　　　（b）鼻孔朝天头后仰

图 9-8 开放气道

6. 人工呼吸

口对口人工呼吸指抢救者一手放在患者前额，并用拇指和示指捏住患者的鼻孔，另一手握住颏部使头尽量后仰，保持气道开放状态，然后深吸一口气，张开口以封闭患者的嘴周围，向患者口内连续吹气 2 次，每次吹气时间为 1 秒以上，直到胸廓抬起，停止吹气[图 9-9(a)]，松开贴紧患者的嘴，并放松捏住鼻孔的手[图 9-9(b)]，当患者呼气完毕，即开始下一次同样的吹气。以 30∶2（30 次按压，2 次人工呼吸）比例进行心肺复苏。

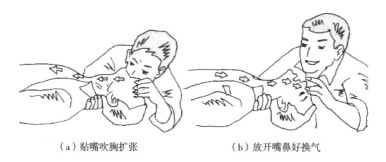

(a) 贴嘴吹胸扩张　　　　　　(b) 放开嘴鼻好换气

图 9-9　人工呼吸

提示：

①以上是成人心肺复苏操作步骤，儿童和婴幼儿会有所不同。

②如果是多人进行现场心肺复苏施救，那么每 2 分钟进行一次轮换，中断时间要小于 10 秒。

7. 尽早使用 AED 除颤

AED 除颤越早进行越好，无论当时现场心肺复苏在哪个环节，只要 AED 到达现场即可以马上进行使用。目前 AED 操作都较智能，根据语音提示操作即可：开启 AED；按图示将电极片贴在患者身上；AED 分析心律，确定是否需要除颤；如需要 AED 自动开始除颤；如不需要，则提示直接进行心肺复苏；除颤后继续进行心肺复苏（无须拿开电极片）。2 分钟后 AED 会再次自动分析心律，确定是否需要继续除颤。如此反复操作，直至患者恢复心搏和自主呼吸，或者专业急救人员到达（图 9-10）。

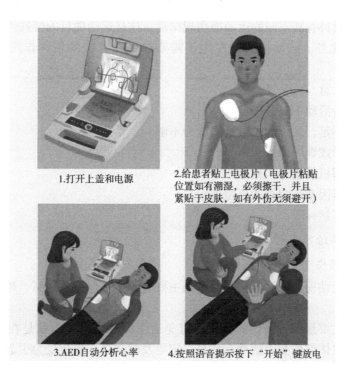

图 9-10　AED 操作四步骤

根据AED电极片上的图示,将一片电极片贴在患者裸露胸部的右上方(胸骨右缘,锁骨之下),另一片电极片贴在患者左乳头外侧(左腋前线之后第五肋间处)。

使用AED注意事项:

①AED进行心律分析和除颤时,应与患者保持距离,避免无关人员靠近。

②在贴放电极片前,清除患者过多的胸毛,迅速擦干患者胸部过多的水分或汗液,确保电极片与皮肤贴合紧密。

③不能在水中或金属等导电物体表面使用AED。如果患者躺在水中,先将患者抬出,擦干胸部再使用AED。

④避免将电极片贴在患者植入式除颤器、起搏器和药物贴片上。

⑤按照图示位置贴放电极片,如果电极片贴反了,不必取下重贴。

⑥不同品牌AED在操作上会稍有差异,使用时需加注意。

四、运动损伤

(一)运动损伤的界定

凡是在运动过程中所发生的各种损伤统称为运动损伤。主要有两大类,一类是运动技术病,即因长期局部疲劳积累所致,如足球踝、投掷肩、网球肘、筋膜炎、腱鞘炎等;另一类是在运动中发生的急性损伤,如擦伤、扭伤、拉伤、骨折、脱臼等。

运动损伤与日常生活中的损伤有所不同,它的发生与运动项目、训练安排、运动环境、运动者的自身条件及技术动作有密切的关系。

(二)运动损伤的成因

不同的运动项目有其不同的运动损伤规律性,这是运动项目的特殊性和机体局部解剖学特点决定的。此外,运动损伤的发生还需要在一些直接的条件作用下,主要有如下分类:

①思想麻痹大意。

②运动前准备活动不充分。

③训练水平不足,训练能力或身体能力不够。

④比赛、教学或训练课组织不当。

⑤运动者生理机能状态不良。

⑥不良的气候因素和突变的环境因素。

⑦运动场地不达标等。

(三)运动损伤治疗原则

1. 急性运动损伤

在出现急性运动损伤以后,治疗的原则主要有5个:保护、休息、冰敷、加压固定和抬高患肢。

保护的原则主要是保护损伤的部位,避免遭受二次伤害,也就是在出现运动损伤以后,一定要避免肢体部位受力活动,并且一定要及时休息,避免受力引起二次损伤;冰敷是在损伤24小时以内,应用冰块或者是凉毛巾来冷敷损伤的部位,以减轻疼痛和避免肿胀的加重;加压固定通过压迫以减小局部的伤害,以防止肿胀的加重和内出血的情况;抬高患肢有利于静脉的血液循环,有利于肿胀的吸收和消退。

2. 慢性运动损伤

慢性运动损伤的治疗原则包括充分休息、按摩、针灸和理疗等。首先让受伤的部位有足够的时间休息，同时还可以做一些理疗、按摩、针灸、推拿，这样可以改善局部血液循环，减少可能存在的软组织粘连，能够减轻症状。必要的时候，还可以适当地服用消炎镇痛药物，如布洛芬、对乙酰氨基酚、阿司匹林、美洛昔康等。另外还可以局部进行封闭治疗，如注射肾上腺皮质素、素泼尼松、地塞米松等，能够抑制损伤性的炎症，减少粘连。

五、运动损伤的预防

预防运动损伤应该注意以下几方面：

①加强运动安全教育，克服麻痹思想，提高预防损伤的思想意识。

②认真做好准备活动，如田径项目前进行慢跑和肌肉、肌腱、韧带牵拉练习，尤其在寒冷气候中应增加热身运动的内容和时间，避免因肌肉僵硬和协调性不够导致肌肉和关节损伤，并对可能发生损伤的环节和易伤部位，及时做好预防措施。

③合理安排运动量，应根据自身的身体情况和环境、气候等情况安排运动项目和运动量，运动中还应该安排好间歇时间，避免运动过量。

④尽可能地排除场地、器械等不利影响。

⑤加强易损伤部位肌肉力量和本体感觉训练。如持拍类运动（乒乓球、羽毛球及网球等）注重肩关节周围肌肉训练，三大球项目注意下肢力量与核心（脊柱周围肌群）力量训练，平衡和本体感觉训练更有助于关节稳定性，预防扭伤和脱臼。

⑥注意休息，调整良好身心状态。运动需要良好的体能，运动前和运动后都应该充分休息，运动中心态要专注、放松。

六、常见的运动损伤

(一)挫伤

1. 挫伤概述

挫伤是指运动时因撞击器械或练习者之间互相碰撞而造成以皮内和皮下及软组织出血为主要改变的闭合性损伤。挫伤的实质是软组织内较小的静脉或小动脉破裂出血，血液主要在皮下疏松结缔组织和脂肪层内。

挫伤随着受伤后时间的延长，血肿在组织酶作用下崩解，红细胞膜破裂，血红蛋白经过化学变化发生颜色改变。血红蛋白分解物质包括含铁血黄素、胆红素和胆绿素。出血灶的颜色（紫红色、紫褐色或青紫色）的变化是先从边缘开始，两天以后就可以在皮下出血的边缘看到黄色或绿色，或此两种颜色均有，以后紫红色、青紫色或紫褐色区域逐渐向中心缩小，直到消失，蓝绿色、黄色取而代之，2~3周后黄色或蓝绿色消退，局部皮肤的颜色恢复正常。

挫伤主要症状为疼痛（与暴力的性质和程度、受伤部位神经的分布及炎症反应的强弱有关）、肿胀（局部软组织内出血或炎性反应渗出所致）、功能障碍（引起肢体功能或活动的障碍）、伤口或创面（据损伤的暴力性质和程度可以有不同深度的伤口或皮肤擦伤等）。

2. 急救处理

轻微挫伤只需局部止痛、休息、抬高患肢，很快可消肿、愈合；重度挫伤可局部外敷消肿镇痛药物，每日更换，口服舒筋活血药物，必要时使用预防性抗生素或抗炎药。

(二) 扭伤

1. 扭伤概述

扭伤是指在外力作用下关节发生超常范围的活动引起关节囊和韧带的损伤。

轻度扭伤主要是局部疼痛、肿胀。若伴有滑膜损伤则整个关节肿胀，伤及皮下血管，出现青紫，如韧带完全断裂则关节出现松动现象。此外，关节功能障碍、局部压痛、牵引受伤韧带疼痛加重等，这些都是关节扭伤的现象。

2. 急救处理

轻度扭伤应冷敷和加压包扎，24 小时后方可热敷或按摩。若严重影响关节功能活动或血肿继续增大应送医院检查，以防日后关节功能障碍的发生。

(三) 肌肉拉伤

1. 肌肉拉伤概述

肌肉拉伤是指运动时肌纤维细微损伤、部分撕裂或完全断裂，这类损伤占运动损伤的大部分。肌肉断裂多发生于大腿后侧肌群、小腿后侧肌群、胸大肌、肱二头肌等。肌肉完全断裂时肿胀明显、局部有凹陷畸形，抗阻无力；部分断裂时是肌肉的一部分纤维断裂，用力时可出现畸形。肌肉拉伤指肌肉内少许纤维断裂，没有畸形。急性期有疼痛，肿胀轻微，激烈活动受限。

肌肉拉伤可发生在肌腹与肌腹分界处，也可发生在肌腱附着于骨骼处，多发生在大腿后部肌群、腰背肌、小腿二头肌、斜方肌等处。如是细微的损伤，症状较轻；如是肌纤维完全断裂，则病态较重。一般表现为伤处疼痛、摸着发硬、局部肿胀、肌肉紧张或抽筋，有明显的压痛感。当受伤肌肉主动收缩或被拉长时，疼痛加重。严重的肌肉拉伤在肌纤维断裂时，受伤者自己往往感到或听到断裂声，随即局部肿胀，皮下出血，肢体活动出现障碍。在断裂处可摸到凹陷或两端异常膨大。

2. 急救处理

肌肉拉伤的治疗，要根据身体情况而定。肌纤维少量断裂者，应立即进行冷敷和局部压包扎，并抬高患肢，还可以外敷中草药。肌肉部分断裂，如不影响肌力，但要防止瘢痕和粘连。早期加压包扎拉长固定 3~5 天，而后进行功能性练习。肌肉大部分断裂或完全断裂应在加压包扎后立即送医院进行手术缝合。肌肉拉伤后重新参加训练时要循序渐进，切勿操之过急，并要加强局部保护，防止再度拉伤。

(四) 运动性贫血

1. 运动性贫血概述

运动性贫血是指运动训练过程中生理负荷过大，导致血液中红细胞数低于正常值范围的现象。运动性贫血通常是由血浆稀释引起相对性贫血；血红蛋白减少；红细胞破坏增加等原因引起的。主要症状表现为面色苍白、头痛、头晕、失眠、反应能力降低(神经系统方面)；表现为心悸、心慌、呼吸急促等(呼吸循环系统方面)。

2. 急救处理

(1) 膳食调控

通过合理饮食补充蛋白质、铁等造血原料，以改善合成材料不足导致的血红蛋白合成减少造成的贫血。

(2) 合理安排运动训练

当学生的血红蛋白(Hb)低于90克/升时,应停止中高强度运动,待Hb逐渐上升恢复后,再逐渐恢复运动强度。

(3) 药物治疗

可以有针对性地补充含铁类药物,以提高铁的吸收率。

(五) 肌肉痉挛

1. 肌肉痉挛概述

肌肉痉挛(俗称抽筋),是一种肌肉自发的强直性收缩。发生在小腿和脚趾的肌肉痉挛最常见,发作时疼痛难忍,可持续几秒到数十秒之久。肌肉痉挛大多是缺钙、受凉、疲劳、电解质丢失过多、肌肉连续收缩过快而放松不够引起。

2. 急救处理

(1) 反方向牵引痉挛肌肉

不太严重的肌肉痉挛只要以相反的方向牵引痉挛的肌肉,症状一般可以得到缓解。但牵引时切忌用力过猛,用力应均匀、缓慢,以免拉伤肌肉造成二次损伤。如腓肠肌痉挛时,可伸直膝关节,同时用力将踝关节充分背伸,拉长痉挛的腓肠肌。

(2) 对痉挛肌肉部位进行按摩、热敷

在牵拉的同时可以对痉挛肌肉部位进行按摩,以揉捏、重力按压等手法为主,也可针刺或点掐委中、承山、涌泉等穴位,还可以使用热敷的方法来减轻疼痛。

(3) 局部用药

严重的肌肉痉挛有时需要采用麻醉才能缓解,若肌肉痉挛时间过长,则局部喷洒或擦一些松筋止痛的药水或药膏。

(4) 停止运动,注意休息

发生肌肉痉挛后,不宜再次进行运动,必须停止运动进行休息,并加强痉挛部位的保暖。若再次发生抽筋,则需考虑肌肉是否过度疲劳或脱水,是否需补充水分和电解质。

(六) 运动中腹痛

1. 运动中腹痛的概述

运动中腹痛是一种常见的症状,一般是由剧烈运动引起的一时性的非疾病机能紊乱,其中包括胃肠痉挛、肝脾区疼痛、腹直肌痉挛等。

运动中腹痛主要原因是缺乏锻炼、准备活动不充分、身体情况不佳(劳累,精神紧张)、运动时呼吸节奏不好(速度加快太过突然)、运动前食量过多或饥饿状态下参加剧烈训练和比赛。

运动中腹痛主要症状为急腹症,但腹痛的程度、部位、性质可因运动负荷的大小、病变脏器所在的部位,以及引起腹痛的原因不同而有所差异。

2. 急救处理

运动中发生腹痛时,首先要进行初步的鉴别,如果没有器质性病变迹象,应减慢运动速度,降低运动强度,加大呼吸深度,调整呼吸与动作的节奏,用手按压疼痛部位,一般疼痛即可减轻,如疼痛不减轻,甚至反而加重,就应立即停止运动,针刺或用指点揉内关、足三里、大肠俞等穴位以缓解疼痛,必要时可口服阿托品等解痉止痛药物。

(七)运动性猝死

1. 运动性猝死概述

运动性猝死是指在运动中或运动后即刻因为过量运动导致死亡。其特征为猝死过程自发,且发展迅速,患者从发病到死亡在几十秒、几分钟之内。

运动性猝死的原因多为心源性猝死,脑源性猝死,心理应激影响猝死,低温、高温及高湿环境,机体中镁的缺乏。运动性猝死80%以上是由运动诱发潜在的心脏疾病导致的,在运动时常出现心慌、心跳加快、胸闷、胸痛或晕厥等症状。

2. 急救处理

运动性心脏猝死发作突然、病程急、病情重,一旦在运动中有症状出现,应该立即停止运动,进一步进行检查。当查出有心电图异常、心脏扩大等异常情况时,应及时做负荷心肌核素灌注显像以早期了解心脏的情况,避免运动性猝死悲剧的发生。

第十章

体质健康测试评估

第一节 《国家学生体质健康标准》功能简介

一、"健康第一"思想与《国家学生体质健康标准》

(一)"健康第一"思想的历史渊源

在西方教育史上,17世纪英国哲学家、思想家和教育家约翰·洛克(John Locke)在《教育漫话》(Some Thoughts Concerning Education)中论述了如何把儿童培养成身体健康、有德行、有理智、有教养、有才干的绅士。他赞许"健康之精神寓于健康之身体"这句古老的格言,指出"美好的灵魂寓于健康的身体中,只有拥有健康的身体,绅士才能适应环境、应对挫折、迎接挑战、才能获得人生的幸福",强调"没有健康就不可能有什么福利,有什么幸福"。法国启蒙思想家、教育家卢梭在著名的《爱弥儿》(Emile)中宣扬了夸美纽斯提出的自然主义体育思想,他批判中世纪"宿罪论"和"禁欲论"给人们身体健康带来的危害,主张把青少年的体育教育视为教育最基本的组成部分,呼吁身体健康的重要性。

在我国近代史上,伟大的人民教育家陶行知先生总是把健康放在第一的位置,提倡建立"科学的健康堡垒",并把"健康是生活的出发点,也就是教育的出发点"作为信条。伟大领袖毛主席除了对"体育""体质"等的重要论述之外,1950年6月19日,针对当时学生负担过重,身体素质下降的状况,毛泽东写信给时任教育部长马叙伦:"此事宜速解决,要各校注意健康第一,学习第二。营养不足,宜酌增经费。学习和开会的时间宜大减。病人应有特殊待遇。全国一切学校都应如此。"又一次提出"健康第一"的理念,充分反映了国家对青少年学生身体健康的深切关注。

1951年5月18日,马叙伦在政务院作《关于1950年全国教育工作的方针和任务的报告》中明确指出:"对健康问题重视不够,对于课程过重,社会活动和会议过多,以及学校忽视伙食管理,忽视体育卫生等损害学生健康的现象,未及时规定有效的办法加以改进。要采取切实有效的步骤,贯彻毛主席'健康第一'的方针,增进学生健康。"同年,政务院在《关于改善各级各类学生健康状况的决定》中明确指出:"增进学生健康,乃是保证学生完成学习任务,并培养出强健体魄的现代青年的重大任务之一。"这是新中国成立以后第一次将青少年的健康问题提升到国家重大任务的高度。

20世纪末,我国经济快速发展,人民生活水平明显改善,学生身高、体重等发育指标继续增长,营养不良状况明显改善,龋齿、贫血等常见疾病有所下降,保健水平有所提高。与此同时,现代文明给人类的健康带来新的威胁,处于"亚健康状态"的人群不断地扩大。学生饮食结构不合理,摄入热量、脂肪过多,睡眠不足,升学压力加大,课业负担沉重，余暇锻炼时间减少，导致了肥胖发生率的不断增加、肺脏功能继续下降。这些引起了党中央、国务院、教育部和体育职能部门的高度关注，1999年，《关于深化教育改革全面推进素质教育的决定》明确提出："健康体魄是青少年为祖国和人民服务的基本前提，是中华民族旺盛生命力的体现。学校教育要树立健康第一的指导思想，切实加强体育工作。"这是第二次将青少年的健康问题上升到民族生命力的高度，首次明确"健康第一"的学校体育指导思想，并成为今后教育改革的重要方向，是学校体育工作的重心。

(二)《学生体质健康标准》的产生

进入21世纪，我国的经济水平明显提高，国际地位日渐提升，但是在发展经济的过程中体育课没有得到应有的重视，并随着时间的推移已经渐渐影响到了国民的整体健康水平。这一阶段，运动不足、营养过剩、环境恶化导致亚健康状态的人群逐渐增加，甚至已经影响到年轻一代学生的体质健康水平，这引起了国家的高度重视。

2002年，教育部、国家体育总局印发了关于《〈学生体质健康标准(试行方案)〉》及《〈学生体质健康标准(试行方案)〉实施办法》的通知，这标志着《学生体质健康标准》继1954年《准备劳动与卫国体育制度》、1964年《青少年体育锻炼标准》之后在我国各级各类学校中开始全面实施，同时停止执行《大学生体育合格标准》《中学生体育合格标准》《小学生体育合格标准》。

试行方案是在原有的《国家体育锻炼标准》(1982年更名，后经多次修改)的基础上，将学生这一主体单独细分出来，作为《国家体育锻炼标准》在学校的具体实施，是真正意义上针对在校学生体质健康制订的标准，它不仅提出了学生体质健康的概念，还给学校体育及学校体育相关工作确立了重要的地位，并让学校体育工作、学生体质健康工作有了明确的发展方向，同时也对学校体育、学生体质健康工作起到了一定的监督和导向作用。

同时，《学生体质健康标准(试行方案)》第一条明确规定：为了贯彻中共中央、国务院《关于深化教育改革全面推进素质的决定》提出的"学校教育要树立健康第一的指导思想，切实加强体育工作"的精神，促进学生积极参加体育锻炼，养成经常锻炼身体的习惯，提高自我保健能力和体质健康水平，特制订《学生体质健康标准(试行方案)》。自此，"健康第一"指导思想正式落实。

(三)现行《国家学生体质健康标准》

在《学生体质健康标准》试行过程中，对引导学生正确认识和了解自己的健康状况，有针对性地进行身体锻炼起到了非常积极的作用。但随着时代的发展，人们对自身健康的要求越来越高，标准也需要不断发展完善，同时这些标准在实施过程中也难免出现一些这样或那样的问题。例如，《学生体质健康标准(试行方案)》中部分项目的评分标准较低，原本是想激发学生锻炼的兴趣和积极性，但有的学生却因为不需要过多努力就能及格，锻炼的积极性反而下降。

2005年，全国学生体质健康与健康调研结果表明：学生形态发育继续提高，营养状况继续改善，低血红蛋白等常见病检出率继续下降，握力水平有所提高；但也出现了一些不可忽视的问题，包括肺活量水平继续呈下降趋势，速度、爆发力、力量耐力素质水平进一步下降，肥胖检出率继续上升，视力不良检出率仍然居高不下。为扭转这种不利局面，切实加强学校体育工作，改善学生体质健康水平，教育部和国家体育总局组织专家在广泛深入调查研究的基础上，对《学生体质健康标准》进行了完善和修改。2007年4月，印发了

《关于实施〈国家学生体质健康标准〉的通知》，要求在全国各级各类学校全面实施，并对组织、经费、场地器材、工作要求、成绩计算、成绩上报等提出具体的实施办法，将测试成绩列入学生档案，作为三好学生、奖学金评选的基本依据，毕业、升学的重要条件。至此，《国家学生体质健康标准》的名称正式使用。

为使标准能够紧跟时代步伐，适应社会变化和学生体质健康的要求，2014年再一次进行修订。2014年7月，颁发《教育部关于印发〈国家学生体质健康标准（2014年修订）〉的通知》，即现行《国家学生体质健康标准》。新标准第一条强调：《标准》是国家学校教育工作的基础性指导文件和教育质量基本标准，是评价学生综合素质、评估学校工作和衡量各地教育发展的重要依据。第二条说明：本标准的修订坚持健康第一，落实《国家中长期教育改革和发展规划纲要（2010—2020年）》《国务院办公厅转发教育部等部门关于进一步加强学校体育工作若干意见的通知》和《教育部关于印发〈学生体质健康监测评价办法〉等3个文件的通知》有关要求。

在具体内容上，增加附加分，将满分设定为120分；减少选测项目，不再使用台阶实验、握力等项目；肺活量直接换算，不再与体重挂钩；不再设单项成绩下线，也就是说即使个别项目是0分，总体成绩仍可能及格。

总之，我国学生体质健康测量与评价制度的演变和发展，是与我国不同时期社会、经济、科技、文化和教育的发展水平相适应的；是与全国提高青少年的身体健康素质、满足国家对受教育者的全面发展和培养人才战略的基本要求相一致的。新的《标准》是在新的历史条件下，根据社会发展的变化要求，面对新的情况、新的问题所采取的积极措施。新中国成立以来，《劳动卫国体育制度条例和项目标准》《国家体育锻炼标准》《学生体质健康标准（试行方案）》的制定、颁布和实施，促进了学生体质健康测量与评价制度的发展和完善，为新的《标准》积累了丰富的经验，了解这些标准的演变和发展，以及当时的社会背景将有利于正确认识并实施新的《国家学生体质健康标准》。

二、《国家学生体质健康标准》是学生体质健康的最高检验标准

（一）权威性

《标准》是落实健康第一的指导思想，切实加强学校体育工作，促进学生积极参加体育锻炼，养成良好的锻炼习惯，提高体质健康水平的产物，是《国家体育锻炼标准》的组成部分，是《国家体育锻炼标准》在学校的具体实施，是时代赋予它的历史使命。

《标准》是在新的历史时期，国家高度关注青少年下一代健康的纲领性文件；是学校教育树立"健康第一"指导思想，切实加强学校体育工作的具体举措；是促进学生积极参加体育锻炼，养成经常锻炼身体的习惯，从而提高自我保健能力和体质健康水平的重要工作环节，是当前全国各级各类学校体育工作的主要内容。在各级各类学校中实施《标准》，成为促进青少年积极参加体育锻炼，增强体质，使青少年健康成长的重要举措。

（二）科学性

《标准》是在认真总结《国家体育锻炼标准》《学生体质健康标准》执行过程中所取得的成绩和存在问题的基础上，根据学生体质调研所反映出来的体能素质和心肺功能下降、近视眼患病率增高，以及大学生群体中由于精神紧张、营养过剩、运动不足、环境污染等引起的亚健康状态 增多现状，参考国际上有关成功经验和先进做法，建立的以健康素质为

主要指标的新评价体系。新《标准》适应当前学生体质健康状况特点,充分满足了社会发展对人体健康的需要,更加科学、实用。采用的个体评价标准,能够清晰地看出学生个体差异与自身某些方面的不足,更有助于激励学生积极参与体育锻炼,促进身体健康发展。

(三)全面性

《标准》分别从身体形态、身体机能、身体素质和运动能力等方面综合评定学生的体质健康水平,突出了对发展和改善学生健康有直接影响且关系密切的身体成分,心肺循环系统功能、肌肉力量和耐力及柔韧等多方面因素,并且规定了不同的权重指数。项目设置更全面,能够科学地满足不同年龄阶段学生的体质健康发展需求,适用于全日制小学、初中、普通高中、中等职业学校和普通高等学校的在校学生,是对不同年龄阶段学生在体质健康方面的基本要求,是促进学生体质健康发展,激励学生进行身体锻炼的量化手段,更加科学、全面、有针对性。

三、《国家学生体质健康标准》内涵与功能

(一)体质的内涵(见第一章 体质的内涵)

(二)《国家学生体质健康标准》的功能

《标准》是为贯彻落实健康第一的指导思想,切实加强学校体育工作,促进学生积极参加体育锻炼,养成良好的锻炼习惯,提高体质健康水平而专门制定的,是《国家体育锻炼标准》的有机组成部分,是《国家体育锻炼标准》在学校的具体实施,是国家对学生体质健康方面的基本要求,适用于全日制小学、初中、普通高中、中等职业学校和普通高等学校的在校学生。

《标准》的内涵是测量学生体质健康状况和锻炼效果的评价标准,是国家对不同年龄段学生体质健康方面的基本要求,是学生体质健康的个体评价标准。健康的概念包括身体健康、心理健康和社会适应。《标准》涵盖的是与学校体育密切相关的学生身体健康范畴。为了界定它的内涵,又避免与三维的健康概念混淆,故将"体质"作为"健康"的定语以示其内涵。其功能主要体现在:

1. 教育和激励功能

《标准》是促进学生体质健康发展,激励学生积极进行身体锻炼的教育手段,所选用的指标可以反映与身体健康关系密切的身体成分、心血管系统功能、肌肉的力量和耐力,以及关节和肌肉的柔韧性等要素的基本状况。《标准》的实施将使学生和社会能够对影响身体健康的主要因素有一个更加明确的认识和理解,引导人们去积极追求身体的健康状态,实现学校体育的目标。《标准》实施办法还规定,对达到合格以上等级的学生颁发证章,以激励学生对体育锻炼的内在积极性。

2. 反馈功能

《标准》是学生体质健康的个体评价标准,并规定了各校应将每年测试的数据按时上报至国家学生体质健康标准数据管理系统,该系统具有按各种要求进行统计、分析、检索的功能,并定期向社会公告。该系统为学生及其家长提供了在线查询和在线评估服务,向学生提供了个性化的身体健康诊断,使学生能够在准确地了解自己体质健康状况的基础上进行锻炼;该系统还可为各级政府机关、教育行政部门、学校提供翔实的统计和分析数据,使之了解学生的体质健康状况,及时采取科学的干预措施。

3. 引导和锻炼功能

2014 版《标准》取消了握力、台阶实验项目，选用了一些简便易行，锻炼效果较好的项目，并提高了部分锻炼项目指标的权重，对引导学生进行体育锻炼具有较强的实效性；同时通过国家学生体质健康标准数据管理系统，学生还可以查询到针对性较强的运动处方，用于自身因地制宜地进行科学的体育锻炼，提高身体健康水平。

4. 教育监测和绩效评价功能

自《标准》产生以后，教育部成立了"学生体质健康数据管理中心"，建成了"中国学生体质健康网""国家学生体质健康标准数据管理系统"等配套机构和设施，在全国范围内监测学生体质健康水平情况，为深入分析影响教育质量的主要原因、转变教育管理方式和改进学校教育教学提供参考，以推动教育质量和学生体质健康水平不断提升。同时，学生体质健康数据作为上级教育主管部门督导、评价各级各类学校学生体质健康工作，乃至教育教学质量的重要依据，并对学生体质连续 3 年下降的学校和地方教育主管部门实行行政问责。全覆盖的信息化数据系统，使教育监测和绩效评价具备了全面、科学的基础数据，实现教育监测与判断功能、教学管理与改进功能、学习导向与评价功能综合提升。

第二节 《国家学生体质健康标准》测试指标与评分

一、《国家学生体质健康标准》的指标权重

(一) 各学段测试指标权重

《标准》从小学一二年级到初中以上各年级共分 4 个组，根据不同年龄阶段的学生身心特点，设置了不同测试指标和权重系数，以此区别不同年龄段学生应该发展和重视的体质健康内容。如体重指数和肺活量是所有阶段都要测试的项目，1 分钟跳绳项目则只是小学阶段的测试项目，50 米×8 往返跑仅是小学五六年级的测试项目；坐位体前屈项目在小学一二年级的权重为 30%，小学三四年级为 20%，小学五六年级以后为 10%。如此设置，既注重体质成分、肺活量的基础性，又考虑到运动能力、柔韧与心血管机能发展的年龄特征，即以身体发展的阶段性和关键期为核心设置科学、合理的体质健康指标与权重（表 10-1）。

表 10-1 《国家学生体质健康标准》测试指标权重

测试对象	单项指标	权重(%)
小学一年级至大学四年级	体重指数(BMI)	15
	肺活量	15
小学一二年级	50 米跑	20
	坐位体前屈	30
	1 分钟跳绳	20
小学三四年级	50 米跑	20
	坐位体前屈	20
	1 分钟跳绳	20
	1 分钟仰卧起坐	10

(续)

测试对象	单项指标	权重(%)
小学五六年级	50米跑	20
	坐位体前屈	10
	1分钟跳绳	10
	1分钟仰卧起坐	20
	50米×8往返跑	10
初中、高中、大学各年级	50米跑	20
	坐位体前屈	10
	立定跳远	10
	引体向上(男)/1分钟仰卧起坐(女)	10
	1 000米跑(男)/800米跑(女)	20

注：体重指数(BMI)=体重(千克)/身高^2(米^2)。

(二)测试指标代表的体质健康成分

以初中以上学段的测试指标为例。初中以上学段共有7项指标：体重指数(BMI)、肺活量、坐位体前屈、50米跑、立定跳远、引体向上(男)/1分钟仰卧起坐(女)、1 000米跑(男)/800米跑(女)，分别代表身体成分、呼吸系统机能、柔韧、速度灵巧、肌肉力量、心血管耐力等不同的体质健康成分，并按照与健康的关系分别设定了不同的权重，以促进学生体质健康发展、激励学生积极进行身体锻炼。各指标所代表的体质健康成分与权重分别见表10-2所列。

表10-2 《国家学生体质健康标准》测试指标权重

单项指标	体质健康意义	权重(%)
体重指数(BMI)	身体成分	15
肺活量	呼吸系统机能	15
坐位体前屈	柔韧	10
50米跑	速度灵巧	20
立定跳远		10
引体向上(男)/1分钟仰卧起坐(女)	肌肉力量	10
1 000米跑(男)/800米跑(女)	心血管耐力	20

二、《国家学生体质健康标准》测试成绩与等级评定

(一)学年总分

本标准的学年总分由标准分与附加分之和构成，满分为120分。标准分由各单项指标得分与权重乘积之和组成，满分为100分。附加分根据实测成绩确定，即对成绩超过100

分的加分指标进行加分,满分为20分;小学的加分指标为1分钟跳绳,加分幅度为20分;初中、高中和大学的加分指标为男生引体向上和1 000米跑,女生1分钟仰卧起坐和800米跑,各指标加分幅度均为10分。

以大学生为例,具体成绩计算步骤如下:

(1)查询单项得分

如男生肺活量测试成绩为4 600毫升,查分表对应的得分是85分(大一、大二)和80分(大三、大四)。

(2)计算基本分

根据各单项权重,计算各单项得分之和(满分为100分)。

基本分=体重指数×15%+肺活量×15%+坐位体前屈×10%+50米跑×20%+立定跳远×10%+引体向上(男)/1分钟仰卧起坐(女)×10%+1 000米跑(男)/800米跑(女)×20%

如肺活量所占权重为15%,同以4 600毫升测试成绩为例,大一、大二学生单项基本分应为85×15%=12.75分,大三、大四学生单项基本分应为80×15%=12分。

(3)查询附加分

如果加分项的测试成绩超出(高优指标)或低于(低优指标)单项评分100分的成绩范围,超出(或低于)部分可获得加分(两项最高加分各10分,共可附加20分)。

如大一、大二男生基本分得分为90分,1 000米测试成绩为2′47″(3′17″为满分),引体向上测试成绩为35个(19个为满分),即两项均超出满分成绩范围。

①以2′47″-3′17″=-30″,查表知该项可加分8分。

②以35-19=16,查表知该项可加分10分。

(4)计算总成绩

$$总成绩=基本分+附加分$$

则该生最终总成绩=90+8(加分①)+10(加分②)=108分。

(二)毕业成绩

学生毕业时的成绩和等级,按毕业当年学年总分的50%与其他学年总分平均得分的50%之和进行评定。

如某生大学四年的成绩依次分别为79分、85分、90分、92分,那么毕业时的成绩=92×50%+(79+85+90)÷3×50%=46+42.3=88.3分。

(三)等级评定

学生体质健康标准成绩每学年评定一次,按评定等级记入《国家学生体质健康标准登记卡》。

等级评定的标准是根据学生学年总分评定等级,具体划分如下:

①90.0分及以上为优秀。

②80.0~89.9分为良好。

③60.0~79.9分为及格。

④59.9分及以下为不及格。

如某生大学四年的成绩依次为79分、85分、90分、92分,毕业成绩为88.3分。那么大一为及格,大二为良好,大三为优秀,大四为优秀,毕业成绩为良好。

三、单项指标评分表(表 10-3 至表 10-9)

表 10-3　体重指数(BMI)单项评分表　　　　单位:千克/米^2

等级	单项得分	男生	女生
正常	100	17.9~23.9	17.2~23.9
低体重	80	≤17.8	≤17.1
超重		24.0~27.9	24.0~27.9
肥胖	60	≥28.0	≥28.0

表 10-4　肺活量单项评分表　　　　单位:毫升

等级	单项得分	男生		女生	
		大一、大二	大三、大四	大一、大二	大三、大四
优秀	100	5 040	5 140	3 400	3 450
	95	4 920	5 020	3 350	3 400
	90	4 800	4 900	3 300	3 350
良好	85	4 550	4 650	3 150	3 200
	80	4 300	4 400	3 000	3 050
及格	78	4 180	4 280	2 900	2 950
	76	4 060	4 160	2 800	2 850
	74	3 940	4 040	2 700	2 750
	72	3 820	3 920	2 600	2 650
	70	3 700	3 800	2 500	2 550
	68	3 580	3 680	2 400	2 450
	66	3 460	3 560	2 300	2 350
	64	3 340	3 440	2 200	2 250
	62	3 220	3 320	2 100	2 150
	60	3 100	3 200	2 000	2 050
不及格	50	2 940	3 030	1 960	2 010
	40	2 780	2 860	1 920	1 970
	30	2 620	2 690	1 880	1 930
	20	2 460	2 520	1 840	1 890
	10	2 300	2 350	1 800	1 850

表 10-5　50 米跑单项评分表　　　　单位:秒

等级	单项得分	男生		女生	
		大一、大二	大三、大四	大一、大二	大三、大四
优秀	100	6.7	6.6	7.5	7.4
	95	6.8	6.7	7.6	7.5
	90	6.9	6.8	7.7	7.6

（续）

等级	单项得分	男生		女生	
		大一、大二	大三、大四	大一、大二	大三、大四
良好	85	7.0	6.9	8.0	7.9
	80	7.1	7.0	8.3	8.2
及格	78	7.3	7.2	8.5	8.4
	76	7.5	7.4	8.7	8.6
	74	7.7	7.6	8.9	8.8
	72	7.9	7.8	9.1	9.0
	70	8.1	8.0	9.3	9.2
	68	8.3	8.2	9.5	9.4
	66	8.5	8.4	9.7	9.6
	64	8.7	8.6	9.9	9.8
	62	8.9	8.8	10.1	10.0
	60	9.1	9.0	10.3	10.2
不及格	50	9.3	9.2	10.5	10.4
	40	9.5	9.4	10.7	10.6
	30	9.7	9.6	10.9	10.8
	20	9.9	9.8	11.1	11.0
	10	10.1	10.0	11.3	11.2

表 10-6　坐位体前屈单项评分表　　　　　　　　单位：厘米

等级	单项得分	男生		女生	
		大一、大二	大三、大四	大一、大二	大三、大四
优秀	100	24.9	25.1	25.8	26.3
	95	23.1	23.3	24.0	24.4
	90	21.3	21.5	22.2	22.4
良好	85	19.5	19.9	20.6	21.0
	80	17.7	18.2	19.0	19.5
及格	78	16.3	16.8	17.7	18.2
	76	14.9	15.4	16.4	16.9
	74	13.5	14.0	15.1	15.6
	72	12.1	12.6	13.8	14.3
	70	10.7	11.2	12.5	13.0
	68	9.3	9.8	11.2	11.7
	66	7.9	8.4	9.9	10.4
	64	6.5	7.0	8.6	9.1
	62	5.1	5.6	7.3	7.8
	60	3.7	4.2	6.0	6.5

(续)

等级	单项得分	男生		女生	
		大一、大二	大三、大四	大一、大二	大三、大四
不及格	50	2.7	3.2	5.2	5.7
	40	1.7	2.2	4.4	4.9
	30	0.7	1.2	3.6	4.1
	20	−0.3	0.2	2.8	3.3
	10	−1.3	−0.8	2.0	2.5

表10-7 立定跳远单项评分表　　　　　　　　　　单位：厘米

等级	单项得分	男生		女生	
		大一、大二	大三、大四	大一、大二	大三、大四
优秀	100	273	275	207	208
	95	268	270	201	202
	90	263	265	195	196
良好	85	256	258	188	189
	80	248	250	181	182
及格	78	244	246	178	179
	76	240	242	175	176
	74	236	238	172	173
	72	232	234	169	170
	70	228	230	166	167
	68	224	226	163	164
	66	220	222	160	161
	64	216	218	157	158
	62	212	214	154	155
	60	208	210	151	152
不及格	50	203	205	146	147
	40	198	200	141	142
	30	193	195	136	137
	20	188	190	131	132
	10	183	185	126	127

表10-8 引体向上、1分钟仰卧起坐单项评分表　　　　　　单位：次

等级	单项得分	男生		女生	
		大一、大二	大三、大四	大一、大二	大三、大四
优秀	100	19	20	56	57
	95	18	19	54	55
	90	17	18	52	53

(续)

等级	单项得分	男生		女生	
		大一、大二	大三、大四	大一、大二	大三、大四
良好	85	16	17	49	50
	80	15	16	46	47
及格	78			44	45
	76	14	15	42	43
	74			40	41
	72	13	14	38	39
	70			36	37
	68	12	13	34	35
	66			32	33
	64	11	12	30	31
	62			28	29
	60	10	11	26	27
不及格	50	9	10	24	25
	40	8	9	22	23
	30	7	8	20	21
	20	6	7	18	19
	10	5	6	16	17

注：男生为引体向上；女生为1分钟仰卧起坐。

表10-9 耐力跑单项评分表　　　　　　　　　　单位：分·秒

等级	单项得分	男生		女生	
		大一、大二	大三、大四	大一、大二	大三、大四
优秀	100	3′17″	3′15″	3′18″	3′16″
	95	3′22″	3′20″	3′24″	3′22″
	90	3′27″	3′25″	3′30″	3′28″
良好	85	3′34″	3′32″	3′37″	3′35″
	80	3′42″	3′40″	3′44″	3′42″
及格	78	3′47″	3′45″	3′49″	3′47″
	76	3′52″	3′50″	3′54″	3′52″
	74	3′57″	3′55″	3′59″	3′57″
	72	4′02″	4′00″	4′04″	4′02″
	70	4′07″	4′05″	4′09″	4′07″
	68	4′12″	4′10″	4′14″	4′12″
	66	4′17″	4′15″	4′19″	4′17″
	64	4′22″	4′20″	4′24″	4′22″
	62	4′27″	4′25″	4′29″	4′27″
	60	4′32″	4′30″	4′34″	4′32″

(续)

等级	单项得分	男生		女生	
		大一、大二	大三、大四	大一、大二	大三、大四
不及格	50	4′52″	4′50″	4′44″	4′42″
	40	5′12″	5′10″	4′54″	4′52″
	30	5′32″	5′30″	5′04″	5′02″
	20	5′52″	5′50″	5′14″	5′12″
	10	6′12″	6′10″	5′24″	5′22″

注：男生为1 000米跑；女生为800米跑。

四、加分指标评分表（表10-10和表10-11）

表10-10　引体向上、1分钟仰卧起坐评分表　　　　单位：次

加分	男生（引体向上）		女生（1分钟仰卧起坐）	
	大一、大二	大三、大四	大一、大二	大三、大四
10	10	10	13	13
9	9	9	12	12
8	8	8	11	11
7	7	7	10	10
6	6	6	9	9
5	5	5	8	8
4	4	4	7	7
3	3	3	6	6
2	2	2	4	4
1	1	1	2	2

注：引体向上、1分钟仰卧起坐均为高优指标，学生成绩超过单项评分100分后，以超过的次数所对应的分数进行加分。

表10-11　耐力跑评分表　　　　单位：分·秒

加分	男生（1 000米跑）		女生（800米跑）	
	大一、大二	大三、大四	大一、大二	大三、大四
10	-35″	-35″	-50″	-50″
9	-32″	-32″	-45″	-45″
8	-29″	-29″	-40″	-40″
7	-26″	-26″	-35″	-35″
6	-23″	-23″	-30″	-30″
5	-20″	-20″	-25″	-25″
4	-16″	-16″	-20″	-20″
3	-12″	-12″	-15″	-15″
2	-8″	-8″	-10″	-10″
1	-4″	-4″	-5″	-5″

注：1 000米跑、800米跑均为低优指标，学生成绩低于单项评分100分后，以减少的秒数所对应的分数进行加分。

第三节 《国家学生体质健康标准》测试操作方法

一、测试操作方法的重要性

数据的真实、准确、有效是《标准》功能发挥的必要条件，否则可能会出现误判、误导，难以发挥结果监测的重要作用，更无法发挥数据在各方面的基础依据作用。

测试操作方法是影响数据准确性的重要因素，主要体现在两个方面：一是测试人员控制的测量方法；二是被测者使用的动作法。对于前者而言，是测试结果可靠、有效的主要保障，需要全国范围统一标准和尺度，否则会出现系统性误差。目前大多数学校都是采用仪器测试，既能节省人力、物力，更能保证减少人为误差。在使用测试仪器时，一是要使用经过认定的正规厂商生产的仪器，才能确保度量的准确性；二是仪器使用过程中会出现机械性偏差，如身高体重、肺活量感应不准确、标定误差，坐位体前屈、引体向上等光学感应不灵敏等现象，需要定期维护、校准，才能保证标准的衡量效果。

对于后者而言，除了个体要测试出较好成绩的外显现象之外，更为重要的是要联系《标准》测试的基本原理。《标准》测试的是体质，基本原理是要通过各个测试项目的成绩来反映学生身体器官的基本能力，以此来明确身体生理性基础材质的优良程度。即测试已经假定，所有学生都能以规范的动作形式展示出自己的身体机能或生理性器官功能，这是测试存在的根本前提。如果学生动作技术不规范，就难以测试出真正的身体机能。因而，测试过程中首先是要确保学生完成测试项目的动作操作科学规范。当然，实际测试过程，还受态度、动机、意志水平等多重因素影响。正因如此，国家要求将《标准》的实施工作计入教师的教学工作量，即鼓励以体育教师为专业的测试技术人员。

二、各项目的测试操作方法

在实施《标准》的过程中，掌握各项目正确的测试方法是所有体育教师和测评人员迫切需要了解的内容。测试工作必然和所使用的测试仪器有一定的关系，现在测试器材多种多样，有全手工操作的，也有电子仪器。手工操作与电子仪器的操作流程不完全相同。如使用测试仪器就可以减少测试人员的记录和计算工作。但无论使用何种仪器，对测试人员的基本的操作要求是一致的。

在此，以中学以上的测试项目为例，对《标准》中各个项目基本的测试方法及其操作要求进行介绍。对于不同的测试器材，可参考相应测试器材的说明书。

（一）身高

1. 测试目的

测试学生身高，与体重测试相配合，评定学生的身体匀称度，评价学生生长发育的水平及营养状况。

2. 场地器材

身高测量计。使用前应校对零点，以钢尺测量基准板平面至立柱前面红色刻线的高度是否为10.0厘米，误差不得大于0.1厘米。同时应检查立柱是否垂直，连接处是否紧密，有无晃动，零件有无松脱等情况并及时加以纠正。

3. 测试方法

受试者赤足，立正姿势站在身高计的底板上（上肢自然下垂，足跟并拢，足尖分开成60°）。足跟、骶骨部及两肩胛区与立柱相接触，躯干自然挺直，头部正直，耳屏上缘与眼眶下缘呈水平位。测试人员站在受试者右侧，将水平压板轻轻沿立柱下滑，轻压于受试者头顶。测试人员读数时双眼应与压板水平面等高，记录员复述后进行记录。以厘米为单位，精确到小数点后一位。测试误差不得超过0.5厘米。

4. 注意事项

①身高计应选择平坦靠墙的地方放置，立柱的刻度尺应面向光源。

②严格掌握"三点靠立柱""两点呈水平"的测量姿势要求，测试人员读数时两眼一定与压板等高，两眼高于压板时要下蹲，低于压板时应垫高。

③水平压板与头部接触时，松紧要适度，头发蓬松者要压实，头顶的发辫、发结要放开，饰物要取下。

④读数完毕，立即将水平压板轻轻推向安全高度，以防碰坏。

⑤测量身高前，受试者应避免进行剧烈体育活动和体力劳动。

(二) 体重

1. 测试目的

测试学生的体重，与身高测试相配合，评定学生的身体匀称度，评价学生生长发育的水平及营养状况。

2. 场地器材

使用杠杆秤或电子体重计前需检验其准确度和灵敏度。准确度要求误差不超过0.1%，即每百千克误差小于0.1千克。检验方法是：以备用的10千克、20千克、30千克标准砝码（或用等重标定重物代替）分别进行称量，检查指标读数与标准砝码误差是否在允许范围。灵敏度的检验方法是：置100克重砝码，观察刻度尺变化，如果刻度抬高了3毫米或游标向远移动0.1千克而刻度尺维持水平位时，则达到要求。

3. 测试方法

测试时，杠杆秤应放在平坦地面上，调整零点至刻度尺水平位。受试者赤足，站在秤台中央，男性受试者身着短裤；女性受试者身着短裤、短袖衫。测试人员放置适当砝码并移动游标至刻度尺平衡。读数以千克为单位，精确到小数点后一位。记录员复诵后将读数记录。测试误差不超过0.1千克。

4. 注意事项

①测量体重前受试者不得进行剧烈体育活动或体力劳动。

②受试者站在秤台中央，上下杠杆秤动作要轻。

③每次使用杠杆秤时均需校正。测试人员每次读数前都应校对砝码标重以避免差错。

(三) 肺活量

1. 测试目的

测试学生的肺通气功能。

2. 场地器材

电子肺活量计。

3. 测试方法

房间通风良好；使用干燥的一次性吹嘴。肺活量计主机放置在平稳桌面上，检查电源线及接口是否牢固，按工作键液晶屏显示"0"即表示机器进入工作状态，预热 5 分钟后测试为佳。

首先告知受试者不必紧张，并且要尽全力，以中等速度和力度吹气效果最好。令受试者面对仪器站立，手持吹气口嘴，面对肺活量计站立试吹 1~2 次，首先看仪表有无反应，还要试口嘴或鼻处是否漏气，调整口嘴和用鼻夹（或自己捏鼻孔）；学会深吸气。受试者进行一两次较平日深一些的呼吸动作后，再更深地吸一口气，屏住气向口嘴处慢慢呼出至不能再呼为止，测试中不得中途二次吸气。吹气完毕后，液晶屏上最终显示的数字即为肺活量毫升值。每位受试者测 3 次，每次间隔 15 秒，记录 3 次数值，选取最大值作为测试结果。以毫升为单位，不保留小数。

4. 注意事项

①电子肺活量计的计量部位的通畅和干燥是仪器准确的关键，吹气筒的导管必须在上方，以免口水或杂物堵住气道。

②每测试 10 人及测试完毕后用干棉球及时清理和擦干气筒内部。严禁用水、酒精等任何液体冲洗气筒内部。

③导气管存放时不能弯折。

④定期校对仪器。

(四) 坐位体前屈

1. 测试目的

测量学生在静止状态下的躯干、腰、髋等关节可能达到的活动幅度，主要反映这些部位的关节、韧带和肌肉的伸展性和弹性及学生身体柔韧素质的发展水平。

2. 场地器材

坐位体前屈测试计。

3. 测试方法

受试者两腿伸直，两脚平蹬测试纵板坐在平地上，两脚分开 10~15 厘米，上体前屈，两臂伸直前，用两手中指尖逐渐向前推动游标，直到不能前推为止。测试计的脚蹬纵板内沿平面为 0 点，向内为负值，向前为正值。记录以厘米为单位，保留一位小数。测试 2 次，取最好成绩。

4. 注意事项

①身体前屈，两臂向前推游标时两腿不能弯曲。

②受试者应匀速向前推动游标，不得突然发力。

(五) 50 米跑

1. 测试目的

测试学生速度、灵敏素质及神经系统灵活性的发展水平。

2. 场地器材

50 米直线跑道若干条，地面平坦，地质不限，跑道线要清楚。发令旗一面，口哨一个，秒表若干块（一道一表）。秒表使用前，应用标准秒表校正，每分钟误差不得超过 0.2 秒。标准秒表选定，以北京时间为准，每小时误差不超过 0.3 秒。

3. 测试方法

受试者至少两人一组测试。站立起跑，受试者听到"跑"的口令后开始起跑。发令员在发出口令同时要摆动发令旗，计时员视旗动开表计时，受试者躯干部到达终点线的垂直面停表。以秒为单位记录测试成绩，精确到小数点后一位，小数点后第二位数按非 0 进 1 原则进位，如 10.11 秒读成 10.2 秒并记录。

4. 注意事项

①受试者测试最好穿运动鞋或平底布鞋，赤足也可。但不得穿钉鞋、皮鞋或塑料凉鞋。

②发现有抢跑者，要当即召回重跑。

③如遇风时一律顺风跑。

(六) 立定跳远

1. 测试目的

测试学生下肢爆发力及身体协调能力的发展水平。

2. 场地器材

沙坑、丈量尺。沙面应与地面平齐，如无沙坑，可在土质松软的平地上进行。起跳线至沙坑近端不得少于 30 厘米。起跳地面要平坦，不得有坑凹。

3. 测试方法

受试者两脚自然分开站立，站在起跳线后，脚尖不得踩线(最好用线绳做起跳线)。两脚原地同时起跳，不得有垫步或连跳动作。丈量起跳线后缘至最近着地点后垂直距离。每人试跳 3 次，记录其中成绩最好一次。以厘米为单位，不计小数。

4. 注意事项

①发现犯规时，此次成绩无效。3 次试跳均无成绩者，应允许再跳，直至取得成绩为止。

②可以赤足，但不得穿钉鞋、皮鞋或塑料凉鞋参加测试。

(七) 引体向上

1. 测试目的

测试学生的上肢肌肉力量的发展水平。

2. 场地器材

高单杠或高横杠，杠粗以手能握住为准。

3. 测试方法

受试者跳起，双手正握杠，两手与肩同宽成直臂悬垂。静止后，两臂同时用力引体(身体不能有附加动作)，上拉到下颌超过横杠上缘为完成一次。记录引体次数。

4. 注意事项

①受试者应双手正握单杠，待身体静止后开始测试。

②引体向上时，身体不得做大的摆动，也不得借助其他附加动作撑起。

③两次引体向上的间隔时间超过 10 秒停止测试。

(八) 仰卧起坐

1. 测试目的

测试学生的腹肌耐力。

2. 场地器材

垫子若干块(或代用品)铺放平坦。

3. 测试方法

受试者仰卧于垫上，两腿稍分开，屈膝呈 90°左右，两手指交叉贴于脑后。另一同伴压住其踝关节，以固定下肢。受试者坐起时两肘触及或超过双膝为完成一次。仰卧时两肩胛必须触垫。测试人员发出"开始"口令的同时开表计时，记录 1 分钟内完成次数。1 分钟到时，受试者虽已坐起但肘关节未达到双膝者不计该次数，精确到个位。

4. 注意事项

①如发现受试者借用肘部撑垫或臀部起落的力量起坐时，该次不计数。
②测试过程中，观测人员应向受试者报数。
③受试者双脚必须放于垫上。

(九)1 000 米/800 米跑

1. 测试目的

测试学生耐力素质的发展水平，特别是心血管呼吸系统的机能及肌肉耐力。

2. 场地器材

400 米、300 米、200 米田径场跑道，地质不限。也可使用其他不规则场地，但必须丈量准确，地面平坦。秒表若干块，使用前需要校正，要求同 50 米跑测试。

3. 测试方法

受试者至少两人一组进行测试，站立式起跑。当听到"跑"的口令后开始起跑。计时员看到旗动开表计时，当受试者的躯干部到达终点线垂直面时停表。以分、秒为单位记录测试成绩，不计小数。

4. 注意事项

①测试人员应向受试者报告剩余圈数，以免跑错距离。
②测试人员应告知受试者在跑完后应继续缓慢走动，不要立刻停下，以免发生意外。
③受试者不得穿皮鞋、塑料凉鞋或钉鞋参加测试。
④对分、秒进行换算时要细心，防止差错。

第四节 《国家学生体质健康标准》各指标锻炼方法

一、体育锻炼的内容与选择

(一)体育锻炼的内容

体育锻炼的内容多种多样，极其丰富，很难一一列举。按照动作的结构可分为周期性运动、非周期性运动，以及两者的混合运动；按照锻炼过程中消耗的成分可分为无氧运动、有氧运动等。在此，为了方便锻炼者选择，根据不同的锻炼目的和要求做以下分类：

1. 健身性运动

健身性运动是指一般人为全面发展身体机能、增强体质、增进健康而从事的体育锻炼。它主要是为了发展人体内脏器官的功能，以及力量、速度、耐力、灵敏和柔韧等素质，促进身体全面、协调发展，提高学习、工作的效率，丰富业余生活，延年益寿。如走、跑步、太极拳、武术、游泳、骑自行车、划船、滑冰、舞蹈、体操及各种球类活动等。

2. 健美性运动

健美性运动是为了人体的健美而进行的体育锻炼。这类内容不仅可以增进健康，还可以培养审美能力和身体美的表现能力。如为了发展肌肉，采用举重和器械体操练习；为了形成良好的体型与姿态，采用艺术体操、健美体操、各种舞蹈和基本体操中的一些力量练习等。

3. 休闲、娱乐性体育

休闲、娱乐性体育是为了调节精神、丰富文化生活而进行的体育活动。它包含两种成分，一种是侧重于娱乐身心，而采用的具有鲜明娱乐色彩的娱乐性体育活动；另一种是侧重于消除激烈竞争、紧张生活节奏带来的压抑和身心疲惫，而采用的放松性休闲体育活动。尽管如此，但最终娱乐享受的共性使得很难将两种成分完全区分开。这类活动主要的特点是使人在活动中体会到身心愉快，如高尔夫、保龄球、活动性游戏、野营、郊游、爬山、远足、打台球、下棋和玩扑克等。

4. 格斗性体育

格斗性体育是指掌握和运用格斗的攻防技术(包括军事技术)的体育锻炼，达到既强身，又能自卫的目的，如擒拿、散打、拳击、自由搏击、推手、拳击和射击等。

5. 竞技性运动

竞技运动是以科学的、系统的训练，通过竞赛的方式，达到最大限度发挥个人或集体在体格、体能、心理和运动能力等方面的潜能，从而取得优异成绩的一种体育运动。竞技训练的项目较多，不同的运动项目具有不同的锻炼作用。选择以竞技运动项目作为体育锻炼内容时，要从实际出发，有目的、有计划地选用容易开展、趣味性强、锻炼价值高的竞技运动项目进行体育锻炼。其内容有：球类、田径、体操、游泳和冰雪运动等。

6. 康复性医疗体育

康复医疗体育又叫体育疗法，是指以体育锻炼手段治疗疾病和身体受损后机能的康复，根据疾病的性质有针对性地采用相应的体育手段和方法。这类体育锻炼的对象是体弱有病的人，其目的是祛病健身、恢复功能，一般应在医生的指导下进行。锻炼内容主要有散步、慢跑、气功、太极拳(剑)、按摩、各种保健操和矫正体操等。

7. 开发心理潜能性运动

开发心理潜能性运动是在身体活动的过程中，以调动人们的身心能量，开发心理潜能为主的体育活动，与其他发展身体的运动相比，它更侧重激发人的心理能量，即活动的完成更多依赖于人们的心理条件。其代表的形式有：极限运动(蹦极、跳伞)，探险运动(徒步旅行、穿越沙漠、极地考察)，拓展训练(背摔、空中单杠、电网、整体移动)等。

此类运动具有冒险性、刺激性、创新性等特点。大多对身体的要求不是很高，一般人都具备从事运动的身体能力，但在个人项目中需要有自信和胆量、坚忍不拔的意志品质、顽强拼搏的精神、敢于挑战、创新的能力等；在集体项目中，活动的顺利完成依赖于集体的团结协作，个体间的信任、沟通、交流等。

(二)体育锻炼内容选择

体育锻炼内容的选择和确定，对锻炼效果、锻炼积极性、锻炼行为的持久性等都有着重要的意义。所以一定要从个人的年龄、性别、生长发育阶段、健康状况、体质状况等情况出发,科学合理地选择和确定锻炼内容与方法。

①体育锻炼内容选择要有目的性　以健身为目的,应该选择有氧运动;以改善体形为目的,应采用健美运动;以祛病健身、医疗恢复为目的,应采用康复医疗项目。

②要考虑对身体锻炼的全面性　选择锻炼内容要有利于促进身体各器官、机能全面均衡发展,防止身体畸形发展或不均衡发展。

③体育锻炼内容选择要结合个性特点、兴趣爱好,为持久体育行为打下坚实的基础。

④选择体育锻炼的内容时,要求实效,尽量考虑到该项目的锻炼价值,不要贪多,力求简单易行。同时,要考虑当地季节气候情况,因时、因地制宜。还可以利用节假日组织野外活动,以弥补城市生活和学校生活的不足。

二、体育锻炼的方法

体育锻炼的方法是根据人体发展规律,运用各种身体练习和自然因素以发展身体的途径和方式。体育锻炼方法是贯彻体育锻炼原则,达到体育锻炼目的,实施体育锻炼行为的途径。

(一)体育锻炼的一般方法

1. 重复锻炼法

重复锻炼法是指按一定负荷标准,多次重复进行某项练习。重复的次数和时间,是决定健身效果的关键。确定和调节重复的次数和时间,应考虑项目特点。运用重复锻炼法时要注意克服厌倦情绪,防止机械呆板。

2. 间歇锻炼法

间歇锻炼法是指进行重复锻炼时两次之间有合理的休整。它是提高锻炼效果的一种常用的锻炼方法。

间歇锻炼的间歇时间长短,主要以运动负荷价值阈为准。一般地说,负荷超过上限时,间歇时间应长些,以防止负荷继续上升,造成过多的体力消耗;在下限时,间歇时间应短,密度应大。下次锻炼应在前次锻炼的效果未减退时进行,倘若间隔时间过长,在前次锻炼效果消失后再进行锻炼,就失去了间歇的意义。

3. 变换锻炼法

变换锻炼法是指在锻炼过程中,采取变换环境、变换条件、变换要求等手段,以提高锻炼效果的一种方法。

采用变换锻炼法,可以有效地调节生理负荷,提高锻炼情绪,强化锻炼意志,克服疲劳和厌倦情绪。

4. 循环锻炼法

循环锻炼法是指把各种类型的动作、具有不同练习效果的手段,组成一组锻炼项目,按一定顺序循环往复地进行锻炼的方法。这种方法具有综合锻炼的效果。

循环锻炼法所安排的各个练习点,内容搭配要选用已经掌握的简单易行的动作,同时应规定好练习的次数、规格和要求。由于各点的动作及使用器械不同,练习时花样翻新,交替进行,可激发兴趣,减轻疲劳,提高密度,有显著的健身效果。采用循环锻炼法要强调动作的质量,防止片面追求运动密度和数量的倾向。

(二)提高身体素质的方法

身体素质是衡量一个人体质水平的重要标志之一。主要包括速度、力量、耐力、灵敏和柔韧5个方面的素质。

1. 速度素质锻炼的理论与方法

速度是指人体或身体的某部位进行快速运动的能力。它包括：对各种刺激快速反应的能力；快速完成动作的能力；快速通过某一距离的能力。速度是基本素质之一，在体能锻炼中占有重要地位。速度素质主要分为反应速度、动作速度及移动速度。它们的锻炼方法分别有：

(1)反应速度的锻炼方法

①简单反应速度的练习方法。

a. 重复反应法：即利用突然和反复发出的信号，令练习者快速做出应答反应，或对快速运动目标做出迅速反应等。

b. 分解运动法：就是分解回答反应的动作，使之在较容易和更为简单的条件下，通过提高分解动作的速度来提高反应速度。

c. 变换练习法：即根据动作的强度和具体时间变化的信号刺激，明显改变练习的形式和环境来提高简单动作的反应速度。

②复杂反应速度的练习方法。

a. 移动目标练习：对移动目标产生应答并做出选择反应法进行。

b. 选择性练习：让练习者随着各种信号复杂程度的变化，做出相应的应答动作。

c. 选择性反应能力练习：即在队友或对方发出的动作，以及根据比赛的瞬息变化而做出的各种可能的反应中，做出正确选择能力的练习。

(2)动作速度的锻炼方法

①加速动作法　大多数速度练习都包含有从静止到最大速度的"加速"阶段，促使动作不断加速，把加速阶段引入主要练习，提高动作速度。

②减少阻力法　即减少外界自然条件阻力和人体本身体重阻力的练习。如下坡跑，在负重练习中，减少重量大小，能在普通的条件下促使动作速度不断提高。

③利用后效作用法　即利用动作加速及器械重量变化而获得的后效作用提高动作速度。利用下坡跑可获得加速的后效作用；在推标准铅球之前可先用加重铅球做练习而获得重量减轻后的后效作用。这是由于在第一次动作完成后，留下的惯性作用，可以提高下一个动作的速度。此外，由于在第一次动作完成后，神经中枢的剩余兴奋，在一定时间内还保持着运动指令，从而可以大大缩短动作时间，提高动作速度。

④负重练习法　动作速度与力量水平有着极为重要的关系，因此发展动作速度必须与发展力量结合起来。

⑤完善技术法　动作速度的提高，在很大程度上取决于完善的运动技术。这是因为动作幅度大小，工作距离长短，工作时间多少，动作的方向、角度及用力部位等都与动作速度大小有着极为密切的关系。

⑥加大练习难度法　加大练习难度可以通过缩小练习完成的空间、时间界限，限制场地活动条件等方式进行。因为运动活动中动作速度表现的平均水平和快速动作的完成，主要受专项活动持续时间和场地活动条件等影响。因此，在培养动作速度的过程中，可以限

制练习的时间,练习完成的空间条件,使练习者以最大速度完成动作,从而提高训练效果。

(3)移动速度的锻炼方法

①发展力量法 使练习者的力量素质得到较为均衡的全面发展,并着重发展速度力量。

②重复法 指以一定速度多次重复一定距离的练习。它是移动速度锻炼的最基本方法。

③综合性练习法 即把发展运动素质和改进技术结合来练习的方法。

④接力跑和游戏法 接力跑和游戏法不仅可以激发练习者高涨的情绪,还能增加练习过程中的趣味性,避免不必要的肌肉紧张,还有利于防止和克服因经常安排表现最大速度的练习而引起的速度障碍。

2. 力量素质锻炼的理论与方法

力量素质是人的身体或身体某些部分用力的能力或指肌肉在人体活动中克服内部和外部阻力的能力。依据完成不同体育活动所需力量素质的不同特点,可分为最大力量、速度力量和力量耐力。发展力量素质的手段及其方法主要有:

(1)增大肌肉生理横断面

①负荷强度 采用本人最大负重的60%~85%的强度进行重复练习。100%极限负荷强度应慎用和少用。一般每周可穿插进行1~2次。

②练习重复的次数与组数 每组4~8次,可做5~8组。

③练习的持续时间 每次练习的动作速度要慢一些,动作要完成得舒展自然,不停滞,通常在4分钟左右完成一次动作。

④组间间歇时间 一组练习后肌肉所产生的疲劳得到基本消除之后,再进行下一组练习。高水平运动员一般2~3分钟即可,力量水平较低的人可适当延长。

(2)改善肌肉协调能力

①肌肉内协调能力提高能动员更多运动单位的肌纤维参加工作 研究表明,一次性肌肉收缩,甚至最大用力的情况下,一般人有30%~60%的肌纤维参加工作,而训练水平高者参加工作的肌纤维比例高。

②负荷强度 用本人最大极限负重的85%以上的强度,每组1~3次,可做5~8组。

③练习的持续时间 每次练习的动作速度要适当加快,通常在两分钟左右完成一次动作。

④运动负荷量可用准确的时间或重复次数表示,但也可灵活安排,如没有休息、没有练习时间限制或不安排间歇休息。但必须确定一组或三组循环练习的时间要求,如可增加重复次数和负荷不变情况下减少完成每组循环练习的时间、增加负荷或增加重复次数;可以用计算心率的方法控制间歇休息时间,当心率下降到120次/分时,即可开始下一次循环。

3. 耐力素质锻炼的理论与方法

耐力是指人体长时间活动与抵抗神经、肌肉疲劳的能力。耐力素质的锻炼,除对肌肉耐力的提高具有影响外,对人体呼吸系统、血液循环系统的影响是极其显著的,而上述身体机能对于保证人体的健康具有决定性的意义。其种类比较多,主要有:一般耐力和专项耐力;有氧耐力和无氧耐力;力量耐力和速度耐力;肌肉耐力和心血管耐力。发展耐力素质的基本练习方法有：

①持续练习法　指在长时间或较长时间里，不间歇地承受运动负荷的练习。持续练习法的刺激强度，可以是固定的也可以是不固定的，这要依据项目特点、练习目标、训练水平和训练任务而定。

持续练习法对于有氧耐力的提高有较显著作用。练习时间一般应不短于15~20分钟，水平高者练习时间可达到1~2小时以上。

②间歇练习法　是指在相对固定的条件下，严格按照规定的练习距离、强度、时间、次数，以及每次练习后的间歇时间进行练习的方法。间歇练习法对提高速度耐力水平都有较显著作用。间歇的方法都是采用积极性休息方式，如采用慢跑或走，也采用一些放松性的练习。当心率恢复到120~130次/分时就开始下一次的练习。

间歇练习法可对机体产生的影响包括能有效地提高人体每分钟输出量，提高心肌收缩力水平和心脏输出量水平；能有效地提高人体的呼吸系统功能，特别是最大吸氧量水平；采用负荷时间较长、负荷强度相对较低的练习，能有效地提高糖原有氧分解能力和有氧耐力水平；采用负荷时间较短、负荷强度相对较高的练习，能有效地提高有氧无氧混合供能的能力和无氧耐力水平。

③重复练习法　主要是提高无氧代谢的耐力水平，以及混合代谢的耐力水平。重复练习法的特点是在心率恢复到100~120次/分时，再进行下一次练习。其练习的时间、练习距离、练习重量及动作等有着明显的专项特点，练习的强度较大，练习的次数较少。

4. 灵敏素质锻炼的理论与方法

灵敏素质是指人在各种突然变换的条件下，快速、协调、准确地完成动作的能力。它是人的运动技能和各种运动素质在运动过程中的综合表现。灵敏素质建立在力量、速度（反应速度、动作速度）、耐力、柔韧、节奏感等多种素质和技能之上，这些素质和技能取决于神经系统的灵活性和可塑性，以及已建立的动作的储备数量。

(1) 灵敏素质的特征（表10-12）

表10-12　灵敏素质的特征

特征	因素
快速性	反应速度；判断速度；动作速度；曲线位移能力；爆发力
准确性	时空判断的准确性；动作用力的准确性；肌肉体感的准确性
协调性	平衡能力；神经系统的支配能力；运动技能储备量

(2) 灵敏素质锻炼的方法

①综合练习法　指将反映若干或全部影响因素的各类动作编排在一起，在突然变化的条件下，使练习者迅速响应变化组合排列方式的练习方法。

②游戏法　指采用形式多样、内容活泼、趣味性强的游戏形式进行练习的方法。

(3) 灵敏素质练习负荷的安排

①负荷强度　采用大强度，但负荷持续时间在20~30秒。

②练习组数、次数　比较少，不宜太多，以最后不产生疲劳为宜。

③间歇时间　应以使肌体得以充分恢复为原则。

④练习频度　每周练习约2~3次。

(4)灵敏素质锻炼的动作方法

①肌肉用力、放松相互转化类。

a. 弓箭步转体：两腿成左弓箭步姿势，两臂弯曲置于体侧，身体迅速向右旋转，成右弓箭步姿势，有节奏地进行。要求转体动作幅度大且快。连续转体10秒为1组，练习3组。

b. 立卧撑跳转体：完成一次立卧撑动作，接原地挺身跳转体180°。计算30秒内完成动作次数，练习3组，要求动作准确，衔接迅速。

c. 腾空飞脚：右脚上步，左脚向前摆踢，右脚蹬地跃起身体腾空，右脚向前上方弹踢，脚面绷直，脚尖向下。要求右腿在空中踢摆时，腾起高度要高，左腿在击响的一瞬间，收控于右腿侧；在空中上体要直，微向前倾，练习20次。

d. 快速后退跑：蹲踞式起跑。听到信号后迅速转体180°快速后退跑10米，重复5次。

e. 燕式平衡：前滚翻接燕式平衡10秒。左右脚交替进行，重复两次。

其他练习还包括各种形式的运球、传球、顶球、颠球、托球、追球、接球、多球练习、滚翻传接球练习、悬垂摆动、杠端转体跳下、翻越助木、钻栏架、钻山羊及各种专项球类练习和技巧、体操练习。

②运动中突然变化动作的练习。

a. 障碍追逐：利用障碍物进行一对一追逐游戏，追上对方并拍到身体任何部位后立即交换进行。要求练习时要充分利用障碍物做些躲闪、转身等动作。练习5~6组，每组20秒，间歇20秒。

b. 手触膝：两人一组，面相对站立。双方在移动中伺机用手触对方膝盖部位。身体素质良好者可加一些鱼跃动作。触膝次数少者受罚。要求积极主动进攻对方。练习4~5组，每组持续练习20秒，间歇20秒。

c. 躲闪摸肩：两人站在2.5米的圆圈内，做一对一巧摸对方左肩练习。要求计算30秒摸中次数，重复两组。

5. 柔韧素质锻炼的理论与方法

柔韧素质是指人体各个关节的活动幅度，以及肌肉、肌腱和韧带等软组织的伸展能力。柔韧素质包括两个方面的含义：一是关节活动幅度的大小；二是跨过关节的肌肉、肌腱、韧带等软组织的伸展性。按照运动素质可分为：一般柔韧性和专项柔韧性。影响柔韧素质的因素有：肌肉、韧带组织的弹性；关节的骨结构和周围组织体积大小；神经过程转换的灵活性；心理紧张度；外部环境的温度和一天内的锻炼时间；疲劳程度。

柔韧素质锻炼的方法主要有主动性拉伸练习法和被动性拉伸练习法。在此基础上它又分为动力性拉伸练习和静力拉性伸练习两类。在形式上主要有针对身体各部位的伸展运动，针对专项需求的各种压腿运动等。

三、《国家学生体质健康标准》各指标锻炼方法

以初中以上测试项目为例。《标准》测试有9项指标(其中5项男女共测，另4项男女各测2项)，代表着5类体质健康成分(身体成分、心肺功能、肌肉力量、柔韧、运动能力)，进一步可归类为身体成分、生理机能、身体能力3个方面，这3个方面都可通过一定的身体练习(锻炼、活动)达到调整身体成分(肌肉脂肪比)、改善生理机能(肺部功能、

心血管耐力、肌肉力量与耐力、柔韧)，提高身体能力(以速度灵巧和爆发力为主的运动能力)的效果。但是，一般的体育锻炼或身体活动等多是全身参与的综合性运动，会对体质健康成分产生综合性的影响，如有氧运动中的跑步既对肺部功能、心血管耐力产生影响，也对身体成分，以及速度、力量、耐力等运动能力形成促进。因而，一般的体育锻炼形式都可用于增强体质，以下介绍的锻炼方法只是更接近测试项目的目的、形式等特征，并非绝对和唯一的方法。同时，对于普通学生而言，由于个体经历、身体能力、可用时间等因素的影响，最为直接的方法是采用该项目的测试形式进行练习，如直接通过50米、立定跳远、仰卧起坐等形式练习，可能会在身体适应、熟练动作、减少障碍等方面取得更好的测试效果。

(一)身高体重

①锻炼目的　身体形态。

②体质健康成分　身体成分。

③项目评价　身高是反映人体骨骼生长发育和人体纵向高度的主要形态指标。体重是反映人体横向生长和重量的指标。身高标准体重是将身高和体重综合起来，测试值以每厘米身高的体重分布，直接查表就可以判断学生体形的匀称度，体重是否超重、过轻或营养不良。该指标对于学生形成正确的身体形态观具有非常直观的教育作用。

④锻炼方法　锻炼的核心是调整脂肪肌肉比例。多数情况下是以减脂为主，一般可采取跑步、健身操等有氧运动进行减脂。如果有更多的身体形态目标，可针对身体部位进行提臀、收腹、瘦腰、瘦腿等练习，可采取瑜伽、体育舞蹈及专门的形体练习进行塑形，也可采取健身房各种器械练习增肌。

(二)肺活量

①锻炼目的　肺部功能。

②体质健康成分　呼吸系统机能水平(生理机能)。

③项目评价　肺活量是指在不限时间的情况下，一次最大吸气后再尽最大力量所呼出的气体量。肺活量是反映人体生长发育水平的重要机能指标之一。尽管现在已经不再使用肺活量体重指数来进行评价，但个体应该将肺活量的大小与身高、体重、胸围相联系，以便能够有更加深入、细致地评价。

④锻炼方法　锻炼的核心是从呼吸次数、呼吸深度、肺通气量等方面增大肺活量。中长跑、篮球、足球、游泳、跳绳、跑楼梯、上下台阶、长距离竞走等项目的锻炼都是提高人体肺活量的有效方法。

(三)坐位体前屈

①锻炼目的　身体柔韧。

②体质健康成分　柔韧水平(生理机能)。

③项目评价　坐位体前屈是用于反映人体柔韧性的测试项目。柔韧性是指人体完成动作时，关节、肌肉、肌腱和韧带的伸展能力。一个人的柔韧性越好，表示其关节的活动幅度越大，关节灵活性越高。柔韧素质与健康的关系极为密切，提高柔韧性对增强身体的协调能力，发挥力量、速度等素质，提高技能和技术，防止运动创伤都有着积极的作用。

④锻炼方法　锻炼的核心是髋关节的活动范围和上下相连部位的肌肉伸展幅度。可采取腰背、腿部的静动态拉伸活动、伸展动作进行练习，一般的压腿动作主要有以下几种

方式。

　　a. 正压腿：一腿直立，另一腿举起放在高度适当的物体上，身体正对举起的腿，上体前倾尽量用胸部贴腿，双膝不得弯曲，复原姿势后连续再做，两腿交替进行。

　　b. 侧压腿：一腿直立，另一腿举起放在高度适当的物体上，身体侧对举起的腿，上体尽量侧屈，用头的一侧贴腿，不要前倾或后仰，复原姿势后连续再做，两腿交替进行。

　　c. 正踢腿：直立，两臂平举，左脚向前迈出一小步，右腿伸直，急速有力地向上踢腿，落下时要有控制，两腿交替进行。

　　d. 并腿体前屈：两腿并立，上体前屈，两手触地，上体与腿尽量贴近，复原姿势后连续再做。

　　（四）50米跑

　　①锻炼目的　速度灵巧。

　　②体质健康成分　运动能力（身体能力）。

　　③项目评价　50米跑是通过较短距离的高强度跑测试速度素质。速度素质可以反映人体中枢神经系统的机能状态和神经与肌肉的调节机能，也可以综合地反映人体的爆发力、灵敏、反应、柔韧等素质。

　　④锻炼方法　锻炼的核心是速度灵巧。尤其应以跑步、以腿部的力量速度练习为主。

　　a. 小步跑：体会前脚掌快速扒地的动作和上下肢的协调配合。

　　b. 高抬腿跑：提高大腿高抬的幅度，增强腿部力量和动作频率。

　　c. 后蹬跑：积极后蹬，充分用力，增强腿部力量。

　　d. 小步跑转入加速跑，50~60米。

　　e. 高抬腿跑转入快速跑，50~60米。

　　f. 后蹬跑转入快速跑，50~60米。

　　g. 顺风跑、逆风跑、上坡跑和下坡跑。

　　h. 30米、50米计时跑。

　　i. 重复跑50~80米，以中等速度反复练习。

　　（五）立定跳远

　　①锻炼目的　爆发力。

　　②体质健康成分　运动能力（身体能力）。

　　③项目评价　立定跳远是发展下肢肌肉力量、腰腹力量、协调性及跳跃能力的指标之一，是测试爆发力的项目，爆发力要求在最短时间内发挥最大的力量。爆发力的大小不仅取决于力量，而且取决于力量和速度的结合。它在人们日常生活、劳动中有重要的意义和作用。

　　④锻炼方法　锻炼的核心是下肢爆发力。可采用快速力量的各种跳跃练习及负重练习。

　　a. 深蹲跳：完全下蹲，双脚同时用力向上跳起，连续做。

　　b. 单脚跳：用左脚连续向上跳起或向前跳一定的次数（或距离），再更换右脚做相同的练习。

　　c. 多级跨步跳：连续以最少的步数，跨出最远的距离。

　　d. 多级蛙跳：屈膝半蹲，上体稍前倾，双脚同时用力蹬地，充分伸直髋、膝、踝三关节，同时两臂迅速上摆，身体向前跃出，双腿屈膝落地缓冲后再接着向前跳出。

　　e. 跳台阶：原地双脚起跳，跃上台阶或其他物体，然后再跳下，反复进行。

　　f. 跳绳：各种方式、方法的跳绳练习。

　　g. 身体负重做各种跳跃练习。

（六）引体向上

①锻炼目的　上肢力量。

②体质健康成分　肌肉力量与耐力（生理机能）。

③项目评价　引体向上是通过克服自身体重阻力向上做功，发展上肢肌肉力量较好的一个项目。引体向上需要众多背部和上肢骨骼肌的共同参与做功，是一项多关节复合动作练习，是最基本的锻炼上肢、背部肌肉的方法，是衡量男性体质的重要参考标准和项目之一。

④锻炼方法　锻炼的核心是上肢肌肉力量。可通过单杠、双杠、吊环、云梯等器械或借助杠铃、自身助力等方法进行多种形式的上肢做功辅助练习，如举重、悬垂、支撑、倒立、俯卧撑、爬杆和爬绳梯等。

　　a. 斜身引体：在低杠或双杠等较低器械上，双手握杠、脚着地，使身体倾斜减小一部分身体阻力，连续做引体向上。

　　b. 悬垂静止：在单杠等健身器械上，两手握杠成直臂悬垂状，尽可能保持较长静止时间。

　　c. 平梯移行：在悬空平梯（云梯）上，两手正握梯杠、保持悬垂，双手交替前移。

　　d. 屈臂悬垂：在单杠上引体到高位，使下颚过杠，保持手臂屈曲状态，持续一定时间。

（七）仰卧起坐

①锻炼目的　腰腹力量。

②体质健康成分　肌肉力量与耐力（生理机能）。

③项目评价　仰卧起坐是测试腹肌力量和耐力的一个项目。测试方法简单易行，多年来在学校体育的教学、训练、锻炼和测验中一直受到重视。

④锻炼方法　锻炼的核心是腰腹部的肌肉力量与耐力。可采取腰腹长时间参与且活动幅度较大的肌肉力量与耐力练习。

　　a. 垫上练习：

　　直腿仰卧起坐　仰卧于垫上，双腿并拢伸直，两臂上举，上腹用力，使上体坐起，两臂前伸用手触脚。然后复原姿势连续做。

　　仰卧团身　两手上举仰卧于垫上，双腿并拢屈膝（大小腿成90°）。收腹起上身，同时双膝往上提，臀部随之离地，两臂抱腿，头尽量碰膝，仅腰部贴地。复原姿势后再连续做。

　　仰卧起坐　两手抱头仰卧于垫上，双腿屈膝（大于90°）。左膝往上提，同时收腹夹肘起上身，尽力用右肘碰左膝。复原姿势后，再右膝往上提，同时收腹夹肘起上身，尽力用左肘碰右膝。复原姿势后连续做。

　　仰卧举腿　直体仰卧于垫上，两手抓住垫子，连续做向上举腿动作。

　　b. 垫上负重和其他器械练习：

斜板仰卧起坐　两臂上举，仰卧在稍有高度的斜板上，脚朝上，头朝下，将双脚固定。当上身起坐时，两手尽量伸向脚尖。复原姿势后再连续做。

悬垂举腿　双手正握单杠或肋木(背向肋木)呈悬垂，双腿伸直最大限度向上举起，放下还原后连续做。

支撑举腿　两臂伸直，支撑在双杠或其他物体上，身体保持正直，双腿并拢后，快速收腹举腿，使大腿与上体成90°，保持几秒钟后，复原姿势后再连续做。

(八)1 000米/800米跑

①锻炼目的　心血管耐力。

②体质健康成分　心血管系统机能水平(生理机能)。

③项目评价　1 000米跑(男)、800米跑(女)项目既测试有氧耐力，也测试无氧耐力的水平。耐力是衡量人的体质健康状况和劳动工作能力的基本因素之一，是从事各项运动必不可少的一种运动素质，因此测试耐力水平对于评价学生体质健康状况有着非常重要的意义。

④锻炼方法　锻炼的核心是心血管系统长时供能能力。可采取耐力性练习的一般形式。

a. 匀速跑800~1 500米，全程都以均匀的速度跑。

b. 中速跑500~1 000米，跑得要轻松自然，步幅大，动作协调。

c. 重复跑：反复跑几个段落(如200米、400米、800米等)，中间休息时间较长。跑的距离、重复次数、快慢强度都可以根据自己的情况而定，发展速度耐力。

d. 加速跑40~60米，反复跑，中间休息时间较短。

e. 变速跑1 500~2 500米，要求快慢结合，交替进行，发展速度耐力。

f. 越野跑：利用自然地形条件练习，可以发展耐力、灵敏、弹跳等身体素质。

g. 爬台阶、爬楼梯练习。

h. 足球、篮球等项目的比赛。

参考文献

巴班斯基，2001．教学教育过程最优化[M]．吴文侃，译．北京：教育科学出版社．

布鲁纳，1982．教育过程[M]．邵瑞珍，译．北京：文化教育出版社．

程传银，邹兰，2010．纵论我国近现代主要体育教学指导思想及其历史影响[J]．南京体育学院学报，24(3)：15-18．

冯晓丽，2004．体育教学方法分类研究[J]．体育科学(1)：53-55．

高丙中，1998．西方生活方式研究的理论发展叙略[J]．社会学研究(3)：61-72．

高德胜，2019．习惯与习惯培养的再思考[J]．教育学报，15(3)：17-27．

高兆明，2011．论习惯[J]．哲学研究(5)：66-76，128-129．

郭建军，杨桦，2015．中国青少年体育发展报告(2015)[M]．北京：社会科学文献出版社．

国家体育总局．2014年国民体质监测公报[EB/OL]．(2018-03-18)[2023-12-25]．https：//www.sport.gov.cn/n315/n329/c216784/content.html．

国家心血管中心，2020．中国心血管病健康和疾病报告2019[M]．北京：科学出版社．

郝树源，2002．论体质与健康[J]．体育学刊，9(2)：124-127．

胡隆辉，2017．深刻认识新时代我国社会主要矛盾的新变化[J]．学习论坛，33(12)：5-7．

黄群玲，2004．《学生体质健康标准》与《国家体育锻炼标准》的比较研究[J]．北京体育大学学报，27(9)：1257-1259．

黄四林，左璜，莫雷，等，2016．学生发展核心素养研究的国际分析[J]．中国教育学刊(6)：8-14．

黄勇前，2005．《国家体育锻炼标准》出台背景、实施情况研究[J]．体育文化导刊(5)：51-53．

教育部，国家体育总局，2007．学生体质健康标准·(试行方案)解读[M]．北京：人民教育出版社．

金钦昌，1994．学校体育学[M]．北京：高等教育出版社．

李斌，马红宇，2012．习惯研究的现状与展望[J]．心理科学，35(3)：745-753．

李祥，2001．学校体育学[M]．北京：高等教育出版社．

李勋，蔡世昌，2013．对体育教学指导思想的解读[J]．现代中小学教育(4)：46-49．

梁晓龙，2003．体育和体育的功能与作用——当代中国体育若干基本理论问题探讨之一[J]．体育文化导刊(4)：3-5．

邻崇禧，汪康乐，陆升汉，1999．应用系统论对体育教学方法的思辨[J]．浙江体育科学(4)：4-6．

林崇德，2016．21世纪学生发展核心素养研究[M]．北京：北京师范大学出版社．

林莉，孙仕舜，董德龙，2011．学校体育对青少年体质健康促进的思考[J]．北京体育大学学报，34(8)：71-74．

刘海元，2008．我国学校体育发展基本趋势的探析[J]．武汉体育学院学报，42(5)：5-9．

马红伟，2009．体育锻炼习惯培养的研究概述与展望[J]．教学与管理(3)：61-62．

马启伟，张力为，2005．体育运动心理学[M]．杭州：浙江教育出版社．

马文军，霍子文，2011. 大学体育[M]. 北京：中国农业出版社.
彭国强，项贤林，2009. 新中国60年体育教学指导思想的思考[J]. 天津体育学院学报，24(3)：205-208.
彭小伟，杨国庆，2010. 论"三层次、三标准"体育教学方法分类体系的建立[J]. 体育学刊，17(5)：56-59.
全国体育学院教材委员会，1989. 运动解剖学[M]. 北京：人民体育出版社.
邵伟德，查春华，徐真英，2004. 体育教学方法分类体系的反思与再认识[J]. 山东体育学院学报(4)：99-101.
田继宗，石雷，2001. 运动处方教学模式研究[J]. 体育学刊(1)：52-55.
王帝钧，周长城，2021. 生活方式研究的结构与能动视角——兼论生活方式研究的新进展[J]. 哈尔滨工业大学学报(社会科学版)，23(1)：58-65.
王瑞元，2012. 运动生理学[M]. 北京：人民体育出版社.
王姝彦，徐禄，2020. 试论苏佩斯的"习惯"理论——基于理性选择的视角[J]. 科学技术哲学研究，37(3)：28-32.
王雅林，1999. 走向学术前沿的生活方式研究[J]. 社会学研究(6)：121-122.
王雅林，2020. 马克思生活方式范畴的"一元本体观"——对《德意志意识形态》的建构性诠解[J]. 学习与探索(1)：1-8，175.
王正珍，冯炜权，任弘，等，2010. Exercise is Medicine——健身新理念[J]. 北京体育大学学报，33(11)：1-4.
吴键，2011. 我国青少年体质健康发展报告[J]. 中国教师(20)：9-13.
肖夕君，2006. 体质、健康和体适能的概念及关系[J]. 中国临床康复，10(20)：146-148.
谢敏豪，李红娟，王正珍，等，2011. 心肺耐力：体质健康的核心要素[J]. 北京体育大学学报，34(2)：1-4.
杨贵仁，2006. 学生体质健康标准演变与发展的理性思考[J]. 中国学校体育(5)：6-11.
姚晓芳，2009. "健康第一"思想的两次明确提出[J]. 长治学院学报，26(4)：71-73.
于佳祥，徐英微，2009. 高等学校体育教育中的运动处方教学理念探讨[J]. 体育与科学，30(3)：105-108.
于璐，2011. 列昂捷夫的活动理论及其生态学诠释[D]. 长春：吉林大学哲学社会学院.
于璐，熊韦锐，2013. 活动理论的个性观点及其生态学诠释[J]. 西南交通大学学报(社会科学版)，14(2)：53-58.
袁伟民，2000. 体育科学词典[M]. 北京：高等教育出版社.
张力为，任末多，1991. 体育运动心理学研究进展[M]. 北京：高等教育出版社.
赵霞，王帅，2015. 学校体育改革中身体运动的弱化[J]. 体育学刊，22(2)：77-80.
周登嵩，2005. 学校体育学[M]. 北京：人民体育出版社.
祝娅，黄依柱，2014. 认知心理学视域下体育教学方法分类模式的创新及重构[J]. 广州体育学院学报，34(5)：46-49，70.
中国大百科全书总编辑委员会，1998. 中国大百科全书·社会学[M]. 北京：中国大百科全书出版社.
中国营养学会，2022. 中国居民膳食指南(2022版)[M]. 北京：人民卫生出版社.
中华人民共和国教育部. 关于全面深化课程改革落实立德树人根本任务的意见[EB/OL].

(2014-04-08)[2023-12-25]. http：//www. moe. gov. cn/srcsite/A26/jcj_ kcjcgh/201404/t20140408_ 167226. html.

中国人群身体活动指南编写委员会，2022. 中国人群身体活动指南（2021）[J]. 中国公共卫生，38(2)：129-130.

BLAIR S N, KOHL H W, BARLOW C E, et al., 1995. Changes in physical fitness and allcause mortality. A prospective study of healthy and unhealthy men[J]. The Journal of the American Medical Association, 273(14)：1093-1098.

BLAIR S N, 2009. Physical inactivity：the biggest public health problem ofthe 21st century[J]. Br J Sports Med, 43(1)：1-2.

BLAIR S N, NI CHAMAN M Z, 2002. The Public Health Problem of Increasing Prevalence Rates of Obesity and What S hould Be Done About It[J]. Mayo Clin Proceedings, 77：109-113.

MING WEI, GIBBONS L W, MITCHELL T L, et al., 1999. The Association between Car-diorespiratory Fitness and Impaired Fasting Glucose and Type 2 Diabetes Mellitus in Men[J]. Annals of Internal Medicine, 130(2)：89-96.

PEEL J B, SUI X, ADAMS S A , et al., 2009. A Prospect ive Study of Cardiorespiratory Fitness and Breast Cancer Mort ality[J]. Basic sciences, 742-748.

SUI X, LEE D , MAT THEWS C , et al., 2010. Inf luence of Cardiorespiratory Fitness on Lung Cancer M ort ality[J] . Basic sciences, 872-878.

SUI X, HOOKER S P, LEE I M, et al., 2008. A Prospective Study of Car-diorespiratory Fitness and Risk of Type 2 Diabetes in Women[J] . Diabetes care, 31(3)：550-555.

WARREN T Y, BARRY V, HOOKER S P, et al., 2010. Sedentary Behaviors In-crease Risk of Cardiovascular Disease Mortality in Men[J]. Medicine & Science in Sports & Exercise, 42(5)：879-885.

XUE MEI SUI, MICHAEL J. L A MONTE, et al., 2007. Car-diorespirat ory Fitness and Adiposity as Mortality Predictors in Older Adults[J]. The Journal of the American Medical Association, 298(21)：2507-2516.